Jacques Heijkoop
Herausforderndes Verhalten von Menschen
mit geistiger Behinderung

Edition Sozial

Jacques Heijkoop

Herausforderndes Verhalten von Menschen mit geistiger Behinderung

Neue Wege der Begleitung und Förderung

Aus dem Niederländischen übersetzt von
Mirjam Pressler und Reinhard Koch
Mit einem Vorwort von Heinz Mühl

5. Auflage 2011

Juventa Verlag Weinheim und München

Der Autor

Jacques Heijkoop studierte Entwicklungspsychologie an der Universität Utrecht. Er leitet Kurse und Seminare in Einrichtungen für Menschen mit geistiger Behinderung.

Titel der Originalausgabe:
„Vastgelopen. Anders kijken naar begeleiding van mensen met een verstandelijke handicap met ernstige gedragsproblemen."

Der Übersetzung liegt die 2., vollständig überarbeitete Auflage von 1995 zu Grunde.

Bibliografische Information der Deutschen Nationalbibliothek

Die Deutsche Nationalbibliothek verzeichnet diese Publikation in der Deutschen Nationalbibliografie; detaillierte bibliografische Daten sind im Internet über http://dnb.d-nb.de abrufbar.

1. Auflage 1998
2. Auflage 2002
3. Auflage 2007
4. Auflage 2009
5. Auflage 2011

Umschlaggestaltung: Atelier Warminski, 63654 Büdingen
Umschlagfoto: Klaus G. Kohn, Braunschweig
Printed in Germany

ISBN 978-3-7799-2014-4

Inhalt

Vorwort zur deutschen Ausgabe

Menschen mit geistiger Behinderung fallen in allen Lebensphasen häufiger als Menschen ohne (geistige) Behinderung durch Verhaltensstörungen auf. Verhaltensstörungen sind Verhaltensschwierigkeiten, die das individuelle oder soziale Leben in den Familien wie in den Einrichtungen länger dauernd beeinträchtigen, von den Betroffenen nicht hinreichend gesteuert werden können und bestimmte pädagogische Maßnahmen erfordern. Vom Personal von Einrichtungen für Menschen mit geistiger Behinderung ist häufig die Vermutung zu hören, dass Verhaltensstörungen in den letzten Jahren deutlich zugenommen hätten. Nach Erhebungen zur Häufigkeit von Problemverhaltensweisen waren relativ hohe Anteile der untersuchten Personen als verhaltensauffällig, davon wiederum viele als verhaltensgestört eingeschätzt worden.

Menschen mit Verhaltensstörungen sind erheblichen Schwierigkeiten im Hinblick auf Förderungs- und Eingliederungsmaßnahmen unterworfen. Sie können ebenso wie ihre Betreuenden langfristig in ernste Krisen und in Isolation geraten, in denen sie Verständnis und Schutz brauchen. Nicht selten kommt es zu Ausgrenzungs- und Ausgliederungstendenzen, so dass in Komplexeinrichtungen im Vergleich mit gemeindenahen Tageseinrichtungen eine deutlich höhere Rate an Verhaltensstörungen bei Bewohnern und Bewohnerinnen zu beobachten ist.

Um der Individuumzentrierung und Etikettierung entgegenzuwirken, werden offenere Bezeichnungen vorgeschlagen, beispielsweise aus Großbritannien ‚herausforderndes (challenging) Verhalten'. Heijkoop verwendet in diesem Buch die Bezeichnung „Menschen in festgefahrenen Situationen', um anzudeuten, dass es sich hier um ein wechselseitiges Beziehungsgeflecht zwischen dem behinderten Menschen und seinen Betreuungspersonen handelt. Damit wird auch das Anliegen des Autors deutlich. Mit der Formel'festgefahren' soll einer allzu langen Suche nach dem Warum entgegengewirkt werden, da es viele Störungen gibt, die man nicht erklären kann, mit denen man aber leben muss. Besser ist es, nach dem Wie für heute zu fragen.

Angesichts von Verhaltensstörungen erweisen sich nicht selten auch pädagogische Mitarbeiter und Mitarbeiterinnen vergleichsweise hilflos oder zumindest erfolglos, was zu unüberlegten Maßnahmen und zu Frustrationen führen kann. Dieses Buch möchte dazu anregen, Verhaltensstörungen nicht aus augenblicklicher emotionaler Betroffenheit und Hilflosigkeit heraus mit irgendwelchen Maßnahmen zu beantworten, sondern gezielt, systematisch und kontrolliert vorzugehen.

Der Autor vermittelt dem Leser nicht das Bild eines auf Provokation und Störung des sozialen Friedens programmierten Menschen, auch nicht den eines wie ein Roboter auf mechanisch durchgeführte verhaltenstherapeutische Maßnahmen reagierenden Wesens. Er beschreibt behinderte Menschen gemäß der Theorie der Selbstorganisation als sich selbst regulierende Systeme, die aktiv in ihre Umgebung und zur Kontrolle ihrer Situation, zuweilen auch ihrer eigenen Verhaltensstörung eingreifen. Es handelt sich daher um ein pädagogisches Buch mit einem positiven Menschenbild. Es liefert eine Anleitung, Probleme 'festgefahrener' Menschen mit geistiger Behinderung genauer zu analysieren, zu verstehen und neue Umgangsformen zu erproben. Es wendet sich daher gegen ein diffuses, auf Vermutungen und vagen Erfahrungen basierendes Vorgehen, das ohne Verbindlichkeit, Absprache und Kontrolle bleibt.

Das in Frage stehende Verhalten soll zunächst in der Zusammenschau mit der Lebenssituation und der Beziehung zum pädagogischen Personal analysiert und nach seinem möglichen Sinn befragt werden. Die Situation soll dazu systematisch erforscht werden. Das bedeutet, dass Form, Häufigkeit, Intensität und Vorkommen beobachtet und mit Hilfe von Alltagsausdrücken genau beschrieben werden sollen. Die Bedeutung für den behinderten Menschen wie für die anderen soll ermittelt werden. Dabei regt der Autor an, auf die noch vorhandenen Selbstkontrollmöglichkeiten des Menschen mit geistiger Behinderung, die nicht bewusst ablaufen müssen, einzugehen und zu überlegen, wie man die selbstschützenden Kräfte stärken kann. Insofern sind auch die Situationen von Interesse, in denen nichts geschieht, weil man dann beobachten kann, wie jemand es anstellt, kein Problemverhalten zu zeigen. – Das vom Autor bevorzugte Erklärungsmodell, in dem nicht nach kausalen Zusammenhängen gefahndet werden soll, bezieht sich auf den Einfluss zu hoher oder zu geringer Erregung. Der mittlere Spannungsbereich, in dem jemand gelassen reagieren kann, ist bei ihnen zu schmal, sodass sie leicht aus der Fassung geraten. Dahinter steckt das Konstrukt der ‚Verletzlichkeit'.

Die Förderung wird als systematischer Versuch beschrieben, die festgefahrene Entwicklung in Gang zu bringen, nicht durch kurzfristiges Reagieren, sondern durch eine langfristige Strategie. Ziel der Förderung ist nicht primär das Beenden des Problemverhaltens, sondern der Aufbau von positivem Verhalten. Das Problemverhalten muss nicht völlig verschwinden, aber es wird aus dem Zentrum der sozialen Beziehung genommen und verliert an Gewicht; es sind auch kleine Schritte willkommen.

Systematisches Vorgehen bedeutet eine genaue, schriftlich festgehaltene Planung und Durchführung von Maßnahmen, bei der alle Beteiligten eng zusammenarbeiten und die einzelnen Phasen des Plans und der Durchführung besprochen haben. Das Vorgehen beginnt mit der Zielsetzung, d.h. der Richtung der gewünschten Änderung, und mündet in den Veränderungsprozess des sozialen Systems ein, in dem vor allem die Veränderung der Einstellung und des Verhaltens des Personals eine entscheidende Rolle spielt. Hilfen zur Übertragung in die eigene Praxis und Ansatzmöglichkeiten für den Behandlungsplan bietet der Anhang.

Dieses Buch fällt insofern aus dem Rahmen der bisherigen Veröffentlichungen zum Thema ‚Verhaltensstörungen und geistige Behinderung' heraus, als es nicht primär für wissenschaftlich Tätige geschrieben ist und daher auf die Vorstellung theoretischer Modelle verzichtet. Es ist zudem in einem Schreibstil gehalten, der auch für Mitarbeiter und Mitarbeiterinnen ohne theoretischen Hintergrund zugänglich ist. Fachausdrücke kommen selten vor oder werden anschaulich erklärt. Der Autor leitet seine Vorschläge und Überlegungen aus einem theoretischen Hintergrund ab, aber er verdeutlicht ihn durch viele eindringliche und damit illustrierende Beispiele, die mit Einfühlungsvermögen geschrieben sind und die Theorie praktisch werden lassen. Die Grundlagen für dieses Buch sind so eine Mischung aus Theorie, Praxis und einer bestimmten Methode, die der Autor ‚anders hinschauen' nennt. Mit dieser Methode beschreibt er eine Anleitung, die dazu beitragen soll, mehr wahrzunehmen als bisher, die eigenen Auffassungen und Vorurteile besser zu verstehen, einen Veränderungsprozess innerhalb eines sozialen Systems in gemeinsamem Vorgehen mit allen Beteiligten zu planen und durchzuführen und gegebenenfalls durch Videoaufnahmen zu objektivieren.

Diese Übersetzung aus dem Niederländischen bietet für betreuendes Personal gute methodische Ansätze zum eigenen Handeln, für Studierende eine Einleitung mit praktischen Beispielen und für Theoretiker vielleicht neue Sichtwelsen.

Oldenburg, im Oktober 1997
Heinz Mühl

Vorwort zur niederländischen Ausgabe

Der Text, der als Buch vor Ihnen liegt, ist ein Ausschnitt aus einem Prozess. Deshalb ist es kein Text mit einem definitiven Punkt am Ende: Das Ende ist der Anfang der folgenden, noch nicht publizierten Sätze.

Als das Manuskript schwarz auf weiß vor mir lag, brachte es mir einen weiteren Erkenntniszuwachs. Diese Erkenntnisse ergaben sich weniger aus theoretischen Abhandlungen, als vielmehr aus den Erfahrungen der Familienmitglieder von Menschen mit geistiger Behinderung, der Gruppenleiter, Therapeuten, Betreuer, der Lehrer und der anderen, die von Berufs wegen oder auf andere Weise mit dem Leben der Menschen mit geistiger Behinderung zu tun haben.

Es sind die Erfahrungen von Personen, welche die oft schweren Probleme geistig behinderter Menschen nicht als endgültig ansehen, sondern als Anfang eines Weges. Ein Weg, den behinderte Menschen nur dann gehen können, wenn sie ihn zusammen mit anderen gehen. Dabei sind die Fähigkeiten des einen nicht mehr wert, als die des anderen, aber auch nicht weniger.

Die bewundernswerte Kreativität und das erstaunliche Engagement, das Menschen mit geistiger Behinderung und ihre Betreuer aufbringen, um zurechtzukommen, motivierte mich, diesen Themenbereich genauer zu beschreiben. Theoretische Schritte, die von der Praxis wegführen, gibt es nur dann, wenn die Theorie Klarheit über den weiteren Weg verschaffen kann.

Ich hoffe, dass dieses Buch nicht als Vorschrift für die eigene Praxis gelesen wird, sondern als ein Überprüfungsmaterial für die eigenen Erfahrungen. Das Bekannte sollte nicht im Sinne von ‚nichts Neues' wirken, sondern als Anreiz, gemeinsam mit anderen neue Wege für das verletzliche Zusammenleben mit geistig behinderten Menschen, die ernsthafte Probleme haben, zu finden.

Das Buch kann auf viele verschiedene Arten genutzt werden. Personen, die ihre eigenen täglichen Erfahrungen wieder erkennen, finden Anhaltspunkte für ihre eigene Arbeit. Für die Betreuer von Teams und Familien bietet es methodische Ansätze. Für Studenten gibt es eine Einleitung mit vielen praktischen Beispielen. Für die eher theoretisch Interessierten bietet es möglicherweise unerwartete Kombinationen, Varianten und Wendungen.

Durch seinen Schreibstil ist das Buch auch für Leute ohne größeren theoretischen Hintergrund zugänglich. Das allerdings war nicht der Grund für den gewählten Stil. Es ging vielmehr darum, das Verständnis für Menschen, die in mehrfacher Hinsicht anders sind, zu verbessern. Es ging auch um die Art und Weise, wie Menschen mit Behinderung in Schwierigkeiten geraten, die oft bizarr und nicht nachvollziehbar scheinen.

Es ist selbstverständlich, dass dieses Buch nur durch die Offenheit anderer möglich wurde, die ihre Erfahrungen und Gedanken mit mir geteilt haben. Ich danke ihnen auf diesem Wege dafür.

Ein anderer Dank gilt den Menschen, die sich ganz subtil darüber informiert haben, ob ich denn nun endlich etwas zu Papier gebracht hätte; ebenso danke ich auch denjenigen, die sich direkt und beharrlich nach dem erkundigten, was schon Jahre zuvor angekündigt worden war.

Ich danke auch den vielen, die mir anboten, das Manuskript zu kommentieren, und den wenigen, denen ich es gestattete.

Seiten voller Vornamen wären nötig, wenn ich alle nennen wollte. Zwei nenne ich hier dennoch, Monique und Gerrit, weil sie mir unaufgefordert und deutlich das Bild des Weges aufzeigten.

Jacques Heijkoop

Teil I
Erscheinungsformen

1. Menschen mit festgefahrenem Verhalten

Viele Menschen mit geistiger Behinderung sind sehr wohl in der Lage, sich innerhalb ihrer Möglichkeiten zu entwickeln und ein sinnvolles Leben zu führen. Ein Leben, das nicht nur für sie selbst wertvoll ist, sondern auch für ihre Familien, ihre Freunde und Bekannten und für diejenigen, die für sie sorgen. Sie sind Menschen, die nach ihrer Arbeit oder nach einem auf andere Weise ausgefüllten Tag auch noch Freizeit haben. Es sind Menschen, die genießen können und Kummer haben, die Glück und Enttäuschung kennen. Sie führen, kurz gesagt, ein ganz normales Leben, wenn auch nicht immer in einer normalen gesellschaftlichen Umgebung, sondern in einer für sie angepassten Wohn–, Arbeits- und Lebensumgebung.

Neben der großen Gruppe von Menschen mit geistiger Behinderung, die ein ebenso akzeptiertes Leben führen wie die meisten anderen Menschen, ob behindert oder nicht, gibt es noch solche mit Problemen. Sie haben nicht einfach mal ein Problem, weil manchmal etwas nicht klappt, sondern ständige, unaufhörliche Probleme. Die Art und Weise, in der diese Probleme auftreten, ist für uns ‚Normale' nicht immer gleich erkennbar.

So gibt es Kinder und Erwachsene, die sich ständig selbst verletzen, die aggressiv sind, die sich die Kleider zerreißen, andere an den Haaren ziehen, die alles verschlucken. Es gibt behinderte Menschen, die tagein, tagaus ihr Essen erbrechen, ohne dass sie krank sind. Andere haben sich in wiederholte Bewegungen ihres eigenen Körpers zurückgezogen. Wir, die ‚Normalen', halten solche Verhaltensweisen für bizarr. Wir können uns nicht vorstellen, warum jemand so etwas tut.

Es sind Menschen, die sich sehr nachdrücklich und auf Dauer in ihre eigene Welt zurückziehen, die ihre Welt mit Bewegungen ihres eigenen Körpers ausfüllen, mit ihren Gedanken und Fantasien. Man kann sie nicht erreichen. Manche spüren den Zwang, immer alles mitbekommen zu müssen. Sie finden keine Ruhe, wenn sie nicht wissen, was die anderen in ihrer Umgebung tun oder möglicherweise tun werden. Sie sind sehr argwöhnisch. Andere klauen alles, was nicht niet- und nagelfest ist. Die einen machen es nur um des ‚Habens' willen, die anderen müssen das Gestohlene runterschlucken. Es gibt Menschen mit geistiger Behinderung, die sich nicht von dem Zwang lösen können, bestimmte Bewegungen oder Handlungen auszuführen. Bekannt ist die Abhängigkeit von Kaffee, Nikotin oder Alkohol. Andere haben zunehmend größere Schwierigkeiten, zur Arbeit zu gehen oder Beziehungen außerhalb der eigenen vier Wände zu pflegen. Das kann so weit gehen, dass sie ihr Zimmer oder ihr Bett nicht mehr verlassen.

Das sind nur einige wenige Beispiele für festgefahrene Verhaltensweisen, die auftreten, wenn Menschen mit geistiger Behinderung mit ihren Problemen nicht zurechtkommen. Manches davon ist gut nachvollziehbar, bei anderem kann man sich kaum vorstellen, was Menschen dazu veranlasst, sich so zu verhalten.

Für die Probleme, mit denen geistig behinderte Menschen und ihre Umgebung konfrontiert werden, benutzt man in den Einrichtungen für Menschen mit geistiger Behinderung sehr viele unterschiedliche Begriffe. Sie beziehen sich alle auf den gleichen, meist aussichtslosen Zustand. So redet der eine über ‚ernstes Problemverhalten', während ein anderer, der über dieselbe Person mit denselben Problemen spricht, von ‚Verhaltensproblemen' oder ‚Verhaltensstörungen' redet. Der eine ist sich sicher, dass den Verhaltensstörungen emotionale Probleme zu Grunde liegen, für den anderen sind es psychische Probleme.

Welchen Begriff jemand verwendet, scheint vor allem von seinem theoretischen Hintergrund abzuhängen. Ferner fällt auf, dass, je ernster eine Behinderung ist, umso eher von Verhaltensproblemen oder Verhaltensstörungen gesprochen wird. Bei Menschen mit leichter(er) Behinderung werden vorzugsweise die Bezeichnungen für emotionale oder psychische Probleme verwendet. Auf jedem der Begriffe liegt ein bestimmter Akzent. Wer den einen Begriff verwendet, unterstreicht, bewusst oder unbewusst, die Bedeutung einer möglichen Störung, wer einen anderen Begriff verwendet, unterstreicht damit, dass die Umgebung nur schwer mit dem Problem umgehen kann. Wieder ein anderer betont durch seine Begriffswahl, es sei eine emotionale Blockierung oder ein psychischer Knoten entstanden.

Alle diese Begriffe haben den gleichen Nachteil: Sie beleuchten nur eine Seite des Problems. Um Einseitigkeiten bei der Diskussion der Probleme vorzubeugen, allein durch die Worte, die benutzt werden, bevorzuge ich die Formulierung ‚Menschen mit festgefahrenen Verhaltensweisen'. So wird vermieden, dass man sich den Blick und das Verständnis für die Person, um die es geht, verstellt. Das Wort ‚festgefahren' drückt die Gesamtheit der Schwierigkeiten aus, in die nicht nur die betroffene Person, sondern auch die Menschen ihrer Umgebung geraten sind. Obendrein ist der Begriff ‚festgefahren' nicht außergewöhnlich. Auch Menschen mit normaler Entwicklung können sich festfahren, können in eine Sackgasse geraten und das Gefühl haben, keinen Weg hinaus zu finden. Festgefahrene ‚Menschen' also, denn geistig behinderte Menschen sind Menschen. Sie fahren sich aus den gleichen Gründen und auf die gleiche Weise fest wie andere Kinder oder andere Erwachsene.

Mit der Bezeichnung ‚Menschen mit festgefahrenem Verhalten' versuchen wir, von vorn herein eine Stigmatisierung zu vermeiden. Es geht um Menschen mit geistiger Behinderung mit sehr komplexen Problemen. Diese Probleme sind jedoch nicht grundsätzlich anderer Art als unsere eigenen.

Wir nehmen es vielleicht an, weil wir bei oberflächlicher Betrachtung Menschen sehen, die anders sprechen, seltsam aussehen und sich seltsam bewegen, die anderes leisten, die nicht selbstständig sind und die einen geringen gesellschaftlichen Status haben. Doch wenn wir unsere Brille putzen und durch das andere Verhalten, die bizarren Verhaltensweisen hindurchschauen, erkennen wir Menschen, die nicht grundlegend anderes fühlen und wollen als wir selbst. Wenn in ihrem Leben kein Raum für eigene Gefühle und eigene Wünsche ist, reagieren sie so, wie wir in derselben Situation es tun würden. Ihre Verhaltensweisen sind Reaktionen auf Gefühle von Unsicherheit. Sie vertrauen sich selbst und anderen nicht. Es sind Reaktionen auf ihre Unfähigkeit, die Dinge um sie herum zu begreifen, und auf das Unverständnis ihrer Umgebung. Manche dieser Menschen haben die Erfahrung gemacht, dass sie so in Panik geraten können, dass sie dabei die Kontrolle über sich selbst verlieren. Mit der Angst vor Kontrollverlust können diese Menschen nur umgehen, indem sie sich zurückziehen. Doch mit dem Engerwerden ihrer Welt nimmt ihre Angst zu. Auf diese Weise fangen einige an, sich vor den eigenen Händen zu fürchten.

Verrückt? Oh nein. Auch wir reagieren, wenn wir uns unsicher fühlen, wenn wir den Menschen um uns her nicht mehr vertrauen können. Wir geraten in Panik, wenn wir nicht begreifen, was um uns herum geschieht, oder wenn die Menschen unserer Umgebung längere Zeit nicht begreifen, was wir wollen. Wenn uns das passiert, nennen wir es ‚Stress'.

Menschen mit geistiger Behinderung sind besonders empfindlich für Stress, weil sie nun einmal langsamer denken und begreifen, weil sie sich nur mit Schwierigkeiten äußern können und weil sie einen nur geringen, manchmal sehr geringen Einfluss auf ihr eigenes Leben haben. Sie sind gezwungen, anderen zu vertrauen, und das gelingt ihnen nicht immer.

Wenn wir es schaffen, hinter das bizarre Verhalten einer bestimmten Person zu schauen, erkennen wir, dass es nicht nur um Problemverhalten geht: Es ist weit mehr beschädigt. Meist sind auch die Gefühle des behinderten Menschen gestört. Wenn seine Beziehungen zu anderen Menschen nicht stimmen, wenn es ihm nicht gelingt, befriedigende Kontakte zu anderen aufzubauen, dann kann er sich nicht vermitteln, dann erwartet er wenig von sich und von den anderen. Sein ganzes Verhalten scheint gestört zu sein. Dauert diese Situation lange genug an, wird die allgemeine Entwicklung dieses Menschen blockiert, und schließlich wird sich seine Persönlichkeit zurückentwickeln.

Mit der Bezeichnung ‚Menschen mit festgefahrenen Verhaltensweisen' verhindert man auch die unnötige Unterscheidung von Problemen, die Menschen mit ‚hohem' beziehungsweise ‚geringem' Intelligenz- oder Entwicklungsniveau haben. Diese Unterschiede sind nämlich unbedeutend, wenn es darum geht, die Prozesse zu erhellen, die bei diesen Menschen eine Rolle spielen.

Wörter wie Verhaltensprobleme, emotionale Probleme, psychische Probleme oder Störungen beleuchten immer nur ein kleines Stück der Problematik. Man sieht jedoch unablässig Menschen, die gänzlich abhängig und festgefahren sind. Nicht nur als Person, sondern auch in ihren Beziehungen zu den Dingen und den Menschen um sie herum.

Die Umgebung darf nicht vergessen werden. Familienmitglieder und professionelle Betreuer können in gleicher Weise in die Probleme verstrickt sein wie der geistig behinderte Mensch selber. Sie sitzen gleichfalls im Gefängnis ihrer Reaktionen, Gefühle, Gedanken und Erwartungen. Manchmal scheinen sie noch stärker festgefahren zu sein als der geistig behinderte Mensch, dessen Probleme sie in den Vordergrund stellen. Durch Gefühle wie Mitleid, Angst, Kummer, Schuld, Scham, Machtlosigkeit, Wut können auch Familienmitglieder und professionelle Betreuer dazu beitragen, dass alle miteinander in einem Teufelskreis landen und letztendlich in einer erstarrten Beziehung. Gerade das Zusammenwohnen und Zusammenleben mit einem Menschen in einer festgefahrenen Situation bringt Familienmitglieder und Betreuer an ihre Grenzen. Ihre Schwachstellen werden schmerzhaft sichtbar. Sie werden zur Auseinandersetzung gezwungen und in ihrer eigenen Haltung zunehmend unsicherer. Das Zusammenleben mit einem ‚Menschen mit festgefahrenen Verhaltensweisen' zwingt dazu, sich mit der eigenen Person auseinander zu setzen. Das ist eine starke Herausforderung, auf die man auf zwei Arten reagieren kann: Man kann daran als Person wachsen, als Elternteil, als Mitglied eines Teams, einer Familie oder einer Organisation, oder man entfernt sich voneinander mit dem Gefühl, versagt zu haben.

‚Menschen mit festgefahrenen Verhaltensweisen' ist ein Begriff, den wir verwenden, um uns nicht allzu lange mit der Frage nach dem ‚Warum' aufzuhalten. Denn die Frage nach dem ‚Warum' ist oft der Schrei der Verzweiflung der direkt Betroffenen, die hoffen, es gäbe irgendwo einen Knopf, den man drehen könnte und dann wäre mit einem Mal alles ‚vorbei'. Die Frage nach dem ‚Warum' führt Experten zur langwierigen Suche nach Störungen, die sie im Übrigen meist nicht finden. Wenn sie Störungen finden, ist das gemeinsame Denken und Suchen beendet. Das ist wohlgemerkt nur das Ende für die Experten, denn für die Eltern und für die Betreuer beginnt an dieser Stelle oft ein langer und verschlungener Weg.

Viele Experten suchen die Störungen in abweichenden körperlichen, biologischen oder neurologischen Funktionen oder in der frühkindlichen Entwicklung. Abweichende oder traumatisierende Ereignisse finden sich aber immer, wenn man nach ihnen sucht. Dies ist kein Plädoyer gegen eine gediegene, multidisziplinäre Untersuchung, sondern eher ein Plädoyer dafür, gründlich darüber nachzudenken, welchen Platz die gefundenen Informationen im zukünftigen Umgang mit dem ‚Festgefahrenen', diesem Mann, dieser Frau, diesem Kind haben sollen. Es gibt nun mal viele Abweichungen, die man nicht auflösen oder verändern kann. Sie sind einfach eine Tatsache, mit der man arbeiten und leben muss.

Es ist besser, sich in die Frage nach dem ‚Wie' von heute zu vertiefen, anstatt der Frage nach dem ‚Warum' in der Vergangenheit nachzugehen. Wenn wir genau hinschauen, wie jemand mit sich selbst zurechtkommt, obwohl er in großen Schwierigkeiten steckt, kommen wir zu ganz überraschenden Entdeckungen. Wir erkennen viele unangepasste Verhaltensweisen wie etwa Aggression, Zerstörungswut, Selbstverletzung und Zwangshandlungen. Aber daneben sehen wir auch andere Verhaltensweisen, mit denen Menschen versuchen, sich selbst unter Kontrolle zu halten. Als wollten sie sich vor etwas schützen, das sie selbst auch lieber nicht tun oder erfahren würden. Als wollten sie sich davor schützen, anderen zu schaden, sich selbst oder den Dingen in ihrer Umgebung. Wer genau hinsieht, erkennt, dass sie nicht nur Schaden verhindern wollen, den sie sich selbst oder anderen antun könnten, sondern sie zeigen auch Verhaltensweisen, mit denen sie indirekt zur Vermeidung des Ärgers beitragen. Es sind dies Arten des Wahrnehmens, der Definition einer Situation, des Handelns und Denkens, mit denen sie sich gerade noch über Wasser halten, gerade noch behaupten können.

Wer einmal erkannt hat, dass Menschen mit festgefahrenen Verhaltensweisen auch selbst nach Auswegen suchen, der hat den Schlüssel zur Lösung der Verhaltensprobleme entdeckt. Die Lösung ist die Förderung der selbstbehauptenden und selbstbeschützenden Kräfte. Wenn man sich nach diesen Kräften auf die Suche macht und seine Energie nicht mehr in die Suche nach Antworten auf die Frage nach dem ‚Warum' steckt, wird man unerwartete Antworten entdecken. Bei Menschen, die in Schwierigkeiten stecken oder festgefahren sind, denkt man üblicherweise über die Ursachen nach, über ein Motiv. Er oder sie tut das, weil ... Und dann findet sich eine Antwort, die suggeriert, dass es einen Grund für die Aggression, die Selbstbeschädigung gibt: Jemand ist frustriert, wurde allein gelassen, ist verzogen, es werden ihm nicht genug Strukturen angeboten, er hat Schmerzen oder braucht immer die Aufmerksamkeit anderer.

Wir haben es mit wankelmütigen Menschen zu tun, die sich unsicher fühlen, die zwischen Wollen und Nichtwollen, Können und Nichtkönnen hin und her gerissen sind. Es gibt keine klaren Hinweise dafür, was sie zu einer bestimmten Reaktion treibt. Es sind Menschen, die nur selten deutlich äußern, was sie wollen und nicht wollen, selbst dann, wenn sie verbal dazu in der Lage wären. Viel häufiger sehen wir bei ihnen Kräfte, die Widerstände aufbauen, beängstigend hohe Schwellen, die dann zu Vermeidung, Festklammern oder Abwehr führen. Diese Kräfte liegen tiefer als die Kräfte des „Ich will" oder „Ich entscheide". Menschen mit festgefahrenen Verhaltensweisen, bei denen man entsprechend ihrem Entwicklungsniveau von einem ‚Ich' sprechen müsste, scheinen kaum ein ‚Ich' entwickelt zu haben. Nur Menschen, die ein

‚Ich' entwickelt haben, sind zu freien Entscheidungen in der Lage. In der Gruppe der Menschen jedoch, um die es in diesem Buch geht, gibt es nur wenige, die das Stadium der Ich-Entwicklung erreicht haben. Umgangssprachlich sagt man dazu, dass sie sich nicht wehren können.

Wenn man das weiß, ist es doppelt wichtig, regelmäßig zu prüfen, ob das, was man tut, wirklich im Interesse des Menschen mit geistiger Behinderung ist. Diese Prüfung ist vor allem dann unabdingbar, wenn eine Person bestimmt, was für einen anderen gut ist. Im Umgang mit Menschen, bei denen diese fundamentalen Kräfte mitspielen, kommt man mit einer Alltagspsychologie nicht aus. Man kann beispielsweise nicht davon ausgehen, dass Menschen die Dinge, die sie angenehm finden, häufiger tun, und andere, die sie langweilig finden, weniger häufig. Menschen mit festgefahrenen Verhaltensmustern empfinden oft große Schmerzen an Leib und Seele, als Gefühle von Scham und Schuld, und gerade das kann ein besonderer Beweggrund für sie sein, heftiger und länger weiterzumachen. Sie können nicht aufhören, gerade weil es schmerzhaft ist. Sie werden geradezu in ein Verhalten hineingesogen, für das sie sich schämen und schuldig fühlen. Das kann in einen Zustand münden, den man als Zwang oder Obsession bezeichnet. Diese Worte weisen darauf hin, wie jemand von den Bewegungen seiner eigenen Hände, seiner Arme, seiner Gedanken getrennt sein kann.

Anders hinschauen …

Der Versuch, die Eigenart von Menschen mit festgefahrenen Verhaltensweisen festzustellen und darauf aufzubauen, wurde im Lauf der Jahre zu einer Methode entwickelt. Wir nennen das ‚anders hinschauen'. Es ist eine aktive Art und Weise, den anderen zu sehen, sich selbst und die Aspekte der Umgebung. Es ist auch eine Methode, die eigenen Urteile, Deutungen, Erwartungen und Standpunkte aktiv zu betrachten. Videoaufnahmen sind dabei ein wichtiges Hilfsmittel. Man lernt eine Person, die man möglicherweise seit Jahren kennt, über die bereits viel geschrieben und gesprochen wurde, ganz neu kennen. Es ist schockierend zu entdecken, wie begrenzt die Wahrnehmung der anderen und der eigenen Person gewesen ist. Noch schockierender ist die Entdeckung der Härte in Urteilen und Deutungen, die man selbst abgegeben hat. Man entdeckt seine eigenen Vorurteile.

Videoaufnahmen sind dabei nur ein technisches Hilfsmittel. Die Art und Weise der Zusammenarbeit ist Hilfsmittel und Voraussetzung der Methode. Eine offene Form der Zusammenarbeit ist kein unverbindliches Vergnügen. Es ist die Basis dafür, sich ein detailliertes Bild des anderen und der eigenen Person zu verschaffen. Ein Aspekt wird systematisch erforscht, und dabei lernt man von den gesammelten Erfahrungen.

Gewöhnlich betrachtet man Menschen mit geistiger Behinderung mit Vorurteilen: Wir haben bestimmte Vorstellungen von einem geistig behinderten

Menschen oder von behinderten Menschen im Allgemeinen. Wir haben Vorurteile, die wir auf Grund allgemein gültiger Normen erworben haben und weil die Sprache ein so unzureichendes Kommunikationsmittel sein kann. Wir verlassen uns zu sehr auf sie und nehmen uns dadurch die Möglichkeit, Verhaltensaspekte zu entdecken, für die es in unserer Sprache keine Worte gibt. Meist sind uns diese Dinge gar nicht bewusst, aber sie sind, wenn man nach ihnen sucht, aus der Körpersprache abzuleiten. Denn unser Körper nimmt einen Strom von Reaktionen wahr und sendet unentwegt Reaktionen aus, ohne dass unser Bewusstsein etwas davon merkt.

Videoaufnahmen sind ein technisches Hilfsmittel, das hilft, den eigenen Blick zu schärfen. Man kann dieses Medium bewusst so einsetzen, dass es einerseits Distanz herstellt und andererseits ein sehr genaues Hinschauen ermöglicht. Eine Videoaufnahme gibt die Möglichkeit, Aktionen und Reaktionen zu entdecken, die uns im täglichen Umgang mit anderen entgehen, die aber uns selbst und andere durchaus beeinflussen können. Meist ist man sich derartiger Einflüsse überhaupt nicht bewusst.

An einer Videoaufnahme ist erkennbar, wie schwierig es ist, scheinbar einfache Fragen zu beantworten, wie etwa: Was sehe ich? Was höre ich? oder: Was fühle ich? Versuchen Sie einmal, ganz genau in Worten auszudrücken, was Sie gehört haben, was genau Sie – neben dem Gesamteindruck, den Sie bekommen haben – gesehen oder gefühlt haben. Erst wenn man eine Videoaufnahme von sich selbst und einem anderen betrachtet hat, erkennt man, wie die eigene Wahrnehmung unablässig durch verschiedenartige Erwartungen und Ideen über den anderen gefärbt wird.

Wir streben nicht unbedingt danach, objektiv zu sein. Wir sind nun einmal immer subjektiv, und wir können nicht anders, als das zu interpretieren, was wir wahrzunehmen meinen. Doch gerade im Umgang mit ‚festgefahrenen' Menschen ist es von existenzieller Bedeutung, sich zu fragen: „Bleibt in meiner Interpretation der Verhaltensweisen des Menschen mit geistiger Behinderung noch genügend Raum für seine Persönlichkeit?"

Wenn man auf diese Frage eine Antwort finden will, muss man anders hinschauen und immer wieder versuchen, einen neuen, anderen Eindruck vom anderen zu bekommen. Dabei geht es um scheinbar sehr einfache Fragen:

- Wo ist er gerade?[1]
- Welchen Platz nimmt er ein?
- Was betrachtet er?
- Was hört er?
- Was macht er mit seinen Händen?
- Wie viel Kraft setzt er ein?
- Welche Laute und welche Töne verwendet er?

---

1 In diesem Buch wird „er" verwendet, wenn es „er/sie" heißen müsste.

- Was drückt sein Gesicht aus?
- In welche Richtung blickt er?
- Was sagt er eigentlich?

Selbst wenn man eine der Fragen ausführlich beantworten kann, wird man verblüfft feststellen, dass ein anderer Beobachter zu einer der anderen Fragen Punkte anführt, die man selbst überhaupt nicht gesehen oder gehört hat. Solch eine Erfahrung lehrt Bescheidenheit gegenüber der Fähigkeit, einen anderen und sich selbst wahrzunehmen. Das zwingt zur Zusammenarbeit mit anderen, die mit anderen Augen und Erfahrungen eine Person betrachten.

Kurzum, man muss danach suchen, was den behinderten Menschen beschäftigt; buchstäblich nach der ihm eigenen Weise des Seins. Oder noch direkter: Was bewegt ihn, was zieht ihn an, was bringt ihn dazu, sich zurückzuziehen?

Die Offenheit des Blicks setzt zuerst eine offene Haltung voraus. Wenn man bei dieser Suche nach Details etwas finden will, muss man dem Menschen mit geistiger Behinderung den ihm eigenen Wert lassen, auch wenn er auf den ersten Blick unseren Maßstäben nicht genügt. Selbst dann, wenn er nicht in der Lage ist, mittels Sprache oder Gebärden auf eine uns verständliche Art und Weise zu kommunizieren.

Diese offene Haltung trifft man glücklicherweise bei den meisten Eltern oder Betreuern von Menschen mit geistiger Behinderung oft an. Doch die Sorgen und die Anstrengungen des Alltags können den Blick zuweilen trüben. Damit kommen wir zu einem weiteren wichtigen Vorteil von Video aufnahmen:

Man kann damit einen bestimmten Abstand herstellen; man hat vorübergehend mit dem täglichen Kleinkram nichts zu tun, man muss nicht sofort reagieren. Man kann ruhig sitzen bleiben und genau hinschauen. Das gibt einem die Gelegenheit, so unbefangen wie möglich das Bild des eigenen Kindes oder des Menschen, für den man sorgt, zu betrachten.

Die Formulierung ‚Menschen mit festgefahrenen Verhaltensmustern' soll auch die Lücke schließen, die sich zwischen der unglaublichen Menge von Theorien, die im Laufe der Jahre über festgefahrene Menschen entwickelt wurden, und der grauen Wirklichkeit, in der Familienmitglieder und Erzieher tagtäglich mit diesen Personen umzugehen versuchen, aufgetan hat. Denn alle noch so beeindruckenden Erklärungen über die Entstehung von Problemverhalten können nicht vermeiden, dass sich immer mehr Menschen im täglichen Leben mit anderen festfahren, dass die Beziehungen erstarren. Alle stehen mit dem Rücken zur Wand und isolieren sich immer stärker von den anderen Menschen mit Behinderung, mit denen sie zusammenwohnen oder zusammenarbeiten. Wenn die Person noch zu Hause lebt, wird die Familie immer stärker von ihrer Verwandtschaft gemieden. Die Eltern geraten in Konflikt mit ihren anderen Kindern oder miteinander. Die

Teams in den Einrichtungen streiten mit anderen Teams, die Mitarbeiter können sich untereinander nicht über Erklärungs- und Handlungsansätze verständigen, und schließlich haben sie auch zu Hause noch Streit, weil sie unruhig, müde und unzufrieden sind. Das Problem bleibt ungelöst.

Ich will in diesem Buch nicht versuchen, Theorie und Praxis miteinander zu verbinden. Ich möchte die alltägliche Praxis zeigen und von da aus mögliche Ansatzpunkte aus den bestehenden Theorien ableiten, Berührungspunkte mit den vorhandenen Theorien aufzeigen.

Durch diese Art des Vorgehens will ich vermeiden, in die Schar der Experten eingereiht zu werden, die dicke Dossiers über problematische Menschen mit geistiger Behinderung zusammenstellen und Ratschläge entwickeln, deren Umsetzung sie von anderen erwarten: von Gruppenleitern, von Eltern. Ich gehe davon aus, dass alle Betroffenen gemeinsam suchen und dann gemeinsam versuchen, sowohl die vorhandenen Kräfte der behinderten Menschen als auch die ihrer Betreuer zu verstärken. Kräfte, die wir entdecken konnten, weil wir danach gesucht haben.

Bei der Suche nach positiven Kräften ist die Videokamera unentbehrlich. Sie versetzt uns in die Lage, vergrößert und nötigenfalls mehrere Male hintereinander zu sehen, was sich täglich um uns herum abspielt. Im täglichen Leben ist man beschäftigt, beschäftigt mit der Sorge um andere und beschäftigt mit sich selbst. Man vergisst, dass das eigene Verhalten auf die Menschen um uns herum einwirkt. Man vergisst, dass auch die Menschen um uns herum unser Verhalten stark beeinflussen. Man ist besorgt und vielleicht zu irritiert, um bei einem anderen, den man in diesem Moment lieber auf den Mond schießen würde, noch Kräfte zu entdecken. Oder in sich selbst. Wenn man sich machtlos fühlt, spürt man eigene ‚Kräfte' kaum.

Dennoch gibt es diese Kräfte. Vielleicht sind sie sehr klein, vielleicht gibt es sie nur in Ansätzen. Ungeachtet des Niveaus, auf dem eine Person agiert, und ungeachtet des Ernstes ihrer Problematik, immer kann man den Ansatz eines Versuchs dieser Person entdecken, ihre Probleme selbst in die Hand zu nehmen. Wenn man im Stande ist, sich selbst, den Menschen mit geistiger Behinderung und das, was sich zwischen uns abspielt, differenzierter zu betrachten, ist das bereits der Beginn einer Entwicklung zum Besseren. Ein kleiner Anfang – aber sobald man sich darauf einlässt und erkennt, dass mit diesem Vorgehen etwas zu erreichen ist, wird die Entwicklung zum Besseren voranschreiten.

Das heißt nicht, dass damit alle Probleme aus der Welt geschafft sind, obwohl das oft das Resultat ist. Manchmal ergibt sich auch nur, dass die Umgebung der Person, seine Eltern, seine Betreuer, mit dem Problemverhalten besser umgehen können, weil sie sich nicht mehr ständig davon erdrücken lassen.

2. Das Ausmaß des Problems

Wie schlimm steht es um die Person? Drücken Sie sich nicht um diese Frage mit der Bemerkung: „Das hängt davon ab, was man gewöhnt ist und wie man damit umgehen kann.“ Es ist möglich, dass jemand bei einem Betreuer kein problematisches Verhalten zeigt oder dass das Verhalten von dem betreffenden Betreuer nicht als problematisch wahrgenommen wird. Dennoch können andere derart große Probleme mit diesem Menschen haben, dass er sich festfährt.

> Henk, beispielsweise, wird in der Tagesbetreuung für ältere Personen zum Problemfall gestempelt, weil er ab und zu laut schreit und mit seinem Teller wirft. Dieses Verhalten führte dazu, dass er über eine Krisenintervention in ein Heim eingewiesen wurde, weil die Gruppenleiter und die anderen Mitglieder der Gruppe bereits aus der Fassung gerieten, wenn sie Henk nur kommen sahen. Im Heim dagegen sind sie einiges gewohnt. Da wundert sich niemand darüber, wenn mal geschrien wird oder wenn Porzellan zerbricht. Nach einigen Wochen wirft Henk weniger Teller und schreit erheblich seltener. „Es gibt keine Probleme mit ihm. Er kann ruhig wieder nach Hause und in die Tagesbetreuung“, lautet der reichlich lakonische Befund.

Dieses harmlose Beispiel macht deutlich, dass ein bestimmtes Verhalten auf Grund von Normen und Erwartungen einer Gruppe zum Problem wird, während es in einer anderen Umgebung unproblematisch ist. In der einen Situation findet man nichts dabei, in einer anderen Situation führt das Verhalten zur vollständigen sozialen Destabilisierung. Das sind keine Probleme, die man mit Ratschlägen, wie etwa „Lass das doch nicht so nah an dich herankommen“ oder „Ignoriere das doch einfach“ lösen könnte. Solche Ratschläge sind gut gemeint, doch sie beziehen sich nur auf das Verhalten des Menschen mit geistiger Behinderung und nicht darauf, was sein Verhalten für die Menschen, mit denen er zusammenlebt, bedeutet.

Wenn man versucht, den Ernst eines Problemverhaltens zu umschreiben, sollte man auch auf den Aspekt der Beziehungen hinweisen. Die Qualität der Beziehungen wird durch den Ernst des Problemverhaltens beeinflusst. Veränderungen der Qualität von Beziehungen, die Erstarrung sind ein Teil des Problems. Subjektivität und Normvorstellungen gehören ebenfalls in die Beschreibung des Problemverhaltens. Das kann man nicht mit Formulierungen erledigen wie etwa: „Hier verhält er sich gar nicht so schlimm“, oder: „Eigentlich liegt nichts vor, denn bei mir tut er es nicht.“

In der einen Einrichtung wird Weglaufen toleriert, in einer anderen nicht. In der einen Familie ersetzenden Wohngemeinschaft wird jemand, der weggelaufen ist, wieder aufgenommen, in einer anderen nicht. Das eine Kindertagesheim kann damit umgehen, in einem anderen ist Weglaufen ein Grund, den Betreffenden rauszuwerfen. Die eine Familie hält es aus, wenn ein Kind immer wieder wegläuft, die andere kann es nicht ertragen. Manchmal wird innerhalb eines einzigen Heimes in den verschiedenen Wohn- und Lerngruppen mit dem Weglaufen unterschiedlich umgegangen.

Weniger weitreichend, aber oft genauso einschneidend sind die unterschiedlichen Meinungen von Experten über ein und dieselbe Person mit Problemverhalten. Der eine Psychiater nimmt das zum Anlass, stark verhaltensdämpfende Psychopharmaka zu verschreiben, ein anderer sieht gerade im Absetzen der Medikamente bessere Chancen. Der eine Pädagoge oder Psychologe empfiehlt ein Prämiensystem, um den Betroffenen durch Belohnungen von seinem Problemverhalten abzubringen, ein anderer Psychologe verweist die gleiche Person an eine kreative Therapie.

Muss denn erst etwas Schwerwiegendes geschehen, bevor man wirklich jemandem seine Aufmerksamkeit schenkt, bevor man die Köpfe zusammensteckt, um das Problem in Ordnung zu bringen? Was ist schwerwiegend? Ist das Verhalten wirklich schwerwiegend genug, um die Energien darauf zu konzentrieren? Bin ich der Einzige, der das Verhalten als so schwierig erlebt? Wie auch immer, irgendein Einzelner oder mehrere machen sich jedenfalls so große Sorgen, dass sie Alarm auslösen. Das kann der Anlass sein, eine gemeinsame Beschreibung der Problematik zu erreichen. Wenn man das kurz und knapp machen will, kriegt man heraus, bei welchen Punkten Übereinstimmung herrscht. Diese Zusammenarbeit kann sich auch aus der Einsicht ergeben, dass einige, wenn auch nicht alle, sich große Sorgen machen. Die Beschreibung des ‚Anlasses' besteht aus drei Teilen:

1. Um welche Verhaltensweisen geht es? Die Beschreibung sollte die Wörter verwenden, die man alltäglich dafür verwendet: sich zurückziehen, böse werden, piesacken, ärgern, sich selbst schlagen, Sachen zerstören, nicht mehr essen, keinen Kontakt mehr bekommen. Gibt es eine umfassende Einschätzung, wie häufig das geschieht?
2. Was bedeutet das Verhalten für den Menschen mit Behinderung? Bedrückt ihn sein eigenes Verhalten, oder ist es vor allem für uns andere schwierig? In welchen Maß sind Wohnen, Arbeiten und Zusammenleben durch das Verhalten tangiert? Zieht sich der behinderte Mensch mehr und mehr zurück?
3. Was bedeutet das Verhalten für seine Eltern, Betreuer, Mitbewohner, Arbeitskollegen? Sind sie enttäuscht und bekümmert oder ist ihre häufigste Reaktion Zurückweisung? Zeigen sie sich untereinander mehr und mehr gespalten?

Wie pauschal eine solche Zustandsbeschreibung auch sein mag, man sollte sich dazu zwingen. Das ist der erste und notwendige Schritt, sich wirklich gemeinsam auf den Weg zu machen, etwas zu entdecken. Diese Zustandsbeschreibung kann hilfreich sein, eventuell vorhandene blinde Flecken zu entdecken. Es kann sein, dass Punkt 1 durchaus klar ist, dass man aber kaum weiß, was das Verhalten für den behinderten Menschen selbst bedeutet (Punkt 2), oder man hat vielleicht Punkt 3 zu wenig beachtet.

Zu 1. Problemverhalten

Beschreiben Sie in wenigen Worten das Verhalten, das – für wen auch immer – zum Problem wurde: Zum Beispiel isst die Person nicht mehr, läuft von der Arbeit weg, stellt ständig Forderungen, räumt dauernd ihr Zimmer um.

Zu 2. Bedeutung für den Menschen mit geistiger Behinderung

In die Beschreibung des Problemverhaltens sollte auch eingearbeitet werden, wie der Betroffene selbst sein Problem einschätzt und erlebt. Obwohl man bei Menschen, die auf einem sehr niedrigen geistigen Niveau agieren, schwerlich von ‚selbst erleben' sprechen kann, lässt sich doch sehr wohl erkennen, ob die Betroffenen leiden. Jemand, der reden kann und sagt, dass er es schwer hat, verliert sich in Fantasien, Wünsche und Rituale, in die er sich dann vollends verstrickt. Ein anderer, der nicht sagen kann, was schlimm ist, weiß nicht wie oder was er tun soll, um zu verhindern, dass er sich in Aggression verliert, sich selbst verletzt oder zwanghaft handelt. Man kann erkennen, dass ihm die eigenen Arme und Beine im Weg sind. Der Grad des Problemverhaltens wird daher auch davon mitbestimmt, in welchem Maße der Mensch festgefahrene Verhaltensweisen entwickelt hat, sodass er nicht mehr erreicht, was sonst ‚normal' für ihn ist.

Das, was für ihn ‚normal' ist, erkennt man an den Aktivitäten und Kontakten, die vorher für ihn möglich waren, so zum Beispiel Schule, Arbeit oder Klub oder sich selbst anziehen.

Man sollte auch seinen Eindruck wiedergeben, in welchem Ausmaß der behinderte Mensch noch ‚wirklich da' ist. Läuft er wie ein Roboter herum, der alles nahezu automatisch tut, wenn man ihn darum bittet, oder rennt oder rast er von einer Sache zur anderen, lacht er nicht mehr richtig, lehnt er sich dauernd an andere an, schaut gar nicht mehr hin, was er tut?

Die persönliche Problematik ist nicht von dem sozialen Netzwerk zu trennen, in dem jemand wohnt, arbeitet und seine Freizeit verlebt. Das Leben in einer Familie, einer Wohngemeinschaft, einer Klasse oder in einer Freizeitgruppe hat damit zu tun, es wird unwiderruflich von dem Problemverhalten beeinflusst, mal stärker, mal weniger stark. Umgekehrt beeinflusst das jeweilige soziale System auf vielfältige Weise das Verhalten und die Lage der betroffenen Person.

Zu 3. Bedeutung für andere

Auch das Erleben und die Stellung der anderen Personen kann dramatisch verändert sein.

Gefühle von Ohnmacht und Unsicherheit gehören zur Problematik. Man merkt, dass man über nichts anderes mehr spricht. Man fühlt sich schuldig, weil man seinen Verpflichtungen gegenüber dem Menschen mit der Behinderung oder gegenüber anderen nicht nachkommt, immer nur kommandiert, keine Grenzen und Regeln mehr aufzustellen wagt, weil man ängstlich geworden ist. Eine Folge dieser Gefühle ist, dass die Umgebung sich zunehmend von dem Betreffenden distanziert. Im äußersten Fall führt das dazu, dass jemand aus dem sozialen System ausgeschlossen wird, und das ist meist die Person mit festgefahrenen Verhaltensweisen.

Wenn die Umgebung ratlos ist und sich die Haare rauft, so gilt das nicht unbedingt auch für den behinderten Menschen. Wenn dieser Zustand allerdings einige Zeit anhält, hat das auch Auswirkungen auf ihn. Die Betreuer gehen nicht mehr entspannt und freundlich mit ihm um, sie werden kribbelig und meiden den Umgang mit ihm. Schließlich machen sie einen möglichst großen Bogen um ihn und reden nur noch das Allernotwendigste mit ihm. Manche Betreuer und auch Eltern versuchen mit aller Macht, freundlich zu bleiben, aber auch sie halten das auf die Dauer nicht durch. Am Ende kommt es doch dazu, dass irgendjemand nicht mehr da ist: Die Betreuer oder ein Elternteil wird krank, ein Mitarbeiter lässt sich versetzen. Oder der Mensch mit festgefahrenen Verhaltensmustern verschwindet aus ihrer häuslichen Umgebung, wird an einen Ort gebracht, „wo man hoffentlich besser mit ihr zurechtkommt". Auf beiden Seiten kommt es zu Verlustgefühlen.

Andererseits kann auch der Mensch mit der Behinderung ratlos sein, während die Menschen seiner Umgebung es ziemlich normal finden, dass er schreit und sich seine Kleidung zerreißt. Diese Normalität bedeutet jedoch nicht, dass er kein ernst zu nehmendes Problem hätte!

> Während den Betreuern nichts Außergewöhnliches auffällt, zieht sich der Mensch mit festgefahrenen Verhaltensweisen immer weiter zurück. Seine Welt verengt sich. Er sitzt immer häufiger in seinem Zimmer, oder er verschanzt sich unerreichbar hinter seinem Bewegungsdrang. Nur die Menschen, die ihn sehr gut kennen, bemerken seinen Rückzug. Oft sind das Familienmitglieder, und wenn sie eine aktive Rolle spielen, schlagen sie Alarm. Tun sie das nicht, ist es möglich, dass der Mensch mit geistiger Behinderung immer stärker ins Abseits rutscht. Die Veränderungen von einem Tag zum anderen fallen kaum auf, aber nach einigen Jahren zeigt sich, dass der Betreffende weniger redet und spielt, dass er nicht mehr von sich aus etwas tut oder einen Kontakt aufnimmt, dass ihm fast nichts mehr Spaß macht.

Wenn man den Ernst einer Problematik beschreibt, sollte man auch die wechselseitigen Einflüsse berücksichtigen. Doch wie soll man das machen, ohne sich in Oberflächlichkeiten zu verlieren, wie etwa: „Das liegt an der Umgebung.“ Dieses Argument ist genauso schlicht wie die Folgerung, dass das Problem „im behinderten Menschen selbst liegt“, dass es sich „bestimmt um eine Störung handelt“. In den meisten Fällen handelt es sich um ein Zusammenspiel dieser beiden Faktoren, wobei der Zusammenhang offenbar meist falsch gesehen wird.

Die beiden Faktoren, das Verhalten der Person und das Verhalten seiner Umgebung, sind in bestimmter Weise aufeinander abgestimmt. Die Qualität dieser Abstimmung sollte in der Beschreibung des Ernstes der Problematik genannt werden, ohne dass man dabei sofort auf Begriffe wie ‚Ursache’ oder ‚Wirkung’ zurückgreift.

Verstrickt sein

Zur Erläuterung folgendes Schema:

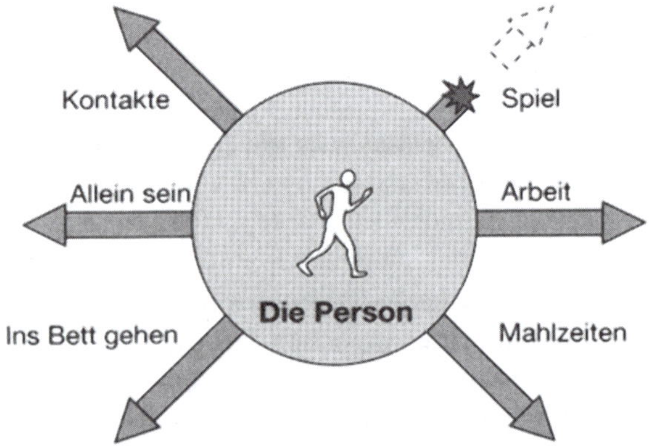

Schema 1: Die Art der Beziehungen aus Sicht der Person

In der Mitte steht die Person, um die es geht. Die Pfeile symbolisieren unterschiedliche Aspekte ihres Lebenszusammenhanges: Spiel, Arbeit, Kontakte, Bewegung, Essen, allein sein, laufen, ins Bett gehen, aufstehen usw. Mit einem derartigen Schema kann man, indem man es Stück für Stück durchgeht, versuchen, das relative Ausmaß der Beziehungsprobleme zu ermitteln.

Im ersten Schema geht es um eine Person, die immer dann Probleme hat, wenn sie mit jemand anderem spielt. Der Stern beim Pfeil ‚Spiel’ symbolisiert das Problemverhalten. Der Klient stört, wenn gespielt wird, sodass er mit allen Streit bekommt. Er ist offensichtlich nicht in der Lage, mit Konflikten umzugehen, sodass ihm immer wieder alles aus der Hand gleitet. Nachdem er das einige Male erlebt, hat er immer weniger Lust, bei Spielen mitzumachen.

Wenn diese Problematik nur beim Spielen auftritt, ist sie noch nicht so gewichtig. Führt sie aber dazu, dass der Betroffene beispielsweise auch mit Konflikten während der Mahlzeiten, beim Abwaschen und während der Arbeit nicht mehr umgehen kann, werden immer mehr Sterne im Schema erscheinen. Alle Kontakte mit anderen werden dann angesteckt, und nicht nur das, sogar der Raum, in dem er Konflikte hat, wird infiziert. Er gerät bereits außer sich, wenn er die Küche nur betritt, denn hier bekommt er immer wieder Streit darüber, wer mit dem Abtrocknen dran ist.

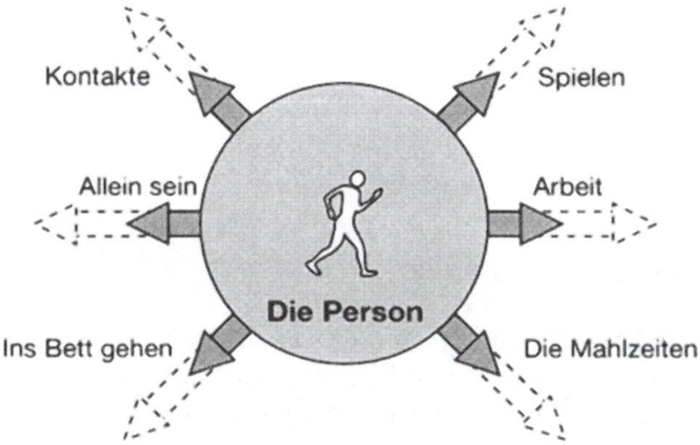

Schema 2: Durch das Problemverhalten ist die Qualität aller Beziehungen deutlich schlechter geworden.

In der Mitte steht immer noch das Individuum mit Problemverhalten. Die Pfeile, die die einzelnen Aspekte seines täglichen Lebens symbolisieren, haben sich beunruhigend verkürzt. Seine Existenz ist zusammengeschrumpft. Verringert haben sich nicht nur die Kontakte mit anderen Menschen, auch die Zahl seiner Aktivitäten hat drastisch abgenommen. Sogar seine Möglichkeiten zu denken, zu sehen, zu hören, zu fühlen und sich zu bewegen sind geschrumpft.

Abstand

Die Möglichkeiten des Mannes oder der Frau mit festgefahrenen Verhaltensweisen nehmen drastisch ab. Aber auch die Menschen der Umgebung werden in ihren Möglichkeiten, sich mit Betroffenen zu beschäftigen, beschnitten. Sie meiden ihn, sie bemühen sich weniger darum, etwas mit ihm zu unternehmen. Sofern sie etwas von ihm erwarten, ist das meist nichts Gutes. Alle sind auf der Hut. Zusammen mit den Gegenständen, die kaputtgehen, zerbrechen auch die positiven Gefühle gegenüber dem Kaputtmacher. Ansätze, etwas mit ihm zu unternehmen, werden seltener und immer undifferenzierter. Schließlich wendet man sich nur noch an ihn, wenn es nicht zu umgehen ist. Der Mensch mit geistiger Behinderung gerät in eine soziale Isolierung, die oft mit einer materiellen und räumlichen Isolierung einhergeht. Die Isolierung ist eine neue Quelle negativer Erfahrungen.

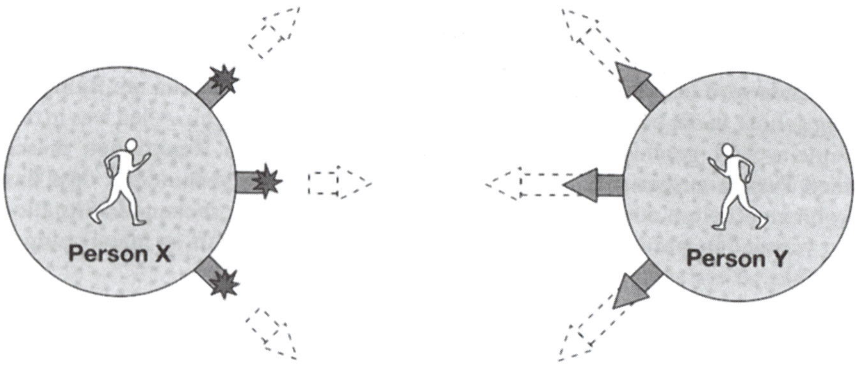

Schema 3: Nein sagen

X ist die festgefahrene Person; Y sind die anderen. Die Sterne symbolisieren die Situationen, in denen das Problemverhalten auftritt, die gestrichelten Pfeile symbolisieren das Vermeidungsverhalten der anderen.

Durch diese Schemata fast erstarrter Beziehungen ist man gezwungen, darüber nachzudenken, wie jemand sich verhalten könnte oder sich früher verhalten hat, und zwar im Vergleich zu dem, was aus ihm geworden ist. Man hat die Möglichkeit, nicht nur den Menschen mit seiner Behinderung selbst anzuschauen, sondern auch seine soziale und materielle Umgebung. Auf diese Weise kann man die verbliebene Qualität seiner alltäglichen Existenz genau aufzeigen. Diese Qualität wird in erster Linie durch Verhaltensänderungen des behinderten Menschen beschrieben.

> Es begann mit Problemen während des gemeinsamen Essens. Sie waren nicht geringfügig, und sie wurden nicht gelöst. Am Ende hatte er buchstäblich in allen Situationen Probleme – wenn er mit anderen Menschen umgehen musste, wenn er Aktivität entwickeln musste. Jetzt kommt er kaum noch aus dem Bett. Das kann nicht sehr lange so weitergehen. Seine allgemeine Entwicklung wird sich durch dieses Verhalten umkehren, das steht fest. Es lässt sich voraussehen, dass er immer weniger in der Lage sein wird, Eindrücke zu verarbeiten oder Initiativen zu ergreifen. Er wird sich immer weniger zutrauen, was wiederum Auswirkungen auf sein Tun hat.

Noch einmal: Es geht nicht nur um den behinderten Menschen. Auch die anderen verlieren den Mut, sie bemühen sich nicht mehr um ihn, sehen keinen Ausweg mehr, bekommen eine zunehmend geringere Meinung von seinen Fähigkeiten.

Gefangen

Am Ende wird beinah jeder, der zum sozialen Netz des Menschen mit Behinderung gehört, in die nach unten gerichtete Spirale hineingezogen. Alles, was in der Gemeinschaft geschieht, ist auf die nicht integrierbaren Reaktionen dieser einen Person ausgerichtet. Jeder versucht unablässig zu verhindern, dass das Problemverhalten ausbricht, was dazu führt, dass alle entsprechenden Situationen vermieden werden. Das soziale Leben der Gemeinschaft ist massiv eingeschränkt, ist erstarrt.

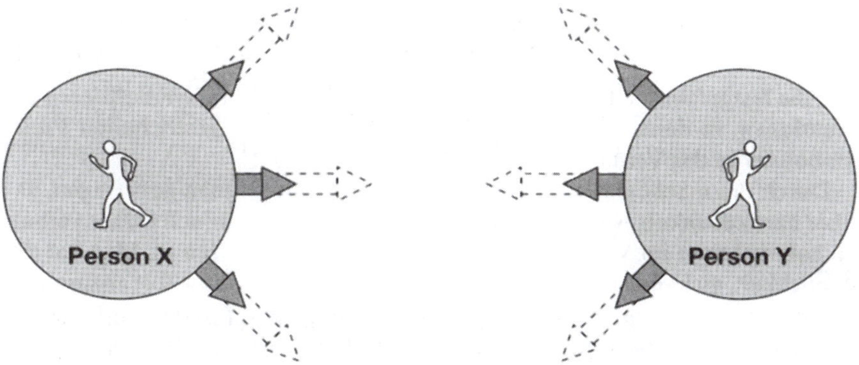

Schema 4: Noch weiter auseinander

Ernst und Häufigkeit

Unabhängig von der Art des Problemverhaltens – autoaggressive Verletzungen, Aggressionen, Zerstörungswut, Diebstähle – kann die Ernsthaftigkeit des Problems auch von seiner Häufigkeit mitbestimmt werden. Bei zunehmender Frequenz des Problemverhaltens wird es oft von allen anderen als immer schwerwiegender erlebt. Doch auch wenn jemand nur ab und zu Schwierigkeiten mit seinem Problemverhalten hat, kann das den Alltag stark beeinflussen.

> Eine junge Frau wird etwa alle sechs Wochen von einem schrecklichen Anfall von Aggression gepackt. Sonst beteiligt sie sich ganz normal an allen Aktivitäten. Doch die ab und zu auftretenden Stimmungen beherrschen das alltägliche Zusammenleben. Die Mitbewohner fürchten sich unablässig vor ihr. Die Betreuer und Familienangehörigen sind sich immer wieder unsicher, was geschehen könnte.

An diesem Beispiel wird deutlich, wie die Beurteilung der ‚Ernsthaftigkeit' eines Problems von mehreren Aspekten mitbestimmt wird. Das Problemverhalten tritt zwar selten auf (1), aber es hat schwerwiegende Folgen für die Person selbst (2), anwesende Personen werden verunsichert und verwirrt, verlegen, die Mitbewohner versuchen auszuweichen (3).

Andererseits gibt es Mitbewohner, die sich regelmäßig an den Kopf schlagen, doch hindert sie das nicht, an allen möglichen Aktivitäten teilzunehmen. Niemand achtet darauf, wenn diese Selbstaggression stattfindet. Man spielt einfach weiter.

In diesem Beispiel tritt das Problemverhalten zwar häufig auf (1), aber die Person selbst (2), die anwesenden Personen und deren Beziehungen untereinander (3) werden dadurch nicht beeinflusst. Bei der Beurteilung dieser Fakten könnte man zu dem Ergebnis kommen, dass das Problemverhalten nicht so wichtig ist, sodass man nicht sofort mit vereinten Kräften eine Veränderung bewirken müsse. Vielleicht hat aber jemand einen Tipp, um die ‚Angewohnheit' des behinderten Menschen zu dämpfen, etwa: „Achtet darauf, dass er immer etwas in den Händen hat, wenn er darauf warten muss, an die Reihe zu kommen."

Ziel

Es ist kein vordringliches Ziel der Behandlung, das Problemverhalten zu dämpfen oder zu beenden. Wenn man lediglich versucht, die autoaggressiven Verletzungen, die aggressiven Stimmungen oder die Angstreaktionen zu beenden oder zu dämpfen, bleiben alle Beteiligten in ihrer unerfreulichen Situation. Man kann Problemverhalten durchaus beenden, und das geschieht häufig genug: durch starke Medikamente, durch Fixierung, durch Einschüchterung oder Strafe. Auf diese Weise jemanden zum Aufhören zu bringen (wenn es überhaupt gelingt) kostet viel Energie. Die negative Fixierung auf die Person mit dem Problemverhalten vermindert sich nicht, ihre Beschäftigungen und ihre Kontakte mit anderen verändern sich nicht.

Es ist unser Ziel, das Problemverhalten aus dem Zentrum des Lebens des behinderten Menschen in der festgefahrenen Situation und seiner Umgebung herauszunehmen. Unser Ziel besteht weiterhin darin, Möglichkeiten zu finden, um die Beziehungen, die Beschäftigungen und das Erleben des eigenen Körpers wieder stärker zu variieren. Die Person soll ihre eigenen Sinne wieder gebrauchen, sodass sie wieder selbst sieht, hört, riecht und tastet.

Kleine Schritte

Für Menschen, die in einer abwärts gerichteten Spirale gelandet sind, ist es bereits bedeutsam, wenn der Sog nach unten beendet wird. Ein Erfolg ist es auch, wenn der Abstand und die Erstarrung zwischen den Menschen nicht größer werden. Das Problemverhalten wird so zwar nicht verändert, aber man verhindert, dass Qualität und Quantität der Beziehungen sich noch weiter zurückentwickeln. In einigen Fällen ist dies die am ehesten realistische Zielstellung. Manchmal muss man es dabei belassen.

Lebensmöglichkeiten vergrößern

Doch in den meisten Fällen lohnt sich der Versuch, ein weiteres Ziel zu erreichen, das in jedem Fall der Mühe wert ist. Dieses Ziel besteht darin, neue Spielräume für Aktivitäten der Beteiligten zu schaffen, sowohl für den Menschen mit festgefahrenen Verhaltensmustern als auch für seine Betreuer. Gelingt das, kann man förmlich sehen, wie die Menschen und die Gemeinschaft, in der sie leben, aufblühen. Der Mensch mit der Behinderung wird sich entspannen. Er nimmt wieder vieles wahr, er hört zu und lauscht. Er fühlt sich besser, es fällt ihm leichter, sich zu bewegen, er hat das Bedürfnis, sich durch Worte oder Gesten verständlich zu machen. Die Zeit, in der sich alles um sein Problemverhalten drehte, ist für ihn und die Menschen seiner Umgebung vorüber. Auch die Betreuer sind wieder in der Lage, ihn auf andere Weise wahrzunehmen. Sie sehen neue Aspekte seiner Person, sie können einfacher auf ihn zugehen, sie unternehmen mehr mit ihm, haben mehr Spaß.

Wir versuchen daher, das Problemverhalten nicht mehr im Zentrum stehen zu lassen, indem wir es beispielsweise auf eine andere Weise betrachten. Wir bemühen uns herauszufinden, was das Verhalten für den Menschen mit seiner Behinderung bedeutet. Wir versuchen, es ihm nicht übel zu nehmen, wenn er sich diesem Verhalten überlässt, und versuchen ihn nicht nur als ‚ungezogen' oder ‚unangenehm' zu sehen. Das Problemverhalten sollte nicht als ‚unerwünscht' abgestempelt werden. Wenn man versucht, Ärger und Übelnehmen zu vermeiden, und das Problemverhalten dennoch eingrenzen will, dann wird man auch auf eigene Normen und Gefühle stoßen. Man kann das Problemverhalten nur dann anders betrachten, wenn man auch ein wenig sich selbst in Frage stellt.

Auf dem Weg zum Ziel

In diesem Buch beschäftigen wir uns mit den psychischen und sozialen Faktoren von Menschen mit stark festgefahrenen Verhaltensweisen. Körperliche, biologische und kulturelle Faktoren werden nur soweit berücksichtigt, wie ein interessierter Laie sie überblicken kann. Vermutet man, dass der behinderte Mensch schlecht sieht, Bewusstseinstrübungen oder eine schlechte körperliche Konstitution hat, auf Medikamente negativ reagiert, seltsame Angewohnheiten nicht begreift oder dass er eine fremde Sprache spricht, sollte man Experten für das jeweilige Fachgebiet einschalten. Unsere Arbeitsbereiche liegen dort, wo wir als Personen agieren, sind unsere eigenen Erwartungen, Haltungen, Standpunkte, Aktionen und Reaktionen.

Es ist unumgänglich, die ersten Schritte in Richtung auf eine Veränderung in diesen Bereichen zu machen. Natürlich kommt man nicht damit weiter, wenn man sich lediglich vornimmt, den Menschen mit geistiger Behinderung „positiv zu sehen" oder noch schlimmer, „ihn zu akzeptieren, so wie er ist". Wie aufgezeigt wurde, beginnen wesentliche Veränderungen oft damit, dass man eine gemeinsame oder individuelle Arbeitsweise findet, sodass das Problemverhalten nicht mehr im Zentrum steht.

> Zwingen Sie sich, auch über die geglückten Dinge zu sprechen. Setzen Sie sich einfach einmal neben die Person, betrachten Sie die Dinge, die sie betrachtet, hören Sie das, was sie hört.

Man sollte sich der eigenen Normen bewusst werden. Man sollte versuchen, die eigenen Erwartungen und Grundsätze, die eigenen Haltungen, Reaktionsmuster und Grenzen genau zu analysieren. Für den einen wird dieser Bewusstwerdungsprozess eine vortreffliche Lebensschule sein. Ein anderer wird feststellen, dass er dabei als Mensch scheitert und wird sehr enttäuscht von sich sein.

Zusammengefasst: „Es geht jemandem schlecht" bedeutet in unserem Zusammenhang nicht, dass derjenige übel oder schlecht gelaunt ist. Es bedeutet auch nicht, dass er sich auf Grund von Schwachsinn, Alterserscheinungen oder nachweisbaren Erkrankungen zurückentwickelt. Solange jemand sich, trotz allem, eine gewisse Variabilität in seinem Alltag erhalten hat, seine Reaktionsweisen, seine Kontakte, seine Stimmungen variieren, geht es ihm gut.

> Er wirft manchmal mit seinem Teller, ein andermal stellt er ihn ganz normal hin. Manchmal beschimpft er die anderen, aber er kann auch normal mit ihnen reden. Machmal hat er schlechte Laune, aber oftmals hat er auch Spaß.

„Es geht ihm gut" bedeutet nicht, dass der Betroffene unablässig am Jubeln ist oder dass man nur Gutes von ihm berichten könnte. Es bedeutet aber, dass er mehr als im vorherigen Fall – ‚selbst' Anteil nimmt. Wenn er sieht, sieht er selber. Wenn er hört, hört er selber. Es fällt ihm leichter, im Hier-und-Jetzt zu bleiben, ohne gleich nach dem zu fragen, was folgen wird, oder nach dem, was war. Er genießt die Dinge, die er mag, aber er fühlt sich auch gelangweilt, wenn es anders ist. Er stützt sich weniger auf andere und steht mehr auf den eigenen Beinen, im wörtlichen und im übertragenen Sinne. Allerdings könnte das jetzt durchaus auf eine andere Art sichtbar werden als vor der Krise. Also nicht notwendigerweise in der sozialen Arbeitsumgebung, sondern vielleicht bei einer Renovierung der eigenen Wohnung; nicht unbedingt als Mitglied einer Gruppe, sondern vielleicht als Mensch mit einem eigenen Wohn- und Schlafzimmer, von wo aus er mit Vergnügen die Gesellschaft anderer im Wohnbereich sucht. Es kann auch sein, dass jetzt nicht unbedingt eine dauernde Betreuung erforderlich ist, sondern dass der behinderte Mensch unter Anleitung mit vier anderen Personen zusammenwohnen kann.

Zugleich merken Eltern und Betreuer, dass sie wieder mehr sie selbst sein können. Der Mensch mit geistiger Behinderung ist noch immer abhängig, aber nicht mehr auf Grund seiner Unfähigkeit, sondern weil er Hilfe braucht. Man kann die eigenen Grenzen benennen, ohne sich schuldig zu fühlen. Man ist mit dem Problem nicht mehr allein.

3. Unsicherheit und Abhängigkeit

Im vorhergehenden Kapitel konnte man sehen, dass der Ernst der Problematik vor allem darin besteht, dass Möglichkeiten und Aktivitäten der Menschen, die miteinander leben und arbeiten, zunehmend geringer werden. In diesem Kapitel geht es um Auswirkungen der Problematik auf eine einzige Person, den Menschen mit geistiger Behinderung. Zunächst wird untersucht, ob außer dem Problemverhalten auch andere Lebensbereiche des Betroffenen beeinträchtigt sind. Wenn mit dieser Frage begonnen wird, zwingt man sich, die Persönlichkeit des behinderten Menschen als Ganzes zu sehen. Auf das Problemverhalten selber wird erst im folgenden Kapitel ausführlich eingegangen.

Beim einen Menschen mit geistiger Behinderung schrumpfen mehrere seiner Fähigkeiten auf verschiedenen Gebieten. So kann das Kommunizieren mit Worten und Gebärden praktisch ganz entfallen. Der Betroffene bewegt sich immer weniger und koordiniert seine Bewegungen schlechter. Er macht zunehmend weniger Gebrauch von dem Raum, der ihm zur Verfügung steht. Im Gebrauch seiner Sinnesorgane schließt er sich von der Außenwelt ab. Sein Denken wird undifferenzierter, stärker schwarz-weiß orientiert. Seine Vorstellung von den Dingen koppelt sich mehr und mehr an seine unmittelbare Erfahrung, die Orientierung in Raum und Zeit verschwimmt.

Alle diese Effekte scheinen eine tiefere Ursache zu haben: Das Selbstvertrauen des behinderten Menschen nimmt sichtlich ab. Er rechnet immer weniger damit, dass er auf seine Umgebung Einfluss nehmen könnte, auf die Menschen um ihn herum, auf die Dinge, mit denen er etwas tun will. Vor allem aber wird der Glaube an sein eigenes Können immer geringer. Sein zerbrechliches Selbstvertrauen kann sich in sehr unterschiedlicher Art zeigen. Der eine verhält sich zunehmend wie ein Roboter, der von den Wünschen und Aufträgen anderer Menschen gesteuert wird. Ein anderer muss wie ein Schlafwandler dauernd geweckt werden. Er ist mit seinen Gedanken nicht bei der Sache. Wieder ein anderer ist nur mit dem beschäftigt, was kommen mag oder was gestern geschehen ist. Der Vierte läuft ruhelos und schnell von einem zum anderen. Die genannten Formen haben eines gemeinsam: eine kaum vorhandene Beziehung zu dem, was hier und jetzt geschieht, eine zunehmende Entfernung von der eigenen Person.

Es scheint, als ginge es in diesem Prozess um bewusste Gedanken. Es scheint, als würde er mit Absicht immer weniger ‚wollen'. Aber so ist es nicht. Es geht um unbewusste Prozesse, die die allgemeinen Einstellungen und Haltungen des Betroffenen zu den Menschen und Dingen seiner Umgebung stark beeinflussen. Dies gilt im Übrigen auch für die anderen Menschen des sozialen Systems, in dem der behinderte Mensch lebt, für seine Eltern, Brüder und Schwestern, für die Mitbewohner und die Betreuer. Alle verlieren langsam den Glauben daran, dass die Dinge sich bessern könnten, verlieren das Zutrauen zu ihrem eigenen Können. Übrig bleiben Gefühle der Ohnmacht und Fremdheit.

Der Mensch mit der Behinderung wird immer abhängiger von dem Vertrauen, das andere noch in ihn setzen. Er sucht unablässig bei Menschen, die ihm wichtig sind, nach Bestätigung. Doch mit der Zeit werden auch die Möglichkeiten des Elternteils oder Gruppenleiters, der noch weiß, wie er den behinderten Menschen wieder aufbauen kann, abnehmen. Das mündet schließlich in ein völlig festgefahrenes, erstarrtes soziales System, in einer völligen Hilflosigkeit, die nicht nur den Menschen mit geistiger Behinderung erfasst, sondern auch seine Betreuer.

Ein Mensch, der nicht mehr glaubt, dass andere etwas für ihn bedeuten können, der überhaupt nicht mehr daran glaubt, dass er selbst etwas für andere bedeuten könnte, wird von Unsicherheit und Angst beherrscht.

Um genauer sehen zu können, wie das Festfahren, die Erstarrung der Lebensmöglichkeiten, sich vollzieht, ist es sinnvoll, einzelne Abschnitte dieser Prozesse zu betrachten. Ein Mensch mit geistiger Behinderung, der festgefahrene Verhaltensweisen hat, ist in vielen Bereichen festgefahren. Man kann die verschiedenen Aspekte durchaus einzeln betrachten, aber man kann sie nicht klar voneinander abgrenzen. Sie haben alle miteinander zu tun.

Wenn wir die einzelnen Aspekte betrachten, sollten wir den Menschen mit geistiger Behinderung immer mit sich selbst vergleichen: Wie ist er in besseren Zeiten oder in besseren Momenten; wie ist er, wenn es ihm nicht gut geht? Man soll ihn also niemals mit anderen Personen vergleichen. Ein stark festgefahrener Mensch verändert sich fast immer in drei Bereichen: Es entstehen – oder es gab sie schon immer – Einbrüche in der Persönlichkeitsentwicklung, in der Beziehung mit anderen und im emotionalen Empfinden.

Was ist von der Persönlichkeit des behinderten Menschen noch übrig geblieben? Welche Qualität haben seine Beziehungen zu anderen, zu seinen Betreuern, Mitbewohnern? Welche Arten des Erlebens und der Emotionen sind noch wahrzunehmen?

Der Gebrauch der Sprache

Bei manchen Menschen zeigen sich auffallende Veränderungen in der Art und Weise ihrer Kommunikation. Menschen mit geistiger Behinderung, die normalerweise sehr gut sprechen können, verlieren zunächst die Modulationsfähigkeit der Stimme. Sie fangen an, eintönig zu sprechen. Die Unterschiede in der Lautstärke verschwinden gleichfalls. Beim einen äußert sich das in konstant lautem Reden, andere fangen an, monoton zu murmeln. In beiden Fällen wird der Klang und die Lautstärke der Stimme nicht mehr auf den Abstand zum Gesprächspartner abgestimmt. Wenn die Krise lange dauert, kann das Sprechen am Ende ganz aufhören.

Die gleichen Erscheinungen gibt es auch bei Menschen, die sich mit Gebärden verständigen: geringere Variation, weniger Kraft; die Gebärden werden zunächst schlampig ausgeführt, nicht zu Ende gebracht. Nach und nach bemühen sich diese Menschen immer weniger, überhaupt Gebärden zu machen.

Sprachverständnis

Wir meinen oft, dass das von einem Menschen erworbene Verständnis von Raum und Zeit stabil bleibt. Wenn jemand mal begriffen hat, wie Raum und Zeit zusammenhängen, kann das nicht mehr vergessen werden. Wenn jemand mal eine Form des Kommunizierens über ‚jetzt' und ‚später', über ‚hier' und ‚dort' gefunden hat, dann wird er daran auch festhalten.

Doch Menschen mit Problemverhalten können das Bewusstsein über Raum und Zeit gelegentlich wieder verlieren. Ein Betroffener, der normalerweise sehr wohl in der Lage ist, zwischen morgen und nächster Woche zu unterscheiden, kann in einer schwierigen Periode diese Begriffe total durcheinander bringen. Wenn man ihm in solchen Momenten mit Begriffen wie morgen oder nächste Woche Anweisungen geben will und davon ausgeht, dass er das versteht, weil er das immer verstanden hat, kommt es zu Verwirrung. Ähnlich kann das auch mit dem Raumbegriff geschehen. In Zeiten, in denen es dem Menschen mit geistiger Behinderung gut geht, kann er sehr wohl seinen Weg finden. In schlechten Zeiten verirrt er sich auch in einer ihm bekannten Umgebung. Er kann zwischen zwei Orten keine Beziehung mehr herstellen. Wenn die Betreuer sich das nicht klarmachen, verlieren sich Menschen mit festgefahrenen Verhaltensmustern gänzlich in Raum und Zeit.

Schematisch kann man das Schrumpfen des Verständnisses von Raum und Zeit wie folgt wiedergeben.

Schema 5: Wahrnehmung von Raum und Zeit unter normalen Umständen

Wenn mit Alfons alles in Ordnung ist, findet er ganz leicht den Weg zu seiner Unterkunft. Er erledigt seine Einkäufe, macht Besuche, trifft Verabredungen und hält sie ein.

Doch wenn es ihm schlecht geht, verirrt er sich: Er weiß dann nicht mehr, wie er das Haus seines Onkels erreichen kann. Er kommt Stunden zu früh oder vergisst seine Verabredungen. Er gerät in Panik, wenn sein Mentor ihm sagt, dass er übermorgen einen Termin beim Arzt habe. Es scheint, als hätte er vergessen, was übermorgen bedeutet. Wenn es ihm gut geht, kann er mit dieser Art von Begriffen ausgezeichnet umgehen. Wenn es ihm schlecht geht, wird die Zeitspanne, die er übersehen kann, immer kleiner. Was gerade geschieht, oder was in einigen Stunden geschehen wird, kann er noch verstehen. Bei längeren Zeitperioden gerät er in Verwirrung. Mit seinem Verständnis für Raum ist es ähnlich: Die Umgebung, in der er sich problemlos bewegen kann, wird immer kleiner.

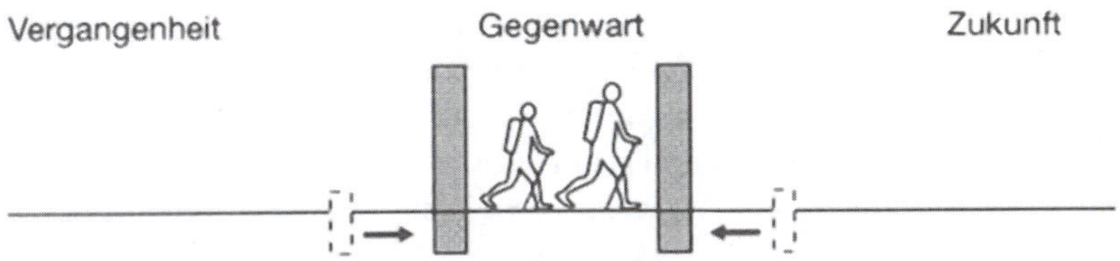

Schema 6: Wahrnehmung von Zeit und Raum in einer festgefahrenen Situation

Es besteht die Gefahr, jemanden wie Alfons falsch einzuschätzen, wenn man sich nicht klar macht, dass die Worte, die er normalerweise verwendet und versteht, sich deutlich vom seinem Verständnisniveau für Begriffe in schlechten Zeiten unterscheiden. Wir neigen dazu, jemanden immer auf dem gleichen Verständnisniveau anzusprechen. Meist ist dies das höchste Niveau, das er je gezeigt hat.

Man kann die Symptome eines sich verengenden Raum-Zeit-Verständnisses sehr gut erkennen: sich vor freien Flächen fürchten; mit Freizeit nichts anzufangen wissen. Wenn Zeit und Raum nicht strukturiert sind, ist es für den Betroffenen schwierig, sich selbst unter Kontrolle zu halten. Diejenigen, die mit Gebärden oder mit Worten kommunizieren können, beschäftigen sich in unruhigen Perioden vor allem mit ‚bald' und ‚morgen'. ‚Bald' und ‚morgen' werden jedoch nie erreicht. Wenn sie etwas erreichen, das sie gestern noch so begeistern konnte, denken sie schon wieder an übermorgen. Auf diese Weise sind sie niemals oder selten im Hier und Jetzt. Sie sind mit der Uhr und dem Kalender vertraut, doch wenn es ihnen schlecht geht, können sie diese Instrumente nicht als Hilfsmittel ihres Handelns verwenden. Sie werden nur noch aufgeregter als zuvor, wenn sie auf die Uhr oder auf den Kalender schauen.

Schwarz-Weiß-Denken

So wie die Nuancen beim Sprechen, Bewegen und Verstehen verschwinden, wird bei Menschen mit festgefahrenen Verhaltensweisen auch das Denken und Verstehen immer weniger nuanciert: Alles ist entweder so oder so. Differenzierungen gibt es nicht mehr.

Das Denken und die Interessen verringern sich zusehends. Der behinderte Mensch beschäftigt sich zunehmend mit einer einzigen Reaktionsmöglichkeit, die schwer zu beherrschen ist, etwa mit der Verletzung des eigenen Körpers oder mit einem anderen Problemverhalten. Mehr und mehr wird sein ganzes Wesen von möglichen Misserfolgen bei diesen Kontrollversuchen bestimmt.

Übergänge

Wenn ein Mensch mit geistiger Behinderung dabei ist, sich festzufahren, wird er zunehmend weniger agieren oder handeln. Man sieht das am deutlichsten an kleinen wie großen Übergängen. Es scheint, als koste es den behinderten Menschen zunehmend mehr Kraft, in Gang zu kommen oder mit etwas Neuem zu beginnen. Zugleich ist jede Handlung sehr mühsam.

Übergänge gibt es auf vielen Gebieten: Veränderungen von Haltungen, von Aktivitäten, von Räumen, von Kontakten und von Beziehungen. Es geht hier nicht um Übergänge zu unbekannten oder unangenehmen Ereignissen oder Situationen. Auch die Übergänge zu bekannten und an sich sehr angenehmen Dingen werden träge und mühevoll.

> Lotte sagt eine Stunde vor dem Essen, dass sie sehr viel Appetit habe. Doch als sie zum Essen gerufen wird, ist es für sie sehr mühsam, überhaupt an den Tisch zu kommen. Als sie schließlich sitzt, schafft sie es nicht, mit dem Essen anzufangen. Doch wenn es ihr endlich gelingt anzufangen, isst sie mit Genuss. Genauso ist es beim Schwimmen. Lotte findet Schwimmen wunderbar. Trotzdem muss sie sich an den Rand des Beckens schleppen, wenn sie ins Wasser will.

Man täusche sich nicht: ‚Schwierigkeiten mit Übergängen', das klingt nach objektiven Gegebenheiten. So, als könnte man den Menschen schon helfen, wenn man nur weiß, mit welchen Übergängen sie Schwierigkeiten haben.

Es geht nicht um eine Serie ‚schwieriger Übergänge', diese Erscheinungen sind nichts Objektives. Auch wenn die Umgebung sich nicht verändert, kann ein Mensch mit geistiger Behinderung viele Situationen und Augenblicke als schwierige Übergänge erleben, mal stärker, mal weniger stark.

Henk kommt morgens nur schwer in Gang. Das kennt man gut, wenn man selbst nicht zu den raschen Aufstehern gehört. Hat Henk erst einmal mit viel Anstrengung seine Beine aus dem Bett gebracht, folgt er langsam, aber ohne Unterbrechungen, seiner Routine: waschen, rasieren, anziehen. Dann geht er zum Frühstück. Das klappt alles nicht von selber, aber es gelingt letztendlich ganz gut.
Doch wenn es Henk schlecht geht, zeigt sich ein anderes Bild. Dann fällt ihm nicht nur die erste Handlung eines jeden Tages schwer, das Aus-dem-Bett-Steigen, sondern auch alles, was danach kommt. Er sitzt auf dem Rand seines Bettes und steht auf: ein Übergang. Dann steht er da und will ins Badezimmer gehen: ein Übergang. Er steht im Badezimmer und will den Duschhebel drehen: ein Übergang.
So geht es weiter, jeder Schritt ist eine Kraftanstrengung: mit dem Waschen anfangen, mit dem Waschen aufhören, aus der Dusche herauskommen. Bevor Henk das Haus verlassen kann, hat er bereits sehr viel Energie aufwenden müssen. Und die kräftezehrenden Handlungen sind an der Haustür noch nicht zu Ende. Er muss zu seiner Arbeitsstelle. Dort ist es schwierig für ihn, seinen Arbeitsplatz zu finden. Dann muss er noch mit seiner Arbeit anfangen. Henk ist wirklich sehr einsichtig und hat einen guten Überblick. Er beherrscht seine Arbeit insgesamt sehr gut. Aber der Schritt, sich an die Arbeit zu machen, kostet unendlich viel Mühe und Kraft.

Ein Mensch, der die Kraft für seine Aktionen und Handlungen nicht (mehr) aufbringen kann, verkleinert ungewollt seine Welt. Wenn man den Widerstand gegen Übergänge nicht gesondert benennt, läuft man Gefahr, an einer bequemen Erklärung festzuhalten: „Er ist einfach nicht motiviert …“ Möglicherweise stellen Betreuer und Familienangehörige bestimmte Aktivitäten ein, oder sie stimulieren ihn nicht mehr. Ein Mensch mit geistiger Behinderung, der einigermaßen gut sprechen kann, sagt vielleicht: „Ich will nicht“, oder er überlegt sich alle möglichen Gründe, warum er dies oder jenes nicht mitmachen kann.

Nicole sagt jeden Tag, dass sie gern zur Disko geht. Doch am Donnerstagabend, dem Diskoabend, kommt sie mit allen möglichen Ausreden an: Es regnet, es ist kalt, sie habe nichts anzuziehen. Sie braucht nur einen kleinen Schubs, dann geht sie. Und hat auch einen hübschen Abend. Aber wenn ein netter Junge sie zum Tanzen auffordert, weigert sie sich. Dabei weiß jeder – und Nicole weiß es auch –, dass ihr Tanzen viel Spaß macht.

Dies kann zu einer immer kleineren Aktions- und Erlebniswelt führen, in die sich der behinderte Mensch jedoch erleichtert zurückziehen kann, in der er sich bewegen kann. Die Welt außerhalb dieser Höhle wird gleichzeitig immer bedrohlicher. Am Ende bleiben nur noch die eigenen Bewegungen oder die Fantasie übrig, um sich zu beschäftigen.

Mit dem Wort Schwellenangst kann man die Anstrengung beschreiben, die nötig ist, um in Gang zu kommen. Davon zu unterscheiden sind die Gefühle des Menschen mit geistiger Behinderung, die sich auf die dann folgenden

Kontakte und Aktivitäten beziehen. Ohne diese Unterscheidung könnte man aus der Äußerung: „Ich will nicht", allzu leicht folgern: „Er ist nicht mehr motiviert ..." Man würde dann versäumen, dem behinderten Menschen an der Schwelle eines Übergangs einen kleinen Schubs oder eine Unterstützung zu geben. Die genannte Unterscheidung kann auch dazu beitragen, dass man sich fragt, was der schwierige Übergang für den Menschen mit geistiger Behinderung bedeutet. An der Schwelle kann man erkennen, ob der Kontakt oder die Aktivität tatsächlich etwas anderes bedeuten als die Mühsal, die nötig war, um diese Stelle zu erreichen.

Selbstschutz

Menschen mit geistiger Behinderung und festgefahrenen Verhaltensmustern haben die Neigung, sich zurückzuziehen und sich von anderen Menschen abzukapseln. So sieht es oberflächlich jedenfalls aus. Doch wenn man genauer hinschaut, erkennt man in der Abkapselung oft eine kleine Öffnung, durch die der Betreffende genau beobachtet, was um ihn herum geschieht. Man meint, dass jemand nichts mehr sieht, weil er sich mit den Händen die Augen zuhält. Man meint, dass jemand nichts mehr hört, weil er sich die Ohren zuhält. Doch in Wahrheit ‚schleust' er die Informationen durch kleine Spalten zwischen seinen Fingern hindurch.

Manche Menschen mit geistiger Behinderung wenden auch den Kopf ab, um dann doch aus dem Augenwinkel kurz und blitzschnell einen Blick zu werfen. Oder sie gucken überhaupt nicht, sondern hören nur genau zu. Oder sie halten sich nur scheinbar die Ohren zu und hören selektiv zu. Andere fuchteln sich mit den Händen vor den Augen herum. Man denkt, sie wären mit ihren Bewegungen beschäftigt. Sieht man aber genau hin, ist zu erkennen, dass der behinderte Mensch seine fuchtelnden Hände als eine Art Visier verwendet, mit dem er seinen Blick genau auf bestimmte Aspekte seiner Umgebung ausrichtet. Das zeigt, dass Menschen ihre Sinnesorgane ganz oder teilweise abschließen können.

Es gibt auch Menschen mit geistiger Behinderung, die sich ihre Sinnesorgane im wahrsten Sinn des Wortes ‚verstopfen'. Sie richten den Blick auf einen einzelnen Gegenstand und können dann nur dessen unmittelbare Umgebung wahrnehmen. Sie brummen oder summen vor sich hin, bewegen Teile ihres Körpers, haben immer etwas in der Hand oder bedecken Teile ihres Körpers.

Geht ein Betreuer davon aus, dass ein Mensch immer und unter allen Umständen in der Lage ist, den gleichen Umfang und die gleiche Komplexität an Information aufzunehmen, gerät er in Gefahr, die Person durch ein Übermaß an Information zu bedrohen. Menschen, die bereits sehr viel Energie für die Aufnahme von Informationen aufwenden müssen, erhalten sehr leicht mehr Informationen, als sie ertragen können.

Positionen im Raum

Die Orte, an denen sich Menschen mit Problemverhalten mit Vorliebe aufhalten, sind vorwiegend Stellen mit Rückendeckung: in einer Ecke, auf einer Bank, mit dem Rücken gegen die Wand. Solche Positionen bieten mehrere Vorteile. Als Erstes kann man die Leute in der unmittelbaren Umgebung beobachten. Wer kommt, wer bleibt da, was wird gleich geschehen? Da der Mensch mit geistiger Behinderung nur einen begrenzten Raum überblicken muss – zu den Seiten und nach vorn, nicht aber nach hinten –, kann er sich schneller orientieren. Orientierung und Rückendeckung passen gut zusammen.

Unerwartete Formen der Kontaktsuche

Wenn man das Vorhergehende gelesen hat, kann man sich vorstellen, dass direkte Kontakte für Menschen mit geistiger Behinderung und festgefahrenen Verhaltensmustern sehr bedrohlich sein können. Sie suchen und halten durchaus Kontakt, doch am liebsten auf eine indirekte Art. Im Extrem können Kinder oder Erwachsene nur dann die Handlungen eines anderen verfolgen oder auf ihn reagieren, wenn sie ihm den Rücken zukehren. Wenn sie jemanden anschauen, geschieht das blitzschnell. Und einem anderen nachschauen tun sie nur aus den Augenwinkeln. Erst wenn der Abstand größer wird, schauen sie länger in die Richtung seines Gesichts.

Für sie ist es angenehmer, wenn man ihren Rücken oder ihre Füße berührt, anstatt die Innenflächen ihrer Hände oder ihr Gesicht.

Es ist ihnen angenehmer, wenn man sich neben sie setzt, um gemeinsam etwas zu machen. Dann wagen sie es eher, Kontakt aufzunehmen oder die Initiative zu ergreifen. Wenn man sich ihnen gegenüber aufbaut, ihnen ins Gesicht sieht oder sich direkt an sie wendet, machen sie dicht.

Menschen, die sich funktional mit den behinderten Menschen beschäftigen, scheinen ihnen angenehmer zu sein als andere, die warm und persönlich mit ihnen umgehen wollen. Manche fühlen sich eher durch bekannte Personen bedroht als durch relativ fremde.

> Anja lässt sich am liebsten von ‚Fremden' ins Bett bringen, durch Aushilfskräfte oder Nachbarn ihrer Eltern. Mit ihnen unterhält sie sich und fühlt sich wohl. Wird sie aber von ihren Eltern oder einem vertrauten Betreuer ins Bett gebracht, zieht sie sich die Decke über den Kopf, bevor man ihr einen Gute-Nacht-Kuss geben kann.

Unerwartete Öffnungen

Manche der festgefahrenen Menschen mit geistiger Behinderung können erst dann über etwas reden, das sie beschäftigt, wenn alle anderen ihre Aufmerksamkeit auf etwas völlig anderes richten. Die Chance, dass sie zu reden beginnen, wird größer, wenn man sich nicht direkt und persönlich an sie richtet, sondern indirekt über eine Aktivität, einen Gegenstand oder ein Thema.

> Ihre seelischen Ergüsse äußert Elke mit Vorliebe dann, wenn der Fernseher läuft und alle mit großem Interesse zuschauen. Sie kann auch wunderbar im Vorbeigehen „Ich vermisse dich" sagen. Oder sie küsst einen, wenn man gerade für jemand anderen die Tür öffnet.

Verarmung der Beziehungen

Wenn die Krise anhält, wird ein behinderter Mensch mit auffälligem Verhalten immer seltener Kontakte aufnehmen. Und wenn er mit jemandem spricht oder spielt oder sich jemandem körperlich zuwendet, wird er sich zunehmend weniger bemühen, diesen Kontakt in Gang zu halten.

Für gewöhnlich bröckeln zunächst die Kontakte zu den Alterskameraden und den Mitbewohnern. Kurze Zeit später sind davon auch die Kontakte zu den vertrauten Betreuern, Eltern, Gruppenleitern, Lehrern und ähnlichen Personen betroffen. Manche beschränken ihre Kontakte zunehmend und ausschließlich auf eine einzige Person, andere flattern von einer Person zur anderen. Wollen andere Menschen mit ihnen Kontakt aufnehmen, verweigern sie sich zunehmend. Sie unterhalten nur noch ‚extreme' Beziehungen, entweder fordern sie sehr viel, oder sie wehren ab.

Fordern: Wenn man einen Finger reicht, nimmt er die ganze Hand. Wenn er die Hand hat, will er den Arm. Wenn er den Arm hat, will er das ganze Leben des anderen, und wenn der nicht aufpasst, hat der Mensch mit geistiger Behinderung bald seine Seele besetzt.

Abwehren: Der behinderte Mensch bemüht sich zunehmend weniger um Kontakte mit anderen. Wenn andere freundlich versuchen, mit ihm in Kontakt zu treten, dann wehrt er ab. Manche der Personen in festgefahrenen Situationen ziehen sich vollständig zurück, sie wollen mit niemandem mehr etwas zu tun haben.

Die Abwehr kann in einen zunehmenden Rückzug münden. In einen räumlichen Rückzug, indem der ‚Festgefahrene' sich in eine Ecke setzt oder jeden Ort verlässt, an dem andere sind. Er zieht sich auch in sich selbst zurück: Er ist zwar körperlich anwesend, doch er entzieht sich seiner Umgebung, indem er sich in Wiederholungen von Gedanken und Bewegungen verliert.

Abhängigkeit

Die Beziehungen einer Person mit auffälligem Verhalten kann man als ‚unsichere Abhängigkeiten' charakterisieren. Unsicher ist diese Abhängigkeit, weil die Suche nach Nähe, Halt oder Unterstützung durch einen Betreuer verhindert, dass der behinderte Mensch sich selbst etwas zutraut. Im Gegenteil, nichts zu wagen wird zum Kennzeichen des eigenen ‚Selbst'. Der Mensch mit geistiger Behinderung wagt es nicht loszulassen, wagt nicht mehr zu überprüfen, wagt nicht mehr zu spielen, wagt nicht, selbst zu urteilen. Wenn er festgehalten wird, ist das gut, aber der Betreuer darf ihn nicht loslassen. Das ist eine Abhängigkeit, die aus einer fundamentalen Unsicherheit entsteht: Man muss mich festhalten, sonst schlage ich mich. Man muss mich zum Einkaufen begleiten, sonst werde ich mich verirren. Man muss mir sagen, dass ich es gut mache, sonst geht es schief. Ohne dass es einer der beiden – der behinderte Mensch und der Betreuer durchschaut, beweisen sie sich gegenseitig die Feststellung: ‚Ich bin für dich da, weil du immer wieder in Schwierigkeiten kommst." Eine Person mit festgefahrenen Verhaltensweisen lässt sich stärker von anderen leiten, als es notwendig wäre, oder sie lässt sich überhaupt nicht mehr leiten. Wenn eine Abhängigkeit angeboten wird, kann das beiden Partnern Befriedigung verschaffen. Doch ist es eine für beide erstickende Befriedigung, wenn Entwicklung und Veränderung aus dem Leben verschwinden.

Etwas anderes ist es mit der so genannten schützenden Abhängigkeit. „Obwohl du so bist, wie du bist, werden keine wirklich gefährlichen oder verrückten Dinge geschehen." Diese Sicherheit bietet dem Betreuten Möglichkeiten, etwas zu entdecken, etwas auszuprobieren, zu experimentieren und zu spielen. Ist man miteinander in Kontakt, dann besteht die Funktion des Betreuers nicht nur oder nicht hauptsächlich darin, den behinderten Menschen gegen ein Unheil zu beschützen, gegen Selbstverstümmelung, Aggression oder ein anderes Problemverhalten. Es geht vielmehr um das gemeinsame Essen, um das gemeinsame Aufräumen, um das gemeinsame Spielen. Einstellungen und Handlungen des Betreuers sind dann darauf gerichtet, physische Schäden im Voraus zu vermeiden. Dieser Schutz bleibt im Hintergrund, während sie sich gemeinsam mit etwas beschäftigen, das sie beide interessiert. In einer schützenden Abhängigkeit wird einerseits geholfen, andererseits wird auch ein Beitrag des Betreuten erwartet. Ein Beitrag, der nicht darin besteht, täglich das Gleiche zu leisten. Je nachdem, wie es ihm gerade geht, werden Forderungen gestellt. Heute mit mehr Unterstützung, morgen mit weniger. Beide tragen dazu bei, dann gelingt es auch. In einer unsicheren Abhängigkeit ist es wortwörtlich herzzerreißend, wenn einer weggehen muss. In einer sicheren Abhängigkeit bleibt auch dann eine Verbindung zwischen den beiden bestehen, wenn sie physisch nicht beieinander sitzen. Die Blicke kreuzen sich, man lässt den anderen wissen, dass man noch da ist, man geht mal eben an dem anderen vorbei.

Jemand, der sich in einer sicheren Abhängigkeit von seinen Eltern oder seinem Betreuer befindet, verwendet diese Beziehung als Basis, von der aus er weggehen und zu der er immer wieder zurückkehren kann. Die Bewegungsräume werden größer, je sicherer die Lebensumstände sind.

In unsicheren Abhängigkeiten tritt eine andere Erscheinung auf. Wenn ein neuer Betreuer auftaucht, ein neuer Erzieher, ein neuer Gruppenleiter, ein neuer Lehrer, dann wird ihm nicht ohne weiteres vertraut. Ein Mensch mit festgefahrenem Verhalten, egal ob Kind oder Erwachsener, scheint davon auszugehen, dass man neuen Menschen nicht vertrauen könne, es sei denn, sie könnten das Gegenteil beweisen. Diesen Beweis will der behinderte Mensch sehen: Er wird den neuen Betreuer genau so lange testen und an dessen persönliche Grenzen treiben, bis der eindeutige Reaktionen zeigt.

Man ist geneigt, derartiges Verhalten als ‚Rausekeln' oder ‚Schikanieren' zu bezeichnen, doch es ist für das Wohlergehen der Person sehr wichtig und manchmal lebensnotwendig. Darum sollte man es auch nicht als ‚Rausekeln' betrachten. So ein Begriff verkennt das dringende Bedürfnis des Menschen mit geistiger Behinderung herauszufinden, ob er sich bei dem neuen Betreuer sicher fühlen kann. Zugegeben, es ist lästig und führt manchmal dazu, dass der Betreuer sich ohnmächtig fühlt. Trotzdem sollte man ein derartiges Verhalten nicht mit bewusst geplantem Stänkern verwechseln.

Testen und Ausprobieren kann in einer entspannten Atmosphäre stattfinden, mit Scherzen von beiden Seiten, mit Balgereien. Aber oft kommt es zu angespannten oder gar wuterfüllten Situationen. Das Ziel bleibt letztlich gleich: Kann man dem Betreuer vertrauen oder nicht? Hat er Qualitäten, durch die der behinderte Mensch wachsen kann, sich weiterentwickeln?

Nach der schwachen Stelle suchen

Zum Austesten und Ausprobieren gehört auch die Suche nach seiner ‚schwachen Stelle'. Oft wissen Personen mit festgefahrenem Verhalten zielsicher, wie sie ihren Betreuer treffen können. Sie haben eine Nase für Schwachstellen, und sie benutzen das Wissen. Sind sie erst einmal zu der Ansicht gelangt, dass ein Betreuer an bestimmten Punkten überempfindlich reagiert, werden sie beim nächsten Mal umso stärker zuschlagen. Der Betreuer empfindet das als Quälerei, als Sadismus. Es hilft auch nichts, wenn er sich besonders freundlich gegenüber diesen Menschen verhält, wenn er sie dauernd lobt, wenn er lieb und freundlich mit ihnen umgeht.

In solchen Fällen will der Mensch mit der Behinderung wissen, wo die Grenzen seines Betreuers sind. Er macht so lange weiter, bis er weiß, wie der Betreuer reagiert, wenn seine Grenzen überschritten werden.

Durch dieses Verhalten sollen mehrere Ziele erreicht werden. Das erste und wichtigste ist: Hat der Betreuer auch Grenzen? Oder lässt er alles mit sich geschehen, so dass der behinderte Mensch keinen Halt und keine Richtung finden kann? Das zweite Ziel ist herauszufinden, wo die Grenzen liegen. Wie geht der Betreuer mit seinen eigenen Grenzen um? Wenn der Betreuer in einer Grenzsituation ins Wanken gerät, dann wankt der behinderte Mensch mit auffälligem Verhalten noch viel stärker. Bemerkt er, dass der Betreuer in Panik gerät, wird es für ihn völlig unerträglich. Da er sich selbst nicht trauen kann, muss er sich wenigstens auf andere verlassen können. In seiner Lebensgeschichte gab es zahllose Menschen, die sehr nett zu ihm waren, doch wenn es darauf ankam, haben sie ihn abgelehnt. Darum gehört zum Kennenlernen auch die Suche nach den Grenzen. Vor allem: Wie verhält sich der Betreuer dann als Person? Es kann sein, dass der Betreuer zwar nicht in Panik gerät, sondern lediglich ärgerlich und irritiert Grenzen setzt. Diese Form der Eindeutigkeit kann sehr leicht zu einer Entfremdung in der Beziehung führen. Nach einigen Wiederholungen schleicht sich der Vorwurf ein, dass der Betreute am Ärger und an der Irritation des Betreuers schuld ist. Er war doch gewarnt, Und er hat gesagt, dass er es nicht mehr machen würde, und trotzdem … dieses Ekel.

Meist geschieht dieses entfremdende, vorwurfsvolle Kräftemessen dann, wenn der behinderte Mensch Verantwortung für etwas übernehmen soll, das er nicht beherrscht. Anders gesagt, wenn die betreute Person zu weit geht, ist es die Verantwortung des Betreuers, Grenzüberschreitungen entweder zuvorzukommen oder zuzulassen. Will man sie verhindern, sollte man es tun, bevor man ärgerlich und irritiert wird. Die Körpersprache des Betreuers zeigt meist schon eindeutig genug, dass es hier um eine Grenze geht, ohne dass es nötig wäre, den anderen mit unnötigen Beschimpfungen zu traktieren.

Wird der Betreuer genauso in Panik geraten, wie es dem anderen immer wieder passiert? Oder kann der Betreuer ohne Panik, am besten mit einem Scherz deutlich machen, wo die Grenzen sind? In diesem Fall besteht eine gute Chance, dass die Person ihrem neuen Betreuer vertrauen wird; dann wird das ‚Ärgern' auch beendet sein.

Bei der Suche nach einem Halt erwartet der Mensch mit geistiger Behinderung Klarheit und Standfestigkeit bei der Grenzziehung nicht nur von seinem persönlichen Betreuer und einem einzelnen Elternteil. Es scheint, als müsse er Klarheit und Standfestigkeit auch in der Zusammenarbeit und Solidarität mit den Eltern oder einem Team von Betreuern finden. Eltern oder Teammitglieder werden mit Aussagen oder Handlungen konfrontiert, die austesten sollen, ob sie das Tun und Reden der Person tatsächlich akzeptieren. Wenn man in solchen Augenblicken Zweifel äußert oder, noch schlimmer, Misstrauen zeigt, wird das den Menschen mit herausforderndem Verhalten sehr verunsichern. Auch in diesen Situationen können sich negative Gefühle ihm gegenüber verstärken, weil man annimmt, dass man gegen andere ausgespielt werden soll.

Radar

Personen mit auffälligem Verhalten testen auch noch auf andere Art die Qualität ihrer Beziehungen. Sie entdecken nicht nur zielsicher schwache Stellen anderer Menschen, sondern haben auch ein auffallend gutes Gespür für deren körperliche und geistige Befindlichkeit. Ein behinderter Mensch mit festgefahrenen Verhaltensweisen merkt sofort, ob sein Betreuer gerade fit ist oder ausgebrannt, ob er entspannt ist oder leicht zu irritieren, ob er offen ist für Kontakte oder gerade wenig aushalten kann. Je ernster die Krise eines Menschen mit geistiger Behinderung ist, umso genauer scheint er mitzukriegen, was mit seinen Betreuern los ist. Wenn die Betreuer sich unsicher fühlen, aus welchen Gründen auch immer, kann man fast sicher vorhersagen, dass der behinderte Mensch ein problematisches Verhalten zeigen wird. Ist der Betreuer ängstlich, wächst die Wahrscheinlichkeit noch.

Unten und oben

Man kann die Qualität von Beziehungen auch mit Begriffen wie ‚unten' und ‚oben' oder ‚miteinander' und ‚gegeneinander' beschreiben. Man verwendet dann Statusbegriffe. Welche Position nimmt der eine gegenüber dem anderen ein? Der eine verhält sich brav und angepasst, und der andere beurteilt ihn nach gut oder schlecht. Das sind Statuspositionen, die zweifellos zwischen allen Menschen vorkommen. Beziehungen mit Menschen, die herausfordernde Verhaltensweisen haben, sind oft in derart ungleichen Statuspositionen erstarrt. Ein Mensch mit geistiger Behinderung, der brav ist und darauf wartet, bekommt die entsprechenden Komplimente von dem Betreuer. Ein anderer behinderter Mensch verletzt dauernd die Regeln und wird ständig ermahnt und korrigiert. Man stellt dann als Betreuer fest, dass man in der eigenen Position genauso starr ist wie der behinderte Mensch mit festgefahrenen Verhaltensmustern. Es gibt auch andere Statusdifferenzen. Zum Beispiel ist einer immer hilflos, der andere ist dann der fürsorgliche Helfer. Auch dabei zeigt sich, dass Fürsorglichkeit kein Teil einer generellen Haltung des Betreuers ist, sondern meist nur deshalb gezeigt wird, weil der andere so hilflos ist. Das ist sehr befriedigend und gleichzeitig sehr hemmend für die Aktivitäten des einen wie des anderen.

Menschen lernen nicht nur, eine bestimmte Statusposition einzunehmen, sondern sie lernen auch bestimmte Verhaltensmuster. Derjenige, der die unterlegene Position einnimmt, kennt auch die überlegene Position. Wenn man jemanden mit Nachdruck in einer untergeordneten Position hält, ist die Wahrscheinlichkeit groß, dass diese Haltung in einem kritischen Moment in ihr Gegenteil umschlägt.

Wenn Harry ausrastet, verspricht er hinterher rührend und unterwürfig, dass es nie, nie wieder vorkommen wird. Und er glaubt daran, genauso wie seine Betreuer. Wirklich, Harry macht alles, was man von ihm verlangt. Doch die unglaubliche Unterwürfigkeit, die im völligen Gegensatz zu seinem Problemverhalten steht, ist in Wahrheit der Auslöser für folgende Ausbrüche, die unweigerlich in den Momenten geschehen, wenn er niemanden ‚über sich' wahrnimmt. Harry und seine Betreuer haben ein Abkommen getroffen. Doch es war nur eine scheinbare Verständigung. Für Harry und seine Betreuer ergaben sich daraus unnötig viele Enttäuschungen, weil doch immer wieder ‚etwas' schief ging.

Gut so!

Manche der Menschen mit geistiger Behinderung und festgefahrenem Verhalten fragen unaufhörlich nach Bestätigungen: Ist es gut so? Gehört es sich so? Ist es so schön? Ist dies auch schön? Antwortet der ihm vertraute Betreuer mit einer Bestätigung, wird der behinderte Mensch wieder eine Weile Ruhe geben, doch in Wahrheit wird er durch bestätigende Antworten klein gehalten. Er braucht unablässig die Beachtung anderer, sonst kann er nichts tun. In Wahrheit verbleibt er also in seiner untergeordneten Position, wodurch eine Entwicklung zu einem erwachsenen ‚Ich' blockiert wird. Das Gefühl, jemand zu sein, ein ‚Ich', ein ‚Selbst', kann nicht entstehen. Eigentlich sind das alles Umschreibungen, die ungefähr das Gleiche ausdrücken: die Erwartung, dass man seine Umgebung beeinflussen kann; das Vertrauen darauf, dass man den eigenen Einfluss auf das Notwendige und Nützliche abstimmen kann; die Würdigung der eigenen Fähigkeiten. Solange jemand meint, die Beachtung anderer zu brauchen, und sie auch bekommt, werden die eigenen Anteile nicht beachtet. Auf diese Weise bleibt es trotz der Beachtung durch andere dabei, dass das eigene ‚Selbst' nichts wert ist. Bei dem einen führt das zu einer abwartenden, zaudernden Haltung, wodurch sehr subtil Komplimente oder Missbilligungen des Betreuers hervorgelockt werden. Bei einem anderen führt es möglicherweise zu atemloser Leistungssteigerung. Alles wird immer besser, schneller größer als beim letzten Mal.

Sich gemeinsam freuen

Wenn der eine fügsam in der Rolle des Hilflosen, Braven oder Unartigen verharrt und der andere immer als belohnender oder ermahnender Polizist auftritt, ist es unwahrscheinlich, dass sie je gemeinsame Freude oder gemeinsame Interessen teilen. Fehlen solche Gemeinsamkeiten, verarmt die Lebenssituation. Zudem werden so die Entwicklungsmöglichkeiten der Person mit auffälligem Verhalten gebremst. Begegnungen, bei denen man sich gemeinsam an etwas erfreuen kann, haben dagegen Aufforderungscharakter. Wenn die Person sich so auf ihre Umgebung einlässt, entsteht von ganz allein das Bedürfnis, selbst hinzuschauen, sich zu bewegen, etwas anzufassen. Auf diese Art kommt sie dazu, ihre Sinne zu benutzen und zu handeln.

Können und bewältigen können

In der Betreuung von unsicheren und ängstlichen Menschen ist es sehr effektiv, das, was der andere wirklich kann, von dem zu unterscheiden, was er bewältigen kann. Sein Können, das sind seine Fertigkeiten, seine Techniken (das funktiona1e Agieren), das, was er bewältigt, sind die Dinge, die er erreichen kann, was er immer wieder dosieren und abrunden können muss.

Früher, und das liegt noch nicht sehr lange zurück, wurde in der Arbeit mit Menschen mit geistiger Behinderung deren Fähigkeit, sich selbst zu helfen, mit dem Maß ihrer Selbstständigkeit gleichgesetzt. Je mehr Fähigkeiten der Einzelne beherrschte, umso selbstständiger schien er zu sein. Doch das ist nicht selbstverständlich, schon gar nicht für die Menschen, mit denen wir es hier zu tun haben.

Da mag einer Schwierigkeiten haben, zur Arbeit zu gehen, weil er es nicht schafft, sich unter Zeitdruck anzuziehen, obwohl er durchaus fähig und in der Lage ist, einsichtig zu handeln. Wenn ihm dann übel genommen wird, dass ihm etwas missglückt, das er gestern noch konnte, gerät er unter noch größeren Druck. „Du kannst es doch“, wird dann wortwörtlich gesagt, in einem vorwurfsvollen und entrüsteten Ton.

Andere verlieren sich in dem Spielraum, den man ihnen zugesteht. Sie können zwar handeln, aber wenn sie allein über ihr Handeln entscheiden sollen, dosieren müssen, entscheiden müssen, wann und aufweiche Weise sie aufhören wollen, gelingt ihnen das nur sehr mühsam.

> Henri kann allein mit dem Löffel umgehen. Allein zu essen ist allerdings schwierig, weil er sich völlig im Essen verliert, eifrig löffelt und kaum aufhört. Dadurch wird er angespannt und irritiert. Er genießt es, wenn ihm geholfen wird, ruhiger zu essen.

In Henris Fall hatten die normativen Vorstellungen der Betreuer bewirkt, dass ‚essen können’ mit ‚selbstständig essen‘ übersetzt wurde.

Es geschieht natürlich auch, dass Menschen mit geistiger Behinderung sich vornehmen, etwas ganz allein und selbstständig zu machen, und es dann nicht bewältigen.

> Susanne findet, dass sie ‚groß’ genug ist, um abends allein ins Bett zu gehen. Alle Handlungen, die dem vorausgehen, beherrscht sie perfekt. Allerdings kann sie sich nicht ‚zur Ruhe begeben’. Sie verliert sich in den Wiederholungen einzelner Handlungen, wodurch sie immer später schlafen geht und mit der Zeit auch noch nachts aus dem Bett steigt, um etwas zurechtzulegen.

Wenn man den Unterschied zwischen ‚können’ und ‚bewältigen können’ nicht genau beachtet, kann es geschehen, dass Kinder, aber auch Erwachsene, die allmählich immer mehr Fähigkeiten und Handlungen beherrschen, zunehmend häufiger sich selbst überlassen werden. Auf diese Weise werden ihre Entwicklungsfortschritte zur Zeitbombe für ihren Alltag.

Wenn Menschen in festgefahrenen Situationen sagen, dass sie etwas wollen oder nicht wollen, sollte man diese Äußerungen besonders beachten. Man ist leicht in Gefahr, die Möglichkeiten des behinderten Menschen, ‚selbst' zu entscheiden, unrealistisch einzuschätzen. Tatsächlich geht es um widerstreitende Kräfte: Der Mensch mit Behinderung will etwas, aber er schafft es nicht. Dass er etwas nicht schafft, heißt bestimmt nicht, dass er es nicht will. Um etwas zu können, ist offensichtlich mehr erforderlich als nur die technische Fertigkeit. Man braucht auch so etwas wie die Fähigkeit, mit sich selbst umgehen zu können.

Menschen mit einer leichten geistigen Behinderung verstehen unter ‚selbst können' nicht selten, dass sie meinen, ‚so sein zu müssen' wie alle anderen. Das ist es, was sie selbst wollen: ein Einzelzimmer, eine Beziehung, eine Sportart betreiben. Erst wenn das erreicht ist, meinen sie, ein anerkanntes Mitglied der Gemeinschaft zu sein. Diese Überzeugung ist natürlich nicht ganz zufällig in ihrem Kopf. Sie haben in ihrem Leben oft genug die Erfahrung gemacht, dass das ‚Wie-andere-Sein' mehr persönliche Anerkennung bringt als das ‚Anderssein'. Wenn man anders ist, muss man in eine andere Schule, muss man den Klub verlassen, kann nicht mehr zu den Nachbarskindern gehen, weil es nicht mehr möglich ist, weil man nicht so ist wie die anderen Kinder, sich nicht so verhält wie die anderen. Solche Personen haben bereits häufig erfahren, dass das Anderssein von der Umgebung als minderwertig angesehen wird.

Freizeit

Für die meisten Menschen mit auffälligem Verhalten ist Freizeit nicht tatsächlich ‚freie' Zeit. Für manche behinderte Menschen bedeutet Freizeit, dass es noch schwieriger als in anderen Zeiten wird, die Dinge zu tun, die sie interessant und anziehend finden, etwa Besuche zu machen oder in den Klub zu gehen. Weil sie das in der Freizeit allein machen müssen, sind noch mehr Widerstände zu überwinden als sonst. Andere behinderte Menschen fühlen sich in ihrer Freizeit noch stärker ihren kaum zu beherrschenden inneren Impulsen ausgeliefert. Auch zu anderen Zeiten des Tages oder der Woche suchen sie möglicherweise mal nach Zigaretten und nach Kaffee. Aber in der Freizeit müssen sie dergleichen finden. Unter diesen Umständen ist es schwierig, das eigene ‚Selbst' so weit zu beruhigen, dass man etwas tun kann, etwas ansehen, etwas hören kann, das man schön und interessant findet. Wenn sich jemand in einer derartigen Situation befindet, muss man mit Einschätzungen darüber, was er will oder nicht will, sehr vorsichtig sein.

Das eigene Zimmer

Die Zimmer von Menschen mit festgefahrenen Verhaltensweisen sehen oft auffallend anders aus als Zimmer der meisten anderen Menschen. Sie haben nur wenig eigenen Kram, kümmern sich wenig um die Möblierung und um das, was an der Wand hängt. Manche dieser Menschen haben sich allerdings ihr Zimmer wie einen Ausstellungsraum eingerichtet. Es scheint ihnen ausschließlich darum zu gehen, dass andere ihr Zimmer hübsch finden.

Eine dritte Art, das Zimmer einzurichten, ist das ‚Nest'. Für andere Menschen ist das ein Chaos aus herumliegendem Zeug. Aber für die Person selber sind das alles wertvolle Gegenstände, die sie aus diesem unübersichtlichen Berg von Ansammlungen herausfischen kann.

Entwicklung von ‚Ich' und ‚Selbst'

Negatives Selbstbild

Menschen mit geistiger Behinderung und ernsthaften Problemen haben oft ein sehr negatives Bild von sich selbst. Dieses negative Selbstbild erklärt einige der augenscheinlich widersprüchlichen Phänomene.

- Sie zeigen ein übertriebenes, manchmal unaufhörliches Bedürfnis nach Bestätigung.
- Sie sagen, dass sie nicht so sein wollen wie sie sind; sie wollen einzelne Körperteile gegen schönere austauschen: Kopf, Ohren.
- Sie bilden sich ein, allmächtig zu sein, und zuweilen wissen sie nicht mehr, was sie sich ausgedacht haben und was real ist.
- Dinge, die sie gemacht haben und die andere schön finden, werfen sie weg oder machen sie kaputt. Es ist, als dürfe ihre Arbeit nicht gut oder schön sein. Das wäre mit dem ungünstigen Bild, das sie von sich selber haben, nicht zu vereinbaren.
- Sie schämen sich oder fühlen sich schuldig, weil sie nicht so sind, wie sie sein müssten.
- Sie trauen sich wortwörtlich nicht mehr, sich anzusehen, trauen sich nicht mehr, in den Spiegel zu schauen.
- Sie bemühen sich nicht mehr, nett auszusehen, obwohl das andererseits sehr wichtig für sie ist.

Wenig Selbstbewusstsein

Menschen mit festgefahrenem Verhalten haben gemeinsam, dass sie kaum erwarten, selbst Einfluss ausüben zu können. Man kann das an der Art ihrer Fortbewegung, ihren Aktionen und Handlungen erkennen. Alles, was sie tun, geschieht kraftlos und langsam. Manche verhalten sich wie Roboter, wenn man etwas von ihnen verlangt. Sie reagieren unmittelbar, was dann sehr flott aussieht, sehr angemessen. Aber sie reagieren nur, wenn andere sie um etwas bitten oder ihnen einen Auftrag geben. Diese Reaktionsweise ist für unsichere Menschen, ob sie nun behindert sind oder nicht, eine gute Möglichkeit, um nicht aufzufallen. Doch an der Art und Weise, wie sie ihre Aufträge erledigen, kann man durchaus sehen, dass sie nicht wirklich bei der Sache sind. Ihre Bewegungen zeigen wenig Spannung. Sie bewegen sich hölzern und abgehackt. Ihnen fällt vieles aus der Hand, sie stolpern und laufen schlurfend durchs Zimmer.

Wenn sie etwas anfassen, halten sie es nicht wirklich ‚in den Händen'. Und wenn man ihnen eine Stütze bietet, kann das leicht zu einem beständigen Anlehnen führen. Sie stehen wortwörtlich nicht auf eigenen Beinen. Sie schauen, ohne zu sehen, sie fassen an, ohne es wirklich zu spüren, sie hören, ohne zuzuhören. Man hat den Eindruck, dass da jemand seinen Körper verlassen hat und dennoch reagiert. Die Schultern hängen herab, die Hände sind zu Fäusten geballt. Alles in allem vermitteln sie einen hilflosen Eindruck. Bei manchen, die derartige Symptome des Leibes und der Sinne zeigen, wird man getäuscht, weil sie sich lebhaft mit dem beschäftigen, was kommen wird oder gewesen ist. Aber die lebhafte Beschäftigung, die leise ausgesprochenen Gedanken an ‚bald' und ‚damals', haben immer die gleiche Wirkung, nämlich nicht im Hier und Jetzt, im eigenen Körper und mit den eigenen Sinnen zu erfahren, was auf sie zukommt, oder selbst etwas dazu beizutragen.

Ein sicherer Ort

Ein Mensch mit festgefahrenem Verhalten wird zunehmend stärker zu bestimmten Plätzen hingezogen. Für den einen ist das sein Zimmer, ein anderer setzt sich immer aufs Sofa oder auf das Kissen neben dem Vorhang. Das ist nicht der Wunsch, einen festen Platz zu haben, es geht um einen Rückzugsort. Das ist ein Ort, von dem aus man alles im Auge behalten kann, und keiner, um andere zu treffen oder dorthin einzuladen. Wird ein sicherer Ort von anderen nicht respektiert und durch die Betreuer nicht geschützt, geraten die Menschen mit Behinderung und Problemverhalten leicht in Wut. Der ‚angestammte Platz' können auch Bewegungen sein, hin und her auf der Suche nach irgendetwas, das nicht selbst gefunden oder nicht selbst gemacht werden kann. Menschen mit einer starken geistigen Behinderung benutzen dazu Bewegungen ihres Körpers, in denen sie sich verlieren. Menschen mit leichter Behinderung vertiefen sich oft vollständig in Tagträume und Fantasien. Andere sind ständig unterwegs und finden keinen eigenen Platz. Sie sind dauernd auf der Suche nach einem anderen Platz, einer anderen Haltung. Sie haben keine Ruhe im Leib.

Gefühle

Auch das Gefühlsleben verliert an Nuancierungen. Zwei Gefühle nehmen überhand: Unsicherheit und Angst. Alle anderen Gefühle werden nicht mehr nuanciert wahrgenommen und verschwinden schließlich nahezu vollständig. Übrig bleibt eine mehr oder weniger starke, zunehmend negativ gefärbte Erregung. Für die Beschreibung dieses Zustands wird meist die Formulierung ‚angespannt sein' verwendet.

Geht es ihm gut, kann man, abhängig vom Entwicklungsniveau des Menschen mit geistiger Behinderung, verschiedene Arten des Er1ebens wahrnehmen. Es gibt einen neutralen Bereich mittlerer Erregung. Daraus kann sich eine zunehmende Erregung mit positiver, freundlicher Färbung entwickeln oder auch eine Erregung mit einer negativen, eher dunklen emotionalen Färbung.

Im positiven Fall findet man: Interesse, Entspannung, Spaß, Ausgelassenheit. Im negativen Fall agiert die Person gereizt, irritiert, bösartig, wütend.

Geht es der Person schlecht, verschwinden die genannten Nuancen. Am Ende bleibt nur noch die Unterscheidung von geringerer oder größerer Erregung, von einem stärkeren oder schwächeren Angespanntsein.

Je mehr die Erregung zunimmt, sei es mit einer positiven oder mit einer negativen Färbung, desto größer wird die Wahrscheinlichkeit, dass der Mensch mit geistiger Behinderung sich selbst verliert. Auch bei einer zunehmenden positiven Erregbarkeit, die sich in Freude oder Spaß ausdrückt, ist es nicht weit zum Problemverhalten. Das bleibt unverständlich, wenn man davon ausgeht, dass üble und schädigende Reaktionen nur auf Grund von Bösartigkeit oder Frustration auftreten.

In der eigenen Gefühlswelt gefangen

Dass Menschen im gleichen Augenblick widersprüchliche Gefühle erleben, ist nicht ungewöhnlich. Ambivalenzen sind normal. Man findet etwas sehr anstrengend und wird dennoch davon angezogen. Es ist schön, auf ein Fest zu gehen, und gleichzeitig kann man Angst davor haben hinzugehen. In diesen Beispielen sind die Gefühle noch nicht von vornherein widersprüchlich, es handelt sich vielmehr um unterschiedliche Aspekte des gleichen Ereignisses. Bei Menschen mit auffälligem Verhalten können leicht widersprüchliche Gefühle auftreten:

Sie werden von Handlungen oder Gedanken angezogen, vor denen sie sich eigentlich ungeheuer fürchten. Man will nicht mehr daran denken, aber je mehr man sich bemüht, umso wichtiger werden diese Handlungen oder Gedanken. Man will sich nicht selbst schlagen, aber sobald man seine Hand loslässt, wird sie zum Kopf gezogen. Aus der Erfahrung, sich selbst nicht mehr in der Hand zu haben, entsteht zunehmend mehr Angst. Es ist die

Angst, sich beim nächsten Mal, unter gleichen Umständen, wieder zu vergessen. Je größer die Spannung wird, desto größer ist die Chance, in eine derartige Zwangssituation zu geraten. Gefangen in seinen Verhaltensweisen: suchen müssen, trinken, aufräumen, etwas fertig machen, nach etwas Bestimmtem fragen, wissen wollen, wie spät es ist usw. Zwang bedeutet, dass man tatsächlich im eigenen Erleben, in den eigenen Bedürfnissen gefangen ist.

Schlagen

Nimmt die Spannung weiter zu, können Menschen anfangen zu schlagen. Wörtlich oder im übertragenen Sinne. Wurde der Mensch mit geistiger Behinderung im vorhergehenden Stadium noch von den eigenen Kräften zurückgehalten, so sind diese Fesseln jetzt gefallen, und er schlägt zu, er beginnt zu werfen, zu schmeißen, zu kreischen. Auch Dinge, die ihm wertvoll sind, müssen dran glauben. Es kann so weit kommen, dass er nicht nur seine eigenen Sachen angreift, sondern auch die Betreuer oder jemanden, der gerade in seiner Nähe ist. Es kann auch passieren, dass der behinderte Mensch sich selbst so lange ernsthaft verletzt, bis Blut fließt. Die Hemmungen scheinen geringer zu werden, wenn der Betreffende in eine unübersichtliche und chaotische Situationen gerät. Dann ist er kaum noch zu erreichen.

Die Abruptheit des Wechsels von geringerer zu erhöhter Anspannung ist davon abhängig, welche emotionalen Reaktionen die Person zeigt. Wenn eine Entlastung durch Äußerungen von Verdruss seltener wird, kann der Mensch mit der Behinderung auch nicht mehr auf gesunde Weise böse oder ärgerlich werden.

Sensibel für die Atmosphäre

Menschen mit auffälligem Verhalten werden, stärker als ‚normal funktionierende' Personen, durch die Atmosphäre in ihrer Umgebung beeinflusst. Sie sind vollständig von Stimmungen abhängig, von Ruhe oder Chaos, ihnen fehlt das Selbstwertgefühl, um sich unabhängig von ihrer Umgebung behaupten zu können.

Dieses Phänomen hat nicht nur negative Seiten, sondern auch positive. Wenn andere streiten, beziehen das solche Menschen auf sich selbst, so als würden auch sie negativ behandelt werden. Wird ein anderer ausgeschimpft, fühlt sich ein Mensch mit festgefahrenen Verhaltensweisen ebenfalls angesprochen, es sei denn, dass der Tadel ausdrücklich an einen anderen gerichtet wurde. In diesem Fall kann es auch sein, dass er lacht.

Die positive Seite der Umgebungsabhängigkeit ist, dass die Menschen mit herausforderndem Verhalten auch rasch durch eine angenehme Atmosphäre beeinflusst werden, wodurch Kontakte erleichtert werden. Ist die Atmosphäre im Haus gut, tragen sie selbst oft dazu bei, mit Humor, Scherzen, zunächst noch vorsichtig, später ausgelassen. Auf diese Weise können sie wesentlich dazu beitragen, eine gute Atmosphäre im Haus zu schaffen.

Körperliche Erscheinungen

Nach kurzer Zeit zeigen sich bei Menschen mit festgefahrenen Verhaltensmustern eine Reihe körperlicher Erscheinungen: Schwitzen, hoher Cholesterinwert, verschlechterte Koordinationsfähigkeit, Schlaf- und Essstörungen, zunehmende Unsauberkeit. Auf längere Sicht kommt es zu ernsthaften körperlichen Beschwerden und einer Abnahme der primären Funktionen: Appetitlosigkeit, Schlaflosigkeit. Bei Kindern verlangsamt sich das Wachstum.

Zum Schluss

Das war keine erschöpfende Zusammenstellung der Symptome von Menschen mit auffälligem Verhalten. Was beschrieben wurde, zeigt sich auch nicht immer und nicht bei allen, oder man erkennt es nicht so leicht. Man sollte die unterschiedlichen Aspekte einmal bei einer einzigen Person untersuchen. Damit bekommt man einen besseren Blick dafür, was festgefahrene Verhaltensmuster haben heißt. Zudem bieten sich Anhaltspunkte dafür, was von der jeweiligen Person noch geblieben ist. Gemeinsam ist den erläuterten Erscheinungen die zunehmende Hilflosigkeit, wobei Unsicherheit und Angst die dominierenden Gefühle sind. Wenn man sich auf diese Weise dem Problemverhalten nähert, wird man Anknüpfungspunkte entdecken, mit denen die Verbesserung des Alltagslebens dieser Menschen mit Behinderungen beginnen kann.

4. Das Problemverhalten

Mit ernsthaftem Problemverhalten sind zumeist sehr auffallende Verhaltensweisen gemeint. Obwohl es sich auch um soziale, emotionale und personale Störungen handelt, wird vor allem das problematische Verhalten gesehen.

Es ist der Anteil an Reaktionen, der nicht zu übersehen ist: Problemverhalten ist lästig, peinlich, schädigend, und es verlangt volle Aufmerksamkeit. Dennoch ist das Problemverhalten nur ein Teil der gesamten Problematik. Wenn das nicht klar erkannt wird, besteht die Gefahr, dass man sich statt der Behandlung des Problemverhaltens dessen Verminderung als einziges Ziel setzt. Mit dieser Unterscheidung richten wir unsere Aufmerksamkeit auf das Problemverhalten selbst. Das klingt einfacher, als es ist. Die ganze Person des Menschen mit geistiger Behinderung gerät sehr leicht aus dem Blickfeld, weil das Problemverhalten mit Gefühlen gekoppelt ist: mit Unsicherheit, Angst, Ärger, Irritationen, Unwillen, Wut, Mitleid, Scham und Schuld.

Problemverhalten wird zum Problem, weil Menschen dadurch Schaden erleiden. Sowohl die auffällige Person als auch die Menschen in ihrer Umgebung erleiden Schaden. Direkte Schädigungen durch körperliche Schmerzen, indirekte Schädigungen durch Angst, Unsicherheit, Ohnmachtserfahrungen, Wut und Schuldgefühl.

Problemverhalten kann sich bei Menschen mit einer geistigen Behinderung in vielfacher Art und Weise äußern. Die folgende Auflistung ist selbstverständlich nicht erschöpfend: sich selbst schlagen, treten, beißen, kneifen. Mit dem Kopf stoßen. Sich die Haare ausreißen. Sich in die Augen stechen, manchmal bis zur Erblindung. Andere schlagen, an den Haaren ziehen, treten, kneifen, ausschimpfen. Weglaufen. Brandstiften. Hetzen und schimpfen. Zwanghaft masturbieren oder andere zwanghafte sexuelle Handlungen, etwa das Geschlechtsteil zeigen. Essen, Kaffee trinken, Gegenstände oder Geld klauen. Das Essen verweigern. Sich übergeben, Speisen herauswürgen. Zwanghaft viel essen. Anhaltend quengeln, kreischen, schreien. Das Gehen verweigern, das Sprechen, das Aufstehen, die Bewegung. Sich fast ununterbrochen mit einer bestimmten Handlung beschäftigen, einem bestimmten Wort, einem bestimmten Gedanken. Mit Gegenständen werfen.

Diese Formen des Problemverhaltens können in unterschiedlicher Weise kategorisiert werden. Häufig genannte Kategorien sind: Aggression (andere durch körperliche oder verbale Aktivitäten schädigen); Selbstverstümmelung oder Verletzung der eigenen Person (den eigenen Körper schädigen);

Destruktion (Dinge kaputt machen); Zwang und Rückzug; sexuelle Perversionen.

Noch einmal: Diese Zusammenstellung dient hier nicht als Erklärung oder als Ausgangspunkt für eine Behandlung. Dennoch werden von einigen therapeutischen Richtungen derartige Kategorisierungen in dieser Weise eingesetzt. Die Psychoanalyse beispielsweise hat für jede der aufgeführten Kategorien ein erklärendes System. Die Verhaltenstherapie geht davon aus, dass gleiche Formen des Problemverhaltens in gleicher Weise behandelt werden müssen.

Im hier vorgestellten Arbeitsansatz spielt die grobe Umschreibung des Problemverhaltens kaum eine Rolle bei der Ursachenklärung. Derartige Umschreibungen sind für uns keine ausreichende Basis für die Behandlung. Hingegen ist eine genau und detaillierte Beobachtung aus unterschiedlichen Gründen eine wichtige Voraussetzung für die Analyse und Einflussnahme. Eine nachlässige, kurze oder ungenaue Beschreibung des Problemverhaltens verdeckt den Blick auf das, was tatsächlich geschieht. Wie wertvoll eine genaue Beschreibung sein kann, zeigt das folgende Beispiel:

> Dirk neigt dazu, sich mit den Fäusten fest ins Gesicht zu schlagen. Wenn diese Angewohnheit genau beschrieben wird, wird Folgendes deutlich: Dirk schlägt sich meist mit der rechten Hand. Er schlägt mit der Außenseite seiner Hand immer auf eine bestimmte Stelle an seiner Stirn. Wenn es ihm nicht gut geht, schlägt er sich manchmal sehr heftig während des Essens. Bei genauer Beobachtung wird deutlich, dass er sich vor allem dann schlägt, wenn er Suppe oder Pudding isst. Es scheint nicht um das Essen selbst zu gehen, sondern um die Art und Weise, wie er beim Essen von Suppe und Pudding mit dem Besteck umgeht. Die Hand formt eine Faust, mit der er den Löffel festhält. Wenn er so den Löffel zum Mund führt, berührt die Außenseite seiner Hand gerade die Stirn, genau die Stelle, an die er sich in seinen schlechten Zeiten schlägt. Die Bewegung, die er mit dem Löffel ausführt, ähnelt stark der Bewegung, mit der er sich schlägt. Während er die Essbewegung ausführt, verändert sich die Gebärde von allein in eine Selbstverletzung. So als wäre die Geste des Essens ein Reiz, der die Verletzung auslöst.
>
> Dass wir Recht hatten, zeigt sich nun, indem wir Dirk seine Suppe und den Pudding trinken lassen. Die Selbstverletzung tritt nicht mehr auf. Wir wissen noch immer nichts über den genauen Hintergrund und die Ursache seines Verhaltens, aber dessen genaue Beschreibung bot einen guten Anhaltspunkt für eine praktische Lösung.

Eine genaue Beschreibung des Problemverhaltens ist nicht leicht, wenn man bei dem, was man sieht, furchtbar böse, ärgerlich, unsicher oder machtlos wird. Das erklärt, warum in Tagesberichten sehr häufig eine verkleisternde Sprache benutzt wird, wenn sich das Problemverhalten verschlimmert:

Er hat ‚es' wieder.
Sie hat wieder ‚ihren Koller'.
Heute Morgen hatte er zweimal einen ‚Anfall'.

Aus den Berichten kann man auch die wachsende emotionale Belastung ablesen, die das Problemverhalten auslöst.

Sie war wieder ‚unangenehm'.
Er hat wieder ‚rumgequatscht'.

Es ist deutlich erkennbar, dass durch diese Art der Bemerkungen heftige Emotionen entladen werden. Man kann das einschränken, wenn man in mündlichen oder schriftlichen Beschreibungen genau unterscheidet zwischen den eigenen Gefühlen, die entstehen, wenn man etwas ‚Heftiges' miterlebt hat, und dem, was tatsächlich mit der eigenen Person und dem anderen geschehen ist. Wird diese Unterscheidung nicht getroffen, bürdet man dem anderen die eigenen, heftigen Gefühle auf. Häufen sich die schwierigen Momente, muss man sich ab und zu dazu durchringen, eine sachliche Beschreibung des Problemverhaltens zu erstellen.

Die Beobachtung und Analyse des Problemverhaltens basiert auf vier Aspekten:

1. Die Form. Wie sieht des Problemverhalten aus, und wie läuft es ab?
2. Die Frequenz. Wie häufig kommt das Problemverhalten in bestimmten Situationen und/oder Perioden vor?
3. Die Intensität. Mit wie viel Kraft wird das Problemverhalten ausgeführt?
4. Die Verbreitung. In welchem Maß berührt das Problemverhalten das übrige Tun und Lassen des Menschen mit der geistigen Behinderung?

Die Form

Bei der Beschreibung des Problemverhaltens geht es darum, dass man Schritt für Schritt verfolgt, was genau geschieht. Auf welche Art und Weise schlägt er sich? Macht er es mit der rechten Hand oder mit der linken? Ist die Hand dabei offen oder geschlossen? Hat er die Hand nur geschlossen oder zur Faust geballt? Schlägt er sich mit der Faust ungezielt an den Kopf, oder zielt er auf eine bestimmte Stelle, etwa auf das linke Ohr oder die Schläfe?

Im Fall einer Frau, die häufig stiehlt, muss man zum Beispiel beschreiben, wie sie dabei zu Werke geht. Indem man den Ablauf des Problemverhaltens nacheinander aufschreibt, zeichnet sich allmählich ein Muster ab, eine bestimmte, feste Abfolge von Handlungen.

Immer beginnt es damit, dass er sich mit einer Hand schlägt, mit der rechten. Kurz darauf macht er mit beiden Händen gleichzeitig weiter.
Sie klaut immer dann Geld, wenn sie woanders hin will, und dabei an einem Schrank vorbeikommt. Sie geht nicht gezielt zum Schrank.

Man konzentriere sich nicht nur auf das eigentliche Problemverhalten, sondern achte auch darauf, ob es Vorstufen gibt:

Er nimmt zuerst eine bestimmte Haltung ein. Er kriecht in sich zusammen. Er schaut sich nicht mehr um. Danach schließt er die Hände. Erst dann beginnt er, sich zu schlagen.

Wenn man Dank einer genauen Beschreibung das Handlungsmuster erkennen kann, verbessern sich die Chancen, den Lauf dieser Ereignisse beeinflussen zu können. Je früher man das erreicht und je eher man eingreift, desto leichter ist es, das Problemverhalten zu beenden, ohne dass man harte Maßnahmen ergreifen muss. Wenn ein Mensch mit festgefahrenen Verhaltensmustern bereits ein Stück seines Leidensweges gegangen ist, kann man ihn oft nur noch mit extremen Eingriffen stoppen. Je weiter das Muster bereits ausgebildet ist, umso geringer ist die Chance, den Menschen mit der Behinderung durch normales Verhalten zu beeinflussen.

Kennt man das Muster und den Ansatz für das Problemverhalten, hat man eine gute Chance, dem Verhalten zuvorzukommen. So handeln wir präventiv, statt erst dann einzugreifen, wenn ‚es' schon passiert ist. Von dem Problemverhalten bleiben am Ende nur noch Reste der Ansätze übrig, ohne dass die kommenden Schritte gemacht werden.

Er hebt den Arm mit der geballten Faust kurz hoch und senkt ihn wieder. Er streckt den Arm nach der teuren Vase aus, der Gedanke, sie zu nehmen, taucht flüchtig auf und verschwindet wieder. Die Handlungen und Gedanken tauchen im Hintergrund unter.

Wer nur das Problemverhalten betrachtet, übersieht, was diesem vorangeht. Häufiger als das eigentliche Problemverhalten zeigen sich die Ansätze dazu. Einmal folgt darauf das Problemverhalten, ein andermal nicht. Indem man sehr gründlich nach den Ansätzen für das Problemverhalten Ausschau hält, kann man dahinter kommen, welche Umstände im einen Fall die Wahrscheinlichkeit für das Problemverhalten steigern bzw. im anderen Fall mindern. So erkennt man besser, welche Kräfte im Umfeld des Problemverhaltens wirksam sind. Das führt zu einem scheinbar eigenartigen Untersuchungsansatz: Am interessantesten und lehrreichsten sind die Augenblicke, in denen nichts Besonderes geschieht.

Die Häufigkeit

Die Frequenz des Problemverhaltens zu zählen ist so einfach, dass man es leicht vergisst. Dabei kann man sich damit sehr schnell einen Eindruck verschaffen, was los ist. Wie oft läuft er eigentlich weg? Man hat so oft darüber geredet, und dann erschrickt man, wenn man eine Liste sieht, wie oft es in Wirklichkeit geschehen ist: Viel seltener als man gedacht hatte. Das Umgekehrte geschieht natürlich auch. Hat man in einem Fall festgestellt, wie oft ein Mensch mit geistiger Behinderung nicht zur Arbeit gegangen ist, macht man sich mehr Sorgen als zuvor. Wenn man die Zahl der Wiederholungen während eines Zeitabschnitts – etwa während einer Stunde, eines Tages, einer Woche – mit entsprechenden Zahlen aus unterschiedlichen Perioden vergleicht, kann man eventuelle Veränderungen erkennen. Es kann sich um bleibende Veränderungen handeln, oder nur um eine gewöhnliche Variation.

Koppelt man die Häufigkeit pro Zeiteinheit mit bestimmten Situationen, kann man einen Überblick über mögliche Auslöser für das Problemverhalten bekommen.

> Meist läuft er am späten Nachmittag weg, zwischen fünf und halb sechs, während der Mittagszeit jedoch nicht. Vergleicht man diese beiden Zeiträume miteinander, kommt man bereits auf eine Idee: Zwischen fünf und halb sechs wird er sich selbst überlassen. Während der Mittagszeit dagegen geht er immer mit seinem Arbeitsbetreuer und anderen zur Kantine.

Oft wird die Häufigkeit, mit der sich jemand seinem Problemverhalten überlässt, als Maß für die Schwere der Problematik verwendet. Als einziges Maß ist die Häufigkeit nur von relativer Bedeutung, wenn man nicht auch die Intensität des Problemverhaltens berücksichtigt. Wenn das Verhalten selten vorkommt, heißt das noch lange nicht, dass es nicht schwerwiegend sein kann.

> Sophie bekommt alle sechs Wochen einen ‚Anfall'. Dann stürzt sie sich einfach so auf andere. Einmal in sechs Wochen ist nicht häufig. Aber ihre ‚Ausbrüche' haben dazu geführt, dass alle in ihrer Familien ersetzenden Einrichtung sich Tag und Nacht vor Sophie fürchten.
>
> Georg hingegen schlägt sich bei allem, was er tut, einige Mal leicht an den Kopf, danach fährt er mit seiner Tätigkeit fort. Die vielen leichten Berührungen während seiner aktiven Perioden sind nicht problematisch. Das war früher anders. Damals schlug er sich nicht so häufig wie jetzt, aber dafür mit aller Kraft und auf sein Ohr. In diesen Phasen war Georg zudem kaum aktiv.

Die Frequenz allein sagt also wenig über die Schwere der Problematik aus.

Die Intensität

Das Problemverhalten kann bei einer Person eine sehr unterschiedliche Aufladung oder Kraft besitzen. Manchmal ist es nur eine schwache Geste, dann wieder sind es kaum noch aufzuhaltende Handlungen. Zwischen diesen beiden Extremen existiert eine Vielzahl von Varianten. Es geht um die unterschiedliche Intensität des sonst gleichen Problemverhaltens einer Person, egal ob es um Schlagen, Schimpfen, Verweigerung des Essens oder des Sprechens geht.

Die Intensität kann man zumindest von zwei Aspekten ableiten. Das ist einmal die Kraft des Verhaltens, dann das Ausmaß, mit dem das Verhalten die Gedanken und das Erleben des Menschen mit geistiger Behinderung beherrscht. Bei geringer Intensität haben die Gebärden und Handlungen wenig Kraft und sind nicht sehr schnell. Das Verhalten und die Gedanken daran spielen daher keine zentrale Rolle im Bewusstsein dieser Person. Ist das Verhalten wenig intensiv, geschieht es beiläufig.

> Wenn er vorbeikommt, nimmt er den bewussten Gegenstand ganz automatisch mit, obwohl er mit seinen Gedanken bereits bei der folgenden Aktivität ist. In einem anderen Moment kann er an nichts anderes denken als an den Gegenstand, der dort liegt. Mit einer schnellen und kraftvollen Bewegung steckt er ihn in seine Tasche.

Der Begriff Intensität bezeichnet eine Kombination aus Kraft und Schnelligkeit von Handlungen und deren Bedeutung im Bewusstsein der Person. Damit können Unterschiede der Intensität auf einer Skala von 1 bis 10 benannt werden. Man sollte sich eine so genannte ‚Intensitäts-Skala' (mit Dank an Frau Dr. Ineke Steenhuis) machen. Das ist hilfreich, will man sich darüber verständigen, wie sich ein bestimmtes Verhalten zeigt. Eine solche Skala ist die Basis für den Umgang mit dem Problemverhalten. Zudem ist sie ein Maß dafür, wie es um jemanden steht. Stellt man fest, dass die Intensität des Problemverhaltens schwächer geworden ist, kann man trotz gleichbleibender Häufigkeit schließen, dass es dem Betreffenden besser geht. Oder der umgekehrte Fall: Das Problemverhalten ist seltener geworden, aber wenn es auftritt, ist es heftiger als zuvor.

Die Intensitätsskala braucht man immer dann, wenn man Funktion und Bedeutung des Problemverhaltens betrachtet. Man kann die Skala ganz grob in vier Abschnitte teilen (vgl. Schema 7, Intensitätsunterschiede und deren Bedeutungen). Sie werden mit den Begriffen: Hintergrund oder normale Handlung, Funktionalität, Zwang und Kontrollverlust bezeichnet. Dabei ist es wichtig zu erkennen, dass es zwischen den einzelnen Intensitätsbedeutungen keine ‚harten' Übergänge gibt. Die Skala ist gleitend, und in einem gegebenen Moment muss man sich zwischen den denkbaren Möglichkeiten entscheiden.

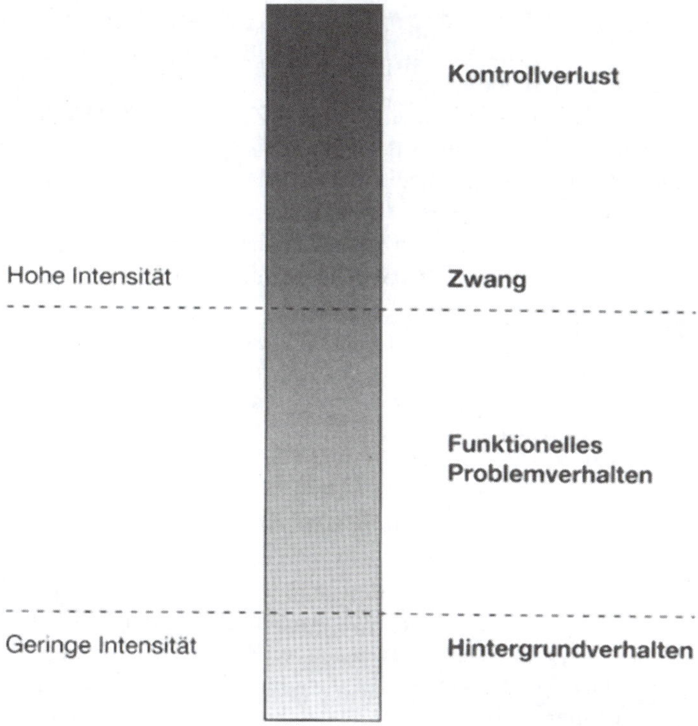

Schema 7: Intensitätsunterschiede und deren Bedeutungen

Die am wenigsten intensive Kategorie, das ‚Hintergrund'-Verhalten oder die normale Handlung, bedeutet, dass jemand beiläufig, während er mit anderem beschäftigt ist, ein Geste macht, die an das Problemverhalten erinnert. Diese Geste ist kraftlos und spannungsarm. Die Person unterbricht ihre Beschäftigung nicht.

Funktionelles Problemverhalten, die mittlere Intensitätskategorie, kann erhebliche Kraft aufweisen. Kennzeichnend scheint vor allem der Effekt auf die Umgebung zu sein. So kann es dazu dienen, einem schwierigen Auftrag zu entgehen oder um jemanden festzuhalten, den der Betroffene nur schwer loslassen kann. Häufig ist dieses Verhalten mit abwartendem Hinschauen und Hinhören gepaart. Es ist eine Frage von Aktion und Reaktion. Bald heißt es dann bei den Betreuern: „Er macht es mit Absicht" oder: „Er will Aufmerksamkeit", oft mit der unausgesprochenen Bedeutung: „Er macht das absichtlich und geplant, um mich persönlich zu treffen."

Bei einer solchen Reaktion schreibt man der betroffenen Person zu Unrecht bewusste Überlegungen und Motive zu, und das führt schnell zu Irritationen und Vorwürfen, die die professionellen wie die nichtprofessionellen Erzieher oder Betreuer bei ihrer Arbeit sehr behindern können.

Gezieltes Verhalten ist nicht das Gleiche wie bewusstes Verhalten. Das wird oft übersehen. Wenn jemand sichtlich gezielt handelt, mit einer bestimmten Absicht, denkt man schnell, dass der Betreffende sich dessen bewusst ist. Doch das stimmt nicht für die überwiegende Zahl gezielter Handlungen und Reaktionen. Beispiele sind das Autofahren, das Sprechen, aber auch das Einnehmen einer Position gegenüber anderen, das Spielen einer Rolle in einer bestimmten Gesellschaft. Es geht ‚wie von selbst', obwohl man sich natürlich bewusst machen kann, was man in einem solchen Moment tut. Das Problemverhalten hat nicht selten die Funktion der ‚Notbremse'.

> Wenn Hans eine Situation nicht mehr überblicken kann, wenn seine Umgebung zu chaotisch für ihn wird, neigt er dazu, Schläge auszuteilen. So verschafft er sich die unumgängliche Klarheit, wer sich mit ihm beschäftigt, wer an welcher Stelle sitzt oder steht. Dann kann er allem wieder folgen. Sein Problemverhalten hat ihm Übersicht und Klarheit verschafft.

Für Problemverhalten mit hoher Intensität wird das Wort Zwang verwendet. Darin steckt ein starkes Müssen. Wenn man es zu unterbrechen sucht, gerät der Mensch mit geistiger Behinderung in Panik, oder er ersetzt es durch ein anderes Verhalten bzw. verschiebt es. Man muss den richtigen Zeitpunkt finden, um seine Handlungen in eine andere Richtung zu lenken. Auch die Person selbst hat zunehmend weniger das Gefühl, ihr eigenes Verhalten beeinflussen zu können. Bei dieser Intensitätskategorie scheint es keine direkten Beziehungen zu den Ereignissen der Umgebung zu geben. Eine indirekte Beziehung ist allerdings möglich. Die Wahrscheinlichkeit, dass dieses Maß an Intensität eintritt, vergrößert sich, je angespannter und unruhiger die Person wird. Die Bedeutung dieses Verhaltens kann darum aus dem inneren Erleben der Person verstanden werden. Um einer noch schlimmeren Panik oder Unruhe zuvorzukommen, scheint es für die Person hilfreich, sich in Handlungen und Gedanken einzukapseln.

An der Spitze der Skala findet sich ein Problemverhalten, das den Eindruck vermittelt, alle ‚Sicherungen seien durchgebrannt'. Die Person ist in Panik. Das Problemverhalten kann sich in vielen Formen zeigen: schreien, rennen, schlagen, treten, beißen, wobei die eine Form leicht in eine andere übergehen kann. Dieses Verhalten scheint ohne Funktion für das innere Erleben oder für die äußere Umgebung zu sein. Es ist allerdings deutlich zu sehen: Der Betroffene ist ratlos.

Das gleiche Problemverhalten, etwa Feuer legen oder sich selbst verletzten, kann am gleichen Tag bei der gleichen Person ganz unterschiedliche Bedeutungen haben. Wenn man das weiß, kann man sich bei der Arbeitsplatzübergabe nicht damit begnügen festzustellen, dass er ‚es' wieder getan hat oder dass er sich ‚wieder geschlagen' hat. Hier fehlt zumindest eine Angabe über den Kraftaufwand oder die Schwere des Verhaltens. Auch über eventuelle Bedeutungen des Verhaltens wird nichts gesagt.

Wird das Problemverhalten automatisch als unerwünscht abgestempelt, ist es wahrscheinlich, dass man es sofort ‚wegkriegen' möchte. Damit beraubt man sich der Möglichkeit, Bedeutung und Funktion des Verhaltens zu untersuchen. Denn man muss angeben, welche schmerzhaften oder schädigenden, welche körperlichen, psychischen und sozialen Effekte das Problemverhalten auslösen. Daraus erst ergeben sich die Möglichkeiten, das Verhalten zu dämpfen. Die Wahrscheinlichkeit einer bleibenden Dämpfung wird größer, wenn die Funktionen des Problemverhaltens mithilfe anderer Verhaltensweisen der Person erreicht werden. Es kann auch sein, dass der Schaden, den das Problemverhalten auslöst, sich relativiert, wenn man, wie im folgenden Beispiel, die eigene Funktion in diesem Ablauf erkennt. Es ist daher in jedem Fall wichtig, deutlich zu machen, für wen ein bestimmtes Verhalten lästig oder ‚unerwünscht' ist.

Marie konnte durchaus etwas sprechen. Während der letzten Jahre spricht sie nicht mehr. Sie kreischte immer häufiger und auch durchdringender. Das Gekreisch wird zunehmend als lästiger erfahren, man möchte, dass sie es lässt. Man hat sie an einen anderen Platz gesetzt, man hat eindringlich mit ihr gesprochen, man hat es mit einem Spiel versucht – nichts hat geholfen.
Es änderte sich erst dann etwas, als man auf der Videoaufnahme feststellte, dass Marie aus ihrer Ecke heraus alles mit Augen und Ohren verfolgt. Meist fängt sie dann an zu kreischen, wenn jemand hereinkommt, der sie nicht beachtet, oder wenn die anderen Kinder irgendetwas außerhalb ihres Gesichtsfeldes tun.
Das Kreischen verringerte sich, nachdem einerseits jeder der Betreuer sie immer begrüßte, auch wenn sie etwas abseits saß. Es wurde auch darauf geachtet, wo man mit den anderen Kindern spielte. Andererseits schien ihr Kreischen weniger laut zu werden, und wenn sie dennoch ab und zu schrie, wurde das nun – als Signal verstanden: „Ich sitze zwar abseits, aber ich gehöre auch dazu."

Nachdem man die Funktion des Problemverhaltens erkannt hat, ist es leichter, Alternativen zu finden, die das Gleiche erreichen und somit das Problemverhalten durch weniger ‚schmerzhafte' Verhaltensweisen ersetzen.

Manchmal beginnt das Hintergrundverhalten mit einer ganzen Reihe von Handlungen, die schließlich in ein viel heftigeres Problemverhalten münden. Jammern wird zu Quengeln, Quengeln wird zu Schreien. Veränderungen in der anderen Richtung, vom zwanghaften Verhalten zum Hintergrundverhalten gehen nicht so schnell, das dauert oft einige Zeit. Meist verliert sich die Kraft des Verhaltens erst dann, wenn die Person ganz erschöpft ist.

Das Schema 7, „Intensitätsunterschied und Bedeutung" (S. 63), soll einen komplexen Zusammenhang vereinfacht darstellen. Natürlich läuft das in der Praxis nicht immer so glatt. Manchmal sieht man, dass sich die Intensität des Problemverhaltens einer Person allmählich verändert. Man meint dann, sie würde einzelne Stadien durchlaufen. Am folgenden Tag springt dieselbe Person dann wieder ohne gleitende Übergänge von der einen Intensitätskategorie zur nächsten.

Die Ausbreitung

Bei einem Problemverhalten geht es neben Frequenz und Intensität auch um die ‚Ausbreitung'. Das Verhalten kann nur unter bestimmten Umständen auftreten, beispielsweise ausschließlich am späten Nachmittag, wenn die Person von der Arbeit nach Hause kommt. In einem solchen Fall kann man nicht von Ausbreitung sprechen. Andererseits gibt es die totale ‚Ausbreitung', wenn man keine Situation oder keinen Augenblick angeben kann, an denen das Problemverhalten nicht auftreten könnte. Als trage die betroffene Person ihr Problemverhalten mit sich herum, als sei es an Bewegungen, Körperhaltungen und Gedanken gekoppelt, unabhängig von den äußeren Umständen (vgl. auch Schema 2, S. 29).

Die Geschichte des Problemverhaltens

Man kann die Lebensgeschichte einer Person unter Berücksichtigung der genannten Aspekte beschreiben. So lässt sich herausfinden, welche Umstände zur Veränderung der Frequenz, der Form, der Intensität und der Ausbreitung des Problemverhaltens geführt haben.

5. Selbstschutz

Vertritt jemand die Auffassung, dass Menschen mit geistiger Behinderung sich vor ihrem Problemverhalten schützen können, vor dem Kummer, den sie sich selbst und anderen bereiten, muss er immer noch mit erstaunten Reaktionen rechnen. Als sei die Kombination von geistiger Behinderung und Selbstkontrolle unwahrscheinlich, ja unmöglich.

Tatsache ist aber, dass Menschen mit geistiger Behinderung, auch wenn es sich um Schwerstbehinderte handelt, die nicht mehr sagen können, was sie gerade beschäftigt, dennoch zeigen, dass sie versuchen, ihr Problemverhalten zu verhindern oder zu kontrollieren.

Dass diese Personen an ihrem eigenen Problemverhalten leiden, ist unübersehbar: Sie fügen sich Schmerzen zu, sie schädigen sich und andere. Es geht dabei nicht nur um körperliche und materielle Verletzungen, sondern auch um psychische Schädigungen, etwa Gefühle von Versagen, Unsicherheit, Schuld und Scham.

Man muss sich daran gewöhnen, dass das Problemverhalten weiterläuft, auch wenn es schmerzhaft und schädigend für die betroffene Person ist. Das ist nicht nur schwer zu akzeptieren, sondern auch unbegreiflich. In der Schule hat man schließlich gelernt, dass Menschen ein Verhalten fortsetzen, wenn es positive Folgen hat, Verhaltensweisen mit negativen Konsequenzen dagegen einstellen. Das ist eine Vereinfachung menschlichen Lernens.

Je mehr man sich aufregt, um so wahrscheinlicher wird es, dass das eigene Handeln Richtung und Form verliert. Die Möglichkeit des ‚Formverlustes' vergrößert sich zusätzlich, wenn damit Gedanken, Situationen und Handlungen verbunden sind, die Angst auslösen.

Diese unangenehmen Erfahrungen reichen für sich noch nicht aus, das Problemverhalten zu vermeiden. Im Gegenteil: Die Angst vor den Folgen treibt Menschen erneut zu dem Verhalten, vor dem sie sich so fürchten.

Die erstaunte Reaktion auf die Ansicht, Menschen mit einer geistigen Behinderung könnten in der Lage sein, ihr eigenes Problemverhalten zu vermeiden, kann mehrere Ursachen haben:

1. Es wird angenommen, dass der Mensch mit geistiger Behinderung vollständig abhängig und stark hilfsbedürftig ist. Der Gedanke, dass eine solche Person über Kräfte zur Selbststeuerung und Selbstkontrolle verfügen könnte, passt nicht in dieses Bild.

2. Es wird angenommen, dass Selbstkontrolle Intelligenz voraussetzt. In Studien und Publikationen über Selbstkontrolle wird vor allem über die Arbeit mit bewussten, verbalen und geplanten Aktionen gesprochen. Diesen Büchern zufolge ist jemand, der lernen will, sich selbst zu kontrollieren, vor allem mit Bewertungen beschäftigt, er muss sich andere Gedanken einreden und so weiter.

Hier wird mit Absicht der Terminus ‚Selbstschutz' verwendet und nicht Selbstkontrolle. Damit soll unterstrichen werden, dass es um zielgerichtetes, funktionelles Verhalten geht. Zielgerichtetes Verhalten muss eben nicht per se geplantes Verhalten sein. Manchmal ist das zwar der Fall, aber es ist nicht immer selbstverständlich.

Selbstschutz bedeutet, dass eine Person zu vermeiden versucht, sich in ein nur schwer zu beherrschendes Verhalten zu verstricken; dass sie sich vor den körperlichen und emotionalen Schmerzen schützen will, die durch derartige Verhaltensweisen ausgelöst werden. Man kann Selbstschutz dann erwarten, wenn jemand kurz zuvor erleben musste, wie er sich vollständig verloren hatte.

Aber wie schützt man sich vor den folgenden Verhaltensweisen?

- So viel zu essen, dass man sich erbrechen muss.
- Sich so stark auf die Ohren zu schlagen, dass sie dadurch verletzt werden.
- Mit dem Kopf gegen eine Mauer zu rennen, so dass der Schädel verletzt wird.
- Dem ‚Handausrutschen' gegen eine Person, die wichtig für einen ist.
- Das Verlangen der Hand, mit den Dingen zu werfen, die man schön findet.
- Dem Drang, sofort einen lautstarken Streit anzufangen, wenn man ein Zimmer betritt.

Alle Menschen, die diese Dinge tun, versuchen gleichzeitig auf die eine oder andere Weise, es nicht zu tun. Wer einmal erlebt hat, wie eine Person mit einer geistigen Behinderung versucht hat, ihr Problemverhalten selbst zu verhindern, weiß, dass diese Menschen genug Kraft und Motivation besitzen, den Ereignissen eine andere Richtung zu geben. Dennoch gerät mancher, trotz einzelner gelungener Versuche, immer wieder in Schwierigkeiten. Offenbar ist er manchmal in der Lage, sein Verhalten zu kontrollieren, zu einem anderen Zeitpunkt aber nicht. Diese Selbstbeherrschung kostet allerdings so viel Kraft, dass er zu nichts anderem mehr kommt, oder sie führt dazu, dass seine Welt immer kleiner wird. Nimmt die Anspannung der Person zu, wird es immer wahrscheinlicher, dass ihre Form der Selbstverteidigung nicht mehr funktioniert.

Ein wichtiges Element der Behandlung ist daher der Versuch, die Kräfte und Handlungen zu unterstützen, die der Betroffene bereits selber aktiviert, um seiner Schwierigkeiten Herr zu bleiben. Dazu muss man vor allem herausfinden, auf welche Weise sich die selbstbeschützende Kraft im Verhalten zeigt. Ebenso sorgfältig, wie das Problemverhalten beobachtet und beschrieben wurde, muss das jetzt auch mit den selbstbeschützenden Kräften geschehen. Dazu muss man aber vor allem wissen, wonach man sucht.

Um diese Suche zu vereinfachen, folgt jetzt eine Kategorisierung selbstbeschützender Verhaltensweisen. Dabei wird jeweils angegeben, welche Faktoren das jeweilige Verhalten beeinflussen.

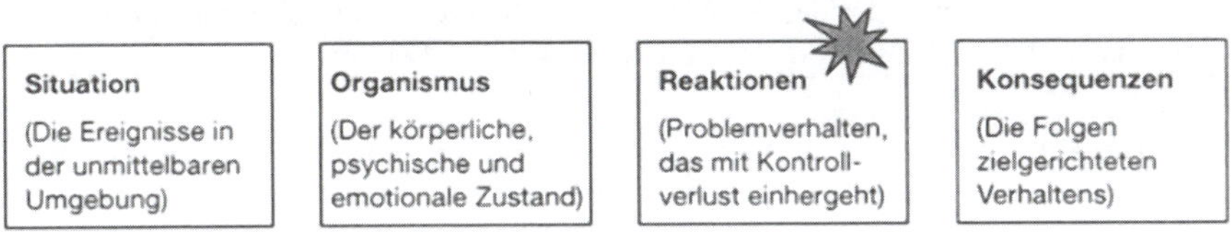

Schema 8: Ansatzpunkte des Selbstschutzes

Der dritte Bereich, die Reaktionen, wird in die folgenden Kategorien unterteilt:

Kategorie A. So bezeichnen wir selbstbeschützende Handlungen, mit deren Hilfe jemand direkt versucht, das Auftreten des Problemverhaltens zu verhindern.

> Er bittet jemanden, seine Hand festzuhalten, damit er sich nicht mehr schlagen kann.
> Er setzt sich auf seine Hand, weil er die Erfahrung gemacht hat, dass er sich sonst Kopfhaare ausreißt.
> Sie steckt die Hände in die Taschen, wenn sie in die Nähe von Gegenständen kommt, von denen sie nur schwer die Hände lassen kann.

Schematisch kann selbstbeschützendes Verhalten der Kategorie A wie folgt dargestellt werden.

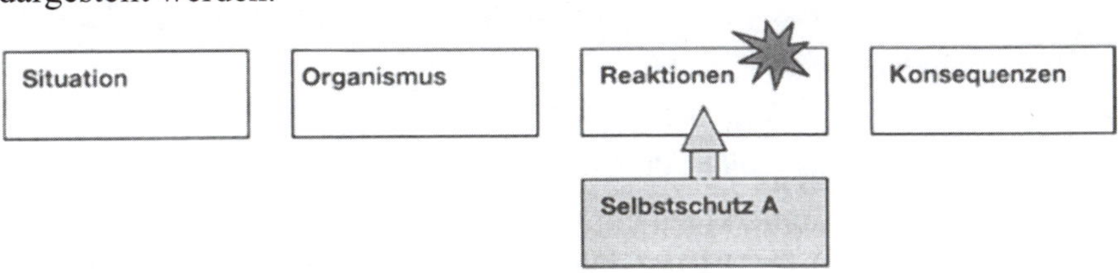

Schema 9: Zurückhalten

Kategorie B. Ein selbstbeschützendes Verhalten, bei dem die Person Körperteile oder Gedanken, die mit dem Problemverhalten eng gekoppelt sind, mit etwas anderem ‚füllt'. Dadurch führen Gedanken oder Handlungen weniger rasch zu Verhaltensweisen, die nur noch schwer zu beherrschen sind.

> Menschen, deren Problemverhalten darin besteht, die Kontrolle über ihre Hände oder Arme zu verlieren, halten Kleidungsstücke fest oder greifen nach einem Gegenstand, der ihnen zufällig in die Hände fällt. Oder sie beschäftigen sich ganz gezielt mit etwas anderem: Sie stricken, hantieren mit Gegenständen, etwa mit Glasperlen, Schlüsseln oder mit anderen kleinen Dingen.

Schematisch kann man selbstbeschützendes Verhalten nach Kategorie B wie folgt wiedergeben.

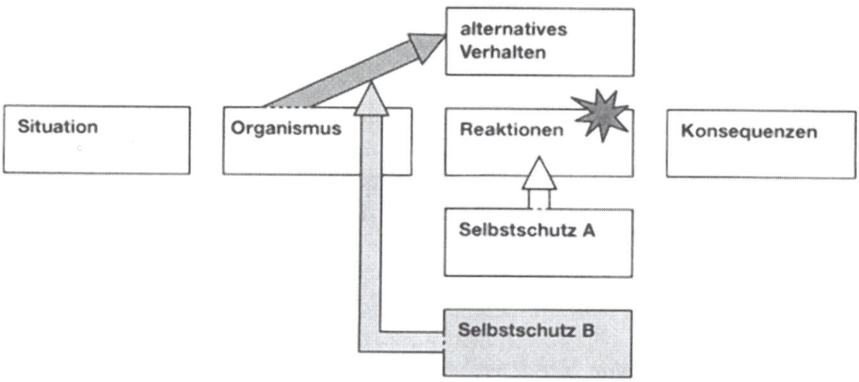

Schema 10: Alternativen

Kategorie C. Das sind Verhaltensweisen, mit deren Hilfe Menschen versuchen, ihr inneres Erleben zu beeinflussen. Sie versuchen, Stimmungen, Gedanken, Aufmerksamkeit und Erwartung eine andere Ausrichtung zu geben.

- Wo sie auch sind, immer haben sie eine Puppe oder eine spezielles Tuch dabei. Das sind Maskottchen, die das Unheil beschwören.
- Sie schauen bewusst nicht die Hand an, mit der sie sich schlagen könnten.
- Sie sprechen nicht übers Essen, weil sie wissen, dass sie damit manchmal sehr ungebremst umgehen.
- Sie fesseln ihre Aufmerksamkeit, indem sie erzählen, Geräusche machen, Lieder singen oder fantasieren. Indem sie sich nicht ‚damit' beschäftigen, vermeiden sie, dass ‚es' zu nahe kommen kann.
- Sie versuchen, Angstgefühle zu übertönen, indem sie sich lebhaft bewegen, indem sie Lieder singen. Das ist wie ‚Pfeifen im dunklen Wald'.

Manchmal nehmen diese Verhaltensweisen die Form von Ritualen an, die das Unheil, wie es scheint, beschwören können. Im Schema hat selbstbeschützendes Verhalten der Kategorie C die folgende Stellung.

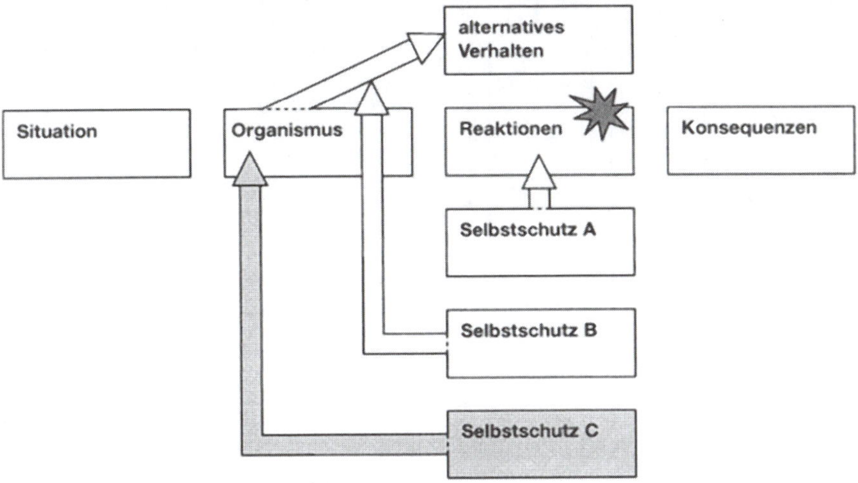

Schema 11: Veränderungen des inneren Erlebens

Kategorie D. Das sind selbstbeschützende Handlungen, mit deren Hilfe die Umgebung verändert wird.

> Henk, der regelmäßig die Scheibe des Feuermelders einschlägt, legt ein Tuch darüber.
>
> Georg setzt sich oft eine große karierte Mütze auf. Er weiß, dass er dazu neigt, mit dem Kopf gegen die Wand zu schlagen.
>
> Wenn Tine essen geht, stellt sie das Tablett rechts neben ihren Teller. Das ist genau die Stelle, auf die sie immer mit dem Kopf schlägt, wenn dort nichts liegt.

Es scheint, als würde das Problemverhalten nicht so leicht ausgelöst, wenn man die umgebenden Dinge etwas verändert. Diese Veränderungen helfen nicht wirklich. Das Tuch kann den Schlag nicht abpuffern, auch mit einer Mütze auf dem Kopf kann man sich heftig den Kopf stoßen. Dennoch helfen diese Veränderungen. Es ist Prävention, wenn man die Objekte verändert, die mit dem Kontrollverlust gekoppelt sind.

Im Schema hat selbstbeschützendes Verhalten der Kategorie D die folgende Stellung.

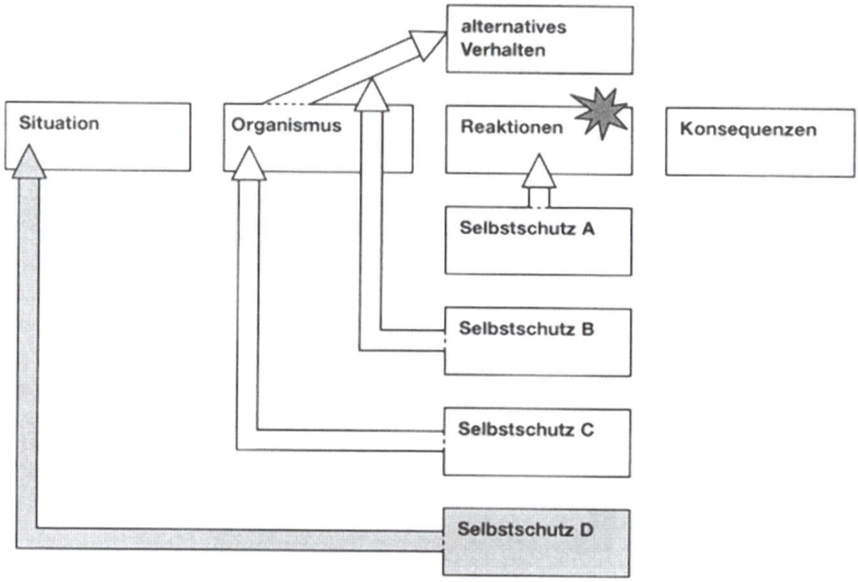

Schema 12: Merkmale der Umgebung verändern

Kategorie E. Dies ist eine besondere Kategorie in dieser Aufzählung selbstbeschützender Handlungen. Es ist nämlich das Problemverhalten selbst, jedoch mit geringerer Intensität, also nicht zwanghaft, nicht unkontrolliert. Vor allem der Effekt dieser Art des selbstbeschützenden Verhaltens ist entscheidend, wenn es darum geht, ob das Verhalten nicht in ein ungebremstes Problemverhalten ausartet. Dabei geht es nicht um positive oder negative Effekte, vielmehr muss geprüft werden, ob der Schutz gegen das Problemverhalten funktioniert.

> Man stiehlt so, dass das Verhalten von anderen gesehen wird. Auf diese Weise sorgt man dafür, dass die anderen beim nächsten Mal besser auf einen aufpassen.
>
> Man versetzt der neuen Gruppenleiterin sofort einen Schlag, wenn sie das erste Mal auftaucht. Dann weiß man gleich, wie selbstsicher sie sich fühlt. Das beruhigt.

Die Folge dieser Art des selbstbeschützenden Verhaltens ist, dass der Betreffende stärker beachtet wird, sodass sein Problemverhalten auch besser kontrolliert wird. Je beruhigender die Form des selbstbeschützenden Verhalten ist, um so seltener wird die Person ihr eigentliches Problemverhalten zeigen. Kategoric E hat im Schema die folgende Stellung.

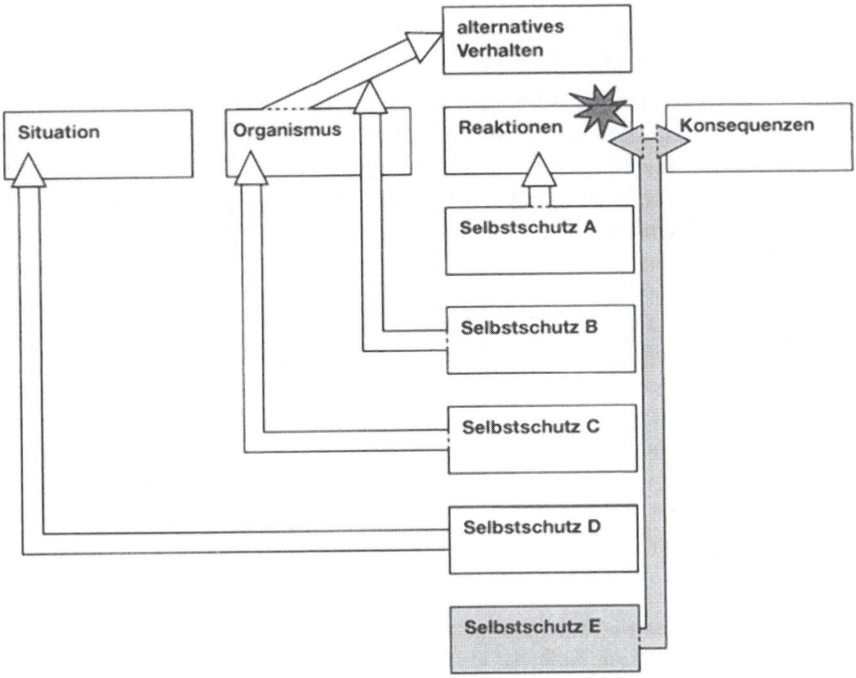

Schema 13: Die Sicherheit testen

Konsequenzen

Betrachtet man diese Verhaltensweisen als Formen des Selbstschutzes, so hat das erhebliche Konsequenzen. Zunächst hat es eine große Bedeutung für das allgemeine Bild, das man sich von Menschen mit geistiger Behinderung macht. Wenn man akzeptiert, dass solche Menschen, auch die schwer behinderten, über Kräfte verfügen, die sie als Gegengewicht für schwer zu kontrollierendes Verhalten einsetzen können, betrachtet man sie nicht mehr als haltlose, ihren Trieben ausgelieferte Wesen. Lernen oder Verändern ist dann nicht mehr nur über Konditionierung zu erreichen. Im Gegenteil. Es sind Menschen, die sich selbst in der Hand behalten wollen, denen das aber nicht immer gelingt.

Dieser Denkansatz hat Folgen für die Art und Weise, wie man diese Menschen betrachtet und ihr Verhalten analysiert. Man wird nämlich das selbstbeschützende Verhalten nur dann wahrnehmen, wenn man davon ausgeht, dass es das gibt.

Mit dieser Voraussetzung wird klar, warum es nicht ausreicht, eine Person nur dann zu beobachten, wenn Schwierigkeiten auftauchen. Gerade dann, wenn nichts Besonderes los ist, kann eine Beobachtung äußerst informativ sein, weil man erkennt, wie sich jemand in der Hand behält, wie er es anstellt zu verhindern, dass er eigenartige Dinge tut.

Diese andere Art des Denkens und Betrachtens hat auch erhebliche Konsequenzen für die allgemeinen Einstellungen und Haltungen der Betreuer. Es liegt nun auf der Hand, dass man ‚gemeinsam' mit der Person arbeitet. Schließlich geht man davon aus, dass auch der Mensch mit einer geistigen Behinderung Schaden vermeiden will und daher auch bereit ist, an diesem Ziel mitzuarbeiten.

Das ist ein ganz anderer Ansatzpunkt, als wenn man davon ausgeht, eine Person ohne ihre eigene Beteiligung verändern zu müssen.

Es ist zudem sehr informativ herauszufinden, wie jemand versucht, sein Problemverhalten im Zaum zu halten. Man muss nicht alles übernehmen, was er selber ausprobiert hat, denn trotz dieser Versuche ist er augenscheinlich gescheitert. Dennoch kann die Person durch ihr selbstbeschützendes Verhalten den Betreuern helfen, indem sie einige gute Ideen und Ansatzpunkte liefert. Zudem erscheinen jetzt einige der ‚Exzesse' sehr logisch und gut erklärbar:

- Man erkennt einen Zusammenhang zwischen dem heftigen Zuschlagen einer Person und dem Tuch, das ihr kurz zuvor weggenommen wurde und das so wichtig für sie ist.
- Man weiß dann, was es für einen Betroffenen bedeutet, wenn er eine Wunde sieht. Er wird daran erinnert, dass er sich selbst auch verletzen kann.
- Man begreift, wie schlimm es für jemanden sein kann, dass man ihn zwingt, einen Zweig aus der Hand zu geben. Ohne den Zweig machen sich seine Hände selbstständig: Er fängt an, sich zu schlagen.
- Es ist verständlich, warum man keine Streichhölzer liegen lassen soll, wenn einer der Betreuten unwiderstehlich von Feuer angezogen wird.

Wenn die Betreuer die Bedeutung eines bestimmten Verhaltens kennen, werden sie besser auf dessen Funktion achten. Weiß man, dass ‚etwas festhalten' eine selbstbeschützende Funktion hat, weiß man auch, dass eine andere Form von Kontrolle nötig ist, als dieses ‚etwas' einfach wegzunehmen.

Man kann nun zwischen einem Verhalten und dessen Funktion unterscheiden.

> Bittet man Joost beim Essen, etwas weiterzureichen, bringt man mit dieser Bitte seine Hände in eine für ihn bedrohliche Situation. Sie könnten dann nämlich anfangen, mit den Tellern zu werfen.
>
> Sagt man zu Harriet, sie solle sich auf der Bank im Badezimmer anziehen, zwingt man sie, sich nahe an die harte Mauer zu setzen, gegen die sie schon früher heftig mit dem Kopf geschlagen hat.

Die andere Art des Denkens und Sehens hat zudem eine Bedeutung für die Erklärung des Problemverhaltens. Indem man bestimmtes Verhalten selbstbeschützend nennt, macht man eine Aussage über die Kräfte, die Menschen ein bestimmtes Verhalten aufzwingen: Es sind wenigstens zwei widerstreitende Kräfte im Spiel, eine destruktive und eine gesunde. Es gibt also nicht nur ein Motiv für das Problemverhalten.

Oft wird nach dem ‚Warum' gefragt. Was ist die Ursache des Problems? Warum verhält sich jemand in dieser Weise? Diese Frage und die Antworten darauf suggerieren, dass es ein eindeutiges Motiv geben müsse. Ohne uns dessen bewusst zu sein, reden und denken wir, als gäbe es nur ein einziges Motiv für menschliches Handeln. Hinter der Frage nach dem Warum steht aber auch die irrationale Hoffnung, einen Knopf zu finden, den man nur zu drücken braucht, und alles wäre wieder vorbei. Doch die Wirklichkeit lehrt uns etwas anderes.

Man braucht jetzt also nicht mehr zu fragen: Warum ist jemand aggressiv? Oder: Warum verletzt sich jemand? Man fragt jetzt anders: Wie können wir dieser Person dabei helfen, ihre selbstbeschützenden Kräfte zu verstärken?

Es geht noch immer um den gleichen Sachverhalt: extremes Problemverhalten mit einer daraus resultierenden festgefahrenen Situation. Doch nun stellen wir eine andere Frage, die uns zu einem völlig anderen Suchprozess führt.

Vermeiden oder verändern

Akzeptiert man bestimmte Verhaltensweisen einer Person als Selbstschutz, macht man sie weniger verletzbar. Tut man das nicht, macht man sie unnötigerweise verletzlich, noch verletzlicher, als sie ohnehin ist.

Der Selbstschutz richtet sich gegen die Angst der Person, neuerlich die eigenen Grenzen zu verlieren, mit allen körperlichen, psychischen und sozialen Schädigungen, die das nach sich zieht. Selbstschutz tritt in Formen auf, die es dem Betroffenen erlauben, schwierige Momente oder Aktivitäten zu überstehen. Er nimmt beispielsweise einen bestimmten Gegenstand mit und schafft es auf diese Weise, in Gang zu kommen. Manchmal jedoch ist der Umgang mit der Angst nur noch durch Vermeidungsstrategien möglich. Der Betroffene entzieht sich Situationen, Aktivitäten, Kontakten und letztendlich dem eigenen Handeln. Bleibt ihm die Vermeidung als einzige Möglichkeit, mit seiner Angst umzugehen, wird die Welt, in der er sich sicher fühlt, immer kleiner und die ‚böse' Außenwelt immer größer und bedrohlicher. Die angebotene Hilfe besteht dann darin, dass man einen Teil dieses Schutzes übernimmt und den Betroffenen erfahren lässt, dass er mitmachen kann, ohne dass sofort alles schief geht.

> Hans steckt fast immer die Hände unters Hemd oder unter den Pullover, weil er Angst hat, sich selbst zu verletzen. Während er, was er sehr gerne tut, in seinem Zimmer Musik hört, wird eine Hand ruhig und entspannt herausgeholt. Kurz darauf wird sie wieder ruhig in den Ärmel zurückgesteckt.

Dies ist ein Beispiel für einen ersten Schritt eines Menschen, sich von der Angst zu lösen, die er mit ihren Händen und Armen verbindet. Ein erster Schritt, den man gar nicht mehr erkennt, wenn er Monate später zur Musik trommelt, ohne dass ihn jemand festhalten muss.

Oft ist der Selbstschutz eine aktive Art, mit dem Leben fertig zu werden, wir dürfen diese Kraft nicht ignorieren. Nimmt man dem Betroffenen willentlich und wissentlich diese Kraft, liefert man ihn den Kräften aus, gegen die er nicht ankommt.

Das alles heißt übrigens nicht, dass man selbstbeschützendes Verhalten unbegrenzt und jederzeit erlauben sollte. Gerade wenn man keine Grenzen setzt, können sich Menschen immer weiter verrennen.

> Steht ein Mensch nicht mehr auf, benutzt er seine Hände nicht mehr oder hört er auf, sich etwas zu betrachten, wird seine Lebenswelt immer kleiner, bis sein Leben schließlich nur noch aus der Flucht vor Schwierigkeiten besteht.

In solchen Situationen besteht die Hilfe nicht nur im Akzeptieren und Begrenzen von selbstbeschützenden Handlungen, sondern auch darin, den Betroffenen zu unterstützen, damit er neu lernt, mit angstauslösenden Handlungen, Positionen, Kontakten, Personen, Situationen und Gedanken umzugehen. Diese Hilfe zielt darauf ab, eine neue Balance zwischen Vermeiden und Verändern und dem Umgang mit der Angst aufzubauen.

6. Selbstverteidigung

Eine besondere Form des Selbstschutzes ist die ‚Selbstverteidigung'. Manche Menschen verteidigen sich passiv, stehen wortwörtlich und im übertragenen Sinne mit dem Rücken zur Wand. Sie sagen nicht ‚Nein', wenn es genug ist, sie wehren sich nicht, wenn sie bedroht werden. Oder sie werden nicht verstanden, wenn sie es dennoch tun. Übrig bleibt eine passive Verteidigung, bei der die Umwelt stillschweigend geduldet wird, die Sinnesorgane ganz oder zum Teil verschlossen oder durch eigene Handlungen gefüllt sind.

Die im vorigen Kapitel behandelten Arten des Selbstschutzes waren alle aktiver Natur. Nun wenden wir uns Formen zu, die beim ersten Hinsehen passiv aussehen. Menschen, die versuchen, sich auf diese Art und Weise selbst zu verteidigen, liegen oder sitzen auf einer Stelle und entziehen sich jedem Kontakt und jeder Beschäftigung.

Man kann nichts mit ihnen anfangen. Es scheint, als hätten sie sich vollkommen dem Nichtstun ergeben. Wer jedoch genauer hinsieht, erkennt, dass sie sehr aktiv und energisch damit beschäftigt sind, Informationen, die auf sie eindringen, zu manipulieren. So erreichen sie, dass nur ein Teil der Informationen zu ihnen dringt. Das, was zunächst wie eine gänzliche Verschlossenheit gegenüber der Umwelt erscheint, ist ein geradezu wütender Versuch, Beziehungen so weit wie möglich aufrecht zu halten. Dazu einige Beispiele.

- In der Ecke des Zimmers sitzen, um alles überblicken zu können.
- Den Kopf abwenden, aber aus den Augenwinkeln heimlich beobachten.
- Die Hände auf die Ohren legen, sodass die Menge der Geräusche, die man zu hören gezwungen ist, abnimmt.
- Die Ärmel über die Hände ziehen, sodass man mit einem Finger fühlen kann.
- Eine Hand vor die Augen halten, sodass man zwischen den Fingern hindurch zielgerichtet etwas betrachten kann.
- Im eigenen Zimmer sitzen, aber bei geöffneter Tür, sodass man ein mögliches Gespräch aus der Ferne verfolgen kann.

Der Selbstschutz umfasst Handlungen, mit denen Menschen sich aktiv auf ihre Umwelt einstellen. Bei der Selbstverteidigung hingegen setzen sich Menschen passiv mit ihrer Umgebung auseinander. Passiv sein bedeutet hier nicht, dass sie faul sind oder keine Kraft aufwenden. Selbstverteidigung ist äußerst anstrengend und zehrt an den Kräften.

Was ist nun der Effekt dieser Bemühungen? Die Personen versuchen, sich auf einem erträglichen Niveau von Spannung und Erregung zu halten, indem sie ankommende Informationen manipulieren, sie auf ihre momentane Aufnahmefähigkeit abstimmen. Sie wissen, dass sie die Kontrolle über sich selbst verlieren, wenn die Spannung zu groß wird. Auch hierbei bedeutet ‚Wissen' nicht unbedingt bewusstes Wissen.

Das Durchschleusen

Bei diesen Formen der Selbstverteidigung, die ich ‚durchschleusen' nennen möchte, weil Informationen häppchenweise durchgeschleust werden, lassen sich zwei Hauptformen unterscheiden: das Schließen und das Füllen.

Beim Schließen wird die Information manipuliert, indem der Betroffene seine Sinnesorgane gänzlich oder teilweise schließt.

Beim Füllen wird die Information manipuliert, indem er seine Sinnesorgane mit etwas anderem füllt.

Einige Beispiele für das Schließen:

- Die Augen bis auf einen Spalt zukneifen.
- Eine Mütze über ein Ohr ziehen.
- Blitzschnelle Blicke werfen.
- Den Kopf herumdrehen und einen schnellen Blick werfen.
- Die Hände falten.

Einige Beispiele für das Füllen:

- Singen oder Brummen, sodass die Ohren von Geräuschen erfüllt sind.
- Geräusche oder Bewegungen machen.
- Die Musik laut aufdrehen, wenn jemand etwas sagen möchte.
- Die Hände oder einen Gegenstand vor die Augen halten, hinter denen man sich dann versteckt und die man als eine Art Visier für zielgerichtetes Betrachten verwenden kann.
- Einen Gegenstand in den Mund nehmen und darauf herumkauen oder daran saugen.
- Auf einer Bank sitzen, ohne sich zu bewegen oder aufzuschauen, jedoch gut zuhören: danach den Oberkörper rhythmisch hin und her bewegen und den Blick auf andere richten. Als könne das Sinnesorgan (Auge) erst dann seinen Dienst verrichten, wenn die Person durch etwas anderes (die Bewegung) beschäftigt ist, sozusagen ‚gefüllt' ist.

Jede Form derartigen Verhaltens hat eine Funktion, niemand macht das ‚einfach so'. Die Person hält sich damit selbst über Wasser. Hat man das erkannt, werden bestimmte Verhaltensweisen plötzlich bedeutsam.

Viele dieser Verhaltensweisen werden traditionell als bedeutungslos angesehen. Sie werden ‚stereotypes Verhalten' genannt, womit ausgedrückt wird, dass es sinnlos und überflüssig ist. Stereotypes Verhalten wiederum ist Teil des ‚Problemverhaltens', und das wollen die Betreuer meist verändern.

Es spricht nichts gegen eine Veränderung, wenn dabei die Funktion des Verhaltens bedacht wird. Verfügt der Betreffende über andere Mittel, um den Informationsfluss zu regulieren? Können die Menschen seiner Umgebung auf andere Weise sein Bedürfnis nach einem erträglichen Maß an Information befriedigen? Solche Fragen müssen geklärt werden, bevor man versucht, das Verhalten zu ändern. Es ist gedankenlos, einem Menschen mit geistiger Behinderung die selbst entwickelte Verteidigung gegen überflutende Informationen zu nehmen, ohne ihm dafür eine Alternative anzubieten. Die Folgen eines solchen Vorgehens liegen auf der Hand: Er kann in Panik geraten oder sich noch mehr vor seiner Umwelt zurückziehen.

Indem der behinderte Mensch Informationen durchschleust, scheint er Informationen in so kleine Stücke zu zerhacken, dass er sie ertragen kann. Selbst wenn er den Eindruck erweckt, sich abzuschließen, sich allem und jedem in seiner Umgebung zu entziehen, kann er doch gerade durch seine Aktivitäten verfolgen, was um ihn herum geschieht.

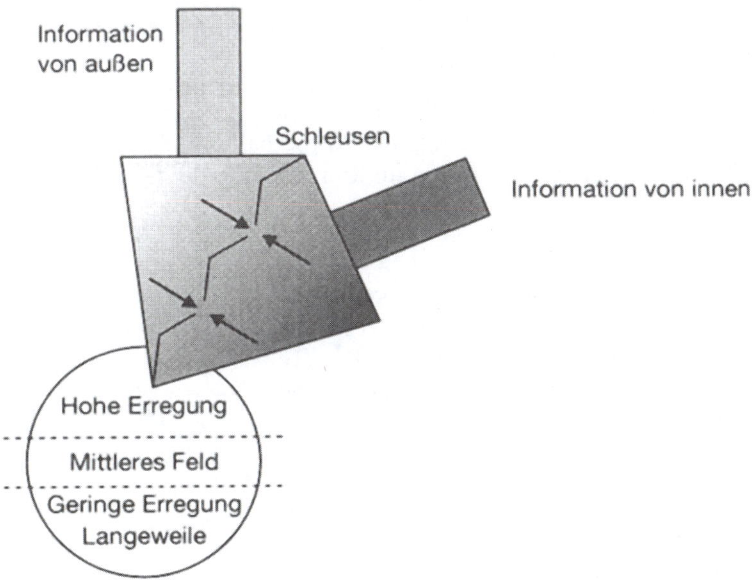

Schema 14: Schleusen von Informationen

Der linke Pfeil steht für die Information, die von außen kommt; für alles, was man riechen, hören, sehen, fühlen kann. Der rechte Pfeil steht für die

Information, die von innen kommt: Wörter, Geräusche, Bewegungen, Gedanken. Diese beiden Quellen liefern das, was eine Person an Reizen zu verarbeiten hat. Das Niveau der Erregung sagt etwas aus über die allgemeine Befindlichkeit der Person.

Gelingt es dem Menschen mit einer geistigen Behinderung, seine Erregung, seine Spannung auf einem ausgewogenen mittleren Niveau zu halten, verhindert er einen Erregungszustand, in dem er sein Verhalten nicht mehr kontrollieren könnte. Wenn er Informationen nur häppchenweise zulässt, kann er Herr seiner Erregung bleiben. Dies ist eine Form des Überlebens am Rand des Abgrundes.

Das dringende Bedürfnis, Informationen zu manipulieren, weist auf die enorme Sensibilität des betroffenen Menschen für Reize hin. Um eine Überreizung zu vermeiden, teilt er Informationen in mundgerechte Stücke auf, nur um zu verhindern, dass er überreizt wird.

Es ist wohl deutlich geworden, wie viel Energie für diese scheinbar passiven Aktivitäten aufzuwenden sind: Sie kosten mindestens so viel Kraft wie Aktivitäten, die die Umgebung beeinflussen. Menschen, die damit den ganzen Tag über intensiv beschäftigt sind, sind am Abend todmüde, wenngleich sie sich scheinbar kaum von der Stelle gerührt haben. Sie sind nicht aus dem Haus gegangen und haben ihren angestammten Platz kaum verlassen.

Formen der Selbstverteidigung

Das Manipulieren von Informationen geschieht auf unterschiedliche Art und Weise: durch die Veränderung der Körperhaltung, durch das Bewegen von Körperteilen, über die Position im Raum oder in der Gruppe oder direkt durch die Sinnesorgane. Beispiele:

1) Position im Raum:

- Sich hinter Tischen und Stühlen verstecken.
- Am Rand der Gruppe bleiben.
- Sich so hinsetzen, dass sich hinter dem Rücken nichts verändern kann, beispielsweise an eine Wand oder auf ein Sofa.

2) Körperhaltung:

- Nach vorn gebeugt sitzen.
- Den Kopf vorneigen.
- Die Vorderseite des Körpers vom sozialem Geschehen abwenden.
- Sich selbst so klein wie möglich machen.

3) Körperteile:

- Das Gesicht hinter Arm oder Hand verstecken.
- Hinter langem Haar verbergen.

4) Sinnesorgane:

- Die Augen ganz oder zum Teil schließen, Schlitze bilden.
- Die Hände geschlossen halten.
- Die Finger in die Ohren stecken.

Die oben angegebene Aufzählung stellt gleichzeitig eine Art Rangordnung dar. Obwohl Personen mit Behinderungen die verschiedenen Formen der Manipulation gern kombinieren, haben sie doch Vorlieben. Dabei fällt auf, dass die Person um so stärker mit Durchschleusen und Füllen beschäftigt ist,je mehr sie sich bedroht fühlt. !

Die Person beginnt damit, sich einen geeigneten Platz im Raum zu suchen, von dem aus sie den Informationsfluss beeinflussen kann. Ist dies nicht oder nur unzureichend möglich, dann werden Varianten in der Körperhaltung benutzt. Reicht das auch nicht mehr aus, beginnt die Person, sich mit Teilen ihres Körpers gegen den Überfluss an Informationen zu verteidigen. Schließlich wird sie das nur noch schaffen, indem sie direkt ihre Sinnesorgane bearbeitet.

Wer mit diesen Mitteln nicht auskommt, wird sich immer mehr von der Wahrnehmung zurückziehen. Die Augen sind noch offen, sehen aber nichts; die Ohren hören nichts. Und wenn der Betroffene läuft, bewegt er sich wie ein Roboter.

Die Folgen

Versteht man, welche Funktion das Manipulieren der Informationen für den Einzelnen hat, wird man anders mit Menschen umgehen, die sich auf eine solche Art und Weise verteidigen. Man wird sie anders betreuen und wird bei der Erstellung eines Behandlungsplans eine andere Ausgangsposition haben.

Macht man sich nicht klar, wie leicht ein behinderter Mensch sich bedroht fühlt, kann man selbst ungewollt zu einem bedrohlichen Faktor werden. Man überrumpelt den anderen mit dem Wunsch nach Kontakt, obwohl man nicht weiß, auf welche Art und Weise er damit umgehen kann. Wer Menschen mit Behinderungen betreut, sollte sich fortwährend klarmachen, dass die folgenden Formen der Kontaktaufnahme sehr bedrohlich wirken können:

- Jemanden direkt anschauen wollen.
- Sich jemanden gegenüber hinsetzen.
- Den Menschen ansprechen, während man auf ihn zugeht.
- Ihn zwingen, seinen Kopf nach einem umzudrehen.
- Direkt auf einen anderen zugehen.

Betreuer nehmen es immer wieder übel, dass ein Bewohner den Kopf zur Seite wendet, wenn er angesprochen wird. Es scheint, als wolle der Betreffende keinen Kontakt. Doch ist eine derartige Reaktion für ihn die einzige Möglichkeit, zuhören zu können. Das merkt man daran, dass er in solchen Situationen direkt auf das reagiert, was gesagt wird.

Dasselbe gilt für Menschen, die ihre Augen schließen, um besser hören zu können, oder für jene, die erst zielgerichtet schauen können, wenn sie etwas in Händen halten.

Betreuer, die diese Formen der Selbstverteidigung verstehen, bekommen mehr Einsicht in plötzliche Panikausbrüche. Schafft eine Person das Durchschleusen nicht, bricht der Damm: Das System ist überflutet.

Die gleiche Überforderung findet man auch bei Personen ohne Behinderung, die an einer Phobie leiden. Diese Erscheinung wird ‚perzeptioneller Kontrollverlust' genannt. Solche Menschen haben Schwierigkeiten, einen ‚Raum' zu betreten, beispielsweise ein Wohnzimmer. Der Raum ist nicht nur ein Raum, vielmehr eine nicht direkt überschaubare Anzahl von Personen, Bewegungen usw. Wer all diese Informationen nicht richtig verarbeiten kann, gerät in Panik: Das System ist überfordert: Angst, Atemnot, Herzklopfen und kalter Schweiß sind die Folgen. Beim nächsten Mal ist eine derartige Situation schon von Anfang an von Angst erfüllt.

Das erklärt teilweise, warum Menschen, die in großen, unpersönlichen Gruppen zusammenwohnen, sich erst am Abend wohl fühlen. Das ständige Kommen und Gehen hört endlich auf. Die Personen, die dann noch anwesend sind, bleiben bis zum Schlafengehen.

Versteht ein Betreuer, in welche Panik jemand geraten kann, wird er versuchen, seinem Schützling eine Umgebung, eine Aktivität oder Situation zu bieten, die im Hintergrund mit sinnlichen Eindrücken gefüllt ist, die angenehm und gut zu verarbeiten sind. Das eröffnet die Möglichkeit, andere Sinnesorgane sicher zu öffnen.

- Das warme Wasser des Schwimmbads umgibt die Haut, ‚füllt' sie, und erleichtert das Hören und Sehen.
- Eine Wanderung oder eine Radtour füllt die Sinnesorgane mit einem Hintergrund, sodass das Wahrnehmen der Umgebung kein Problem ist.
- Ein schönes Beispiel einer ‚gefüllten' Aktivität ist das Wiegen: ein Lied, in das man einstimmen kann, Bewegungen, die sich wie von selbst in die Melodie einfügen. Alles ist erfüllt von Bewegung und Gesang. Dann ist die Wahrscheinlichkeit für einen ‚offenen' Kontakt am größten.

Selbstbeeinflussung

Die Erfahrung hat gezeigt, dass Menschen, die in zunehmendem Maße einen positiven Einfluss auf ihre Umgebung und auf sich selbst bekommen, weniger stark das Bedürfnis empfinden, sich passiv und mit dem Rücken zur Mauer zu verteidigen. Bekommen diese Personen mehr Einfluss auf ihre Umgebung und auf sich selbst, fällt es ihnen immer leichter, ihre Sinnesorgane zu öffnen. Allmählich kommen sie wieder in Kontakt mit ihren eigenen Sinnen, sehen wieder selbst, hören selbst, tasten selbst, stehen wieder auf eigenen Beinen.

Einfluss auf etwas haben ist nicht dasselbe wie die motorische und technische Fertigkeit, etwas gut hinzukriegen. Einfluss haben setzt auch den Mut und das Gefühl voraus, dass man es auch kann. Je mehr dieses Gefühl wächst, schwindet die Notwendigkeit, sich selbst mit Bewegungen des Körpers oder mit Geräuschen zu füllen.

Auf diese Weise kann man das Verhalten einer Person verändern: nicht indem man ihr das Problemverhalten abgewöhnt, sondern indem man ihr eine Alternative anbietet. Zunächst muss man jedoch die Funktionen dieses Verhaltens erkennen, um in der Folge dessen Notwendigkeit verringern zu können.

7. Ein Erklärungsmodell

Die Erklärung für das Entstehen und die Zunahme schwerwiegenden Problemverhaltens findet man nicht in einer kausalen Begründung. Das Schema von Ursache und Wirkung bringt einen nicht weiter. Die Ursache des Problemverhaltens sind nicht die momentanen Zahnschmerzen. Diese Begründung gilt auch dann nicht, wenn nach einer Zahnbehandlung das Problemverhalten verschwindet. Unsicherheit kann zu Aggression führen, aber nicht bei jedem Menschen.

Schmerz und Unsicherheit sind Faktoren, keine Ursachen. Sie tragen dazu bei, dass jemand in einen körperlichen oder emotionalen Zustand gerät, in dem sich die Wahrscheinlichkeit für extreme Reaktionen vergrößert.

Umstände, die es wahrscheinlich machen, dass jemand außer Rand und Band gerät, können psychischer, physischer oder sozialer Natur sein. Bei Personen mit festgefahrenen Verhaltensweisen finden sich so gut wie immer alle Aspekte gleichzeitig. Es ist fast unmöglich, einen Aspekt als den wichtigsten hervorzuheben.

Bei Menschen, die an einem schwerwiegenden und außerdem lang andauernden Problemverhalten leiden, kann man vielfach einen Faktor angeben, der das Problemverhalten sehr fördert, und das ist das Problemverhalten selbst. Die körperlichen, psychischen und sozialen Folgen des Problemverhaltens können zu anhaltenden Spannungen führen, ja selbst zur wichtigsten Quelle werden. Hierin liegt der Grund zu der offenbar widersprüchlichen Aussage, dass „schwerwiegendes und chronisches Problemverhalten die Folge von schwerwiegendem Problemverhalten ist".

Die genaue Bedeutung dieser Aussage, soll nun anhand eines Erklärungsmodelles untersucht werden. Dabei wird die Beziehung zwischen dem allgemeinen emotionalen Zustand einer Person (das Maß an Erregung, in dem sie sich befindet) und der Wahrscheinlichkeit eines Problemverhaltens dargestellt. Die Existenz einer derartigen Beziehung ist deutlich erkennbar: Je erregter jemand ist, desto größer ist die Wahrscheinlichkeit, dass sein Problemverhalten eine hohe Intensität bekommt (vgl. Kap. 4).

Das Ausmaß der Erregung einer Person vergrößert nicht nur die Wahrscheinlichkeit des Problemverhaltens, sondern das Problemverhalten verändert sich zudem mit zunehmender Erregung.

Problemverhalten kann eine nicht zu kontrollierende Reaktion sein, zwanghaft, funktional oder als Hintergrundverhalten auftreten (vgl. Intensität, S. 63). Je größer die Spannung ist, umso mehr wächst die Wahrscheinlichkeit, dass das Verhalten zwanghaft wird oder sogar in eine totale Panikreaktion umschlägt. Verringert sich die Spannung, dann nimmt nicht nur die Wahrscheinlichkeit für ein bestimmtes Problemverhalten ab, das Verhalten ändert auch seine Qualität: es wird funktionaler. In entspannten Situationen bleibt noch eine gewisse Portion des ‚üblichen' Verhaltens über oder wenigstens der Ansatz dazu.

Beim Fehlen von Spannung, also bei Langeweile, wird das Problemverhalten als Füllmaterial gebraucht, oft als eine wiederholte schlaffe Bewegung, die die Leere füllen soll, dasselbe Verhalten, das der Betroffene in anderen, angespannten Situationen in exzessiver Form zeigt.

Es gibt unzählige Ursachen für Erregung. Einige davon wirken über eine lange Zeit, andere nur für einen einzigen Moment. Manche sind körperlicher Natur, andere sozialer oder psychischer. Beim Ansteigen der Spannung spielen oft mehrere Ursachen gleichzeitig eine Rolle. Gelingt es, die Auslöser zu beeinflussen, kann man vermeiden, dass die Spannung steigt und der Betroffene in ein Problemverhalten verfällt. Doch gerade weil es so viele Ursachen unterschiedlicher Natur gibt, reicht das alleine nicht aus, um chronisches Problemverhalten zurückzudrängen. Es lässt sich nicht immer vermeiden, dass Menschen Schmerz erleiden, traurig sind, sich unglücklich fühlen. Zuweilen ist die Ursache auch nicht deutlich erkennbar. Man kann nicht immer herausfinden, warum sich jemand aufregt.

Auch wenn die Quelle nicht immer bekannt ist und wir nicht alle Ursachen der Spannung ausräumen können, so heißt das nicht, dass man Personen mit herausforderndem Verhalten nicht helfen kann, ihr eigenes Problemverhalten zu kontrollieren. Das ist nämlich durchaus möglich.

Menschen mit herausforderndem Verhalten haben nicht nur ab und zu mal schlechte Laune, ihre Probleme sind chronischer Natur. Das liegt daran, dass ihr eigenes Problemverhalten zur Quelle endloser Wiederholungen dieses Verhaltens wird. So geraten sie, zusammen mit ihren Betreuern und den Personen, mit denen sie zusammenleben, in eine sich abwärts drehende Spirale, die sich immer schneller dreht.

Das Entstehen von Problemverhalten

Das Niveau der Erregung oder der Spannung kann man vergleichen mit dem Druck in einem Ballon. Jeder Mensch hat ein bestimmtes mittleres Maß an Spannung, in dem er am besten funktioniert. Er wird bei zu hoher oder zu niedriger Spannung Reaktionen zeigen, mit deren Hilfe er die Spannung wieder auf ein mittleres Niveau bringen will.

Hohe Spannung wird ‚Angespanntsein' oder ‚Stress' genannt. Ich ziehe den englischen Begriff ‚arousal' oder den deutschen Begriff ‚Erregung' (‚opwinding', niederl.) vor, da beide Wörter nicht den negativen, ‚kranken' Un-

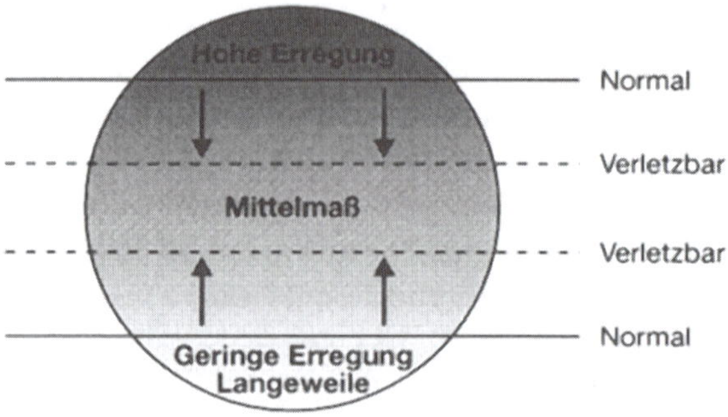

Schema 15: Der „arousal-Ballon“

terton haben, den Angespanntsein und Stress sehr wohl haben. Erregung ist eine neutralere Bezeichnung.

Wenn die Spannung immer weiter zunimmt, dann geschieht dasselbe wie bei einem zu fest aufgeblasenen Ballon: Er zerplatzt. Die Spannung will sich entladen, und wenn das nicht auf eine normale Art und Weise möglich ist, geht etwas kaputt.

Die meisten Menschen haben sozial akzeptierte Formen gefunden, um ein Übermaß an Spannung abzubauen: Sie fangen an zu weinen, sie rennen, sie reagieren sich durch Reden ab, sie schreiben oder zeichnen, sie machen Musik. Manchmal wird die Spannung jedoch so groß, dass diese Formen nicht mehr ausreichen.

Andere Menschen haben zwar eine Art und Weise gefunden, um die Spannung in ihrem Organismus wieder auf ein mittleres Niveau zu bringen, aber diese Formen sind nicht akzeptabel, weil sie Schaden verursachen und zudem nicht lange wirken. Diese Formen nennt man Problemverhalten: Selbstverletzung, Zwangsverhalten, Aggression, Stehlen, Weglaufen, sexuelle Perversionen, Wetten, übermäßiges Trinken, Essen oder Rauchen usw.

Die Form, die das Problemverhalten annimmt, wird unter anderem vom Stadium der Persönlichkeitsentwicklung und dem eigenen Charakter bestimmt. Der eine ist stärker nach außen gerichtet, der andere stärker nach innen. Man kann das Problemverhalten mit allgemeinen Entwicklungsstadien von Menschen vergleichen.

Einige Beispiele:
Selbstverwundung bei älteren Säuglingen. Heulen und das Zerstören von Gegenständen bei Kleinkindern. Hinwerfen und Schlagen bei Kindergarten kindern. Weglaufen und Klauen bei Schulkindern. Trinken und Raufen bei Pubertierenden.

Das sind Beispiele von nach außen gerichteten Reaktionen. Manche Personen neigen unter hohem Druck aber dazu, nach ‚innen‘ zu reagieren: Man kann sehen, dass sie sich zunehmend auf einen bestimmten Platz, in eine Bewegung, einen Gedanken, in Fantasien zurückziehen.

Menschen können an bestimmten Reaktionsweisen hängen bleiben. Sie werden älter, auch verstandesmäßig, doch ihre Reaktion bleibt gleich. Um zu verstehen, wie ein Problemverhalten funktioniert, ist die Form, die es annimmt, nicht wesentlich. Es geht darum herauszufinden, welcher Prozess dazu beiträgt, dass diese Form des Problemverhaltens einen immer zentraleren Stellenwert im Leben einer Person einnimmt.

Verletzbar

Das neutrale Mittelniveau des ‚Ballons' herausfordernder Personen ist im Vergleich zum ‚Ballon' anderer Menschen sehr schmal. Mit anderen Worten: Sie leiden schneller als andere Menschen an zu viel oder zu wenig Erregung.

Die Ursache dafür kann die Verletzlichkeit ihrer Persönlichkeit sein. Doch vielleicht haben sie auch ihre Fähigkeit, mit einer zu hohen oder zu niedrigen Spannung umzugehen, nicht ausreichend entwickelt.

Die Formulierung ‚hohe Spannung' sagt noch nichts über die Qualität der Spannung aus: Die Erregung kann durch negative Empfindungen wie Schmerz und Frustration verursacht werden, aber auch positive Erfahrungen können die Erregung auf ein so hohes Niveau steigern, dass jemand sein eigenes Verhalten nicht mehr kontrollieren kann. Wenn jemand sich selbst verwundet, aggressiv ist oder übermäßig viel Alkohol trinkt, werden die Ursachen meist in negativen oder traumatischen Erfahrungen gesucht. Aber wenn eine Person übermäßig viel Spaß hat oder sich grenzenlos auf etwas freut, kann das ebenfalls zu einem Verlust an Selbstkontrolle führen.

Erregungsniveau und die Natur des Problemverhaltens

Die Wahrscheinlichkeit für ein Problemverhalten steigt also mit zu hoher oder zu niedriger Spannung. Aber auch die Qualität des Problemverhaltens variiert je nach dem Niveau der Erregung.

Bei großer Spannung zeigen sich eher die intensiveren Formen des Problemverhaltens: zwangsmäßig fixierte Reaktionen einerseits und Panikreaktionen und Ausbrüche andererseits.

Bei einer Spannung von mittlerem Niveau zeigt das Problemverhalten eine geringere Kraft. Die behinderte Person scheint es vor allem der Wirkung wegen zu zeigen: Sie kann etwas damit erreichen oder vermeiden.

Bei geringer Erregung zeigt sich eine schwache Form des Problemverhaltens, jedoch wiederholt es sich oft. Es scheint vor allem dem Füllen der Sinnesorgane zu dienen. Manche Personen füllen ihre Sinnesorgane, weil es in ihrer Umwelt wenig zu erleben gibt. Andere hingegen können die Ereignisse in ihrer Umwelt nicht verarbeiten. Es wird ihnen zu viel. Sie wenden sich ab von ihrer Umwelt und füllen in der Folge ihre Sinnesorgane mit dem Problemverhalten. Diese Formen haben eine selbststimulierende Funktion.

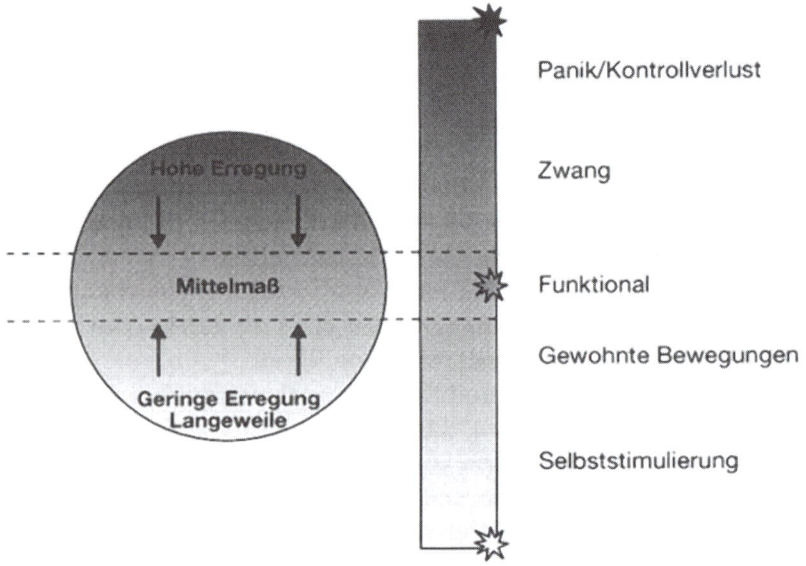

Schema 16: Erregungsniveau und Qualität des Problemverhaltens

Das Schema sieht ziemlich einfach aus. Die Wirklichkeit ist aus mehreren Gründen viel komplexer. Ein und dieselbe Person kann verschiedene Intensitäten desselben Problemverhaltens zeigen. Das eine Mal kann sie ihr Verhalten wirklich nicht unter Kontrolle halten, ein anderes Mal ist es ihr gerade recht, weil sie mit dem Problemverhalten etwas erreichen oder sich einer bedrohlichen Situation entziehen will.

Eine Bewegung, die nicht genau dem Problemverhalten entspricht, aber eine gewisse Ähnlichkeit damit aufweist, kann eine Art ‚Bewegungserinnerung' hervorrufen, die eine ziemlich schnelle Verhaltensänderung bewirkt. Ein Verhalten von geringer Intensität kann ganz plötzlich in unkontrollierbares und zwanghaftes Verhalten münden. Eine Bewegung, die den Mensch mit einer Behinderung an sein Problemverhalten erinnert, reicht unter Umständen aus, um Problemverhalten mit großer Intensität auszulösen.

Sehr starkes Problemverhalten lässt meist erst nach langer Zeit in seiner Intensität nach, einfach weil der Betroffene ausgelaugt ist. Manchmal kann ein Ausbruch, der schon lange anstand, eine Erleichterung sein und ist auch schnell vorbei, auch wenn der Schaden groß ist.

Ursachen

Warum geraten Menschen in Erregung? Die Gründe sind je nach Person verschieden. Manche sind sehr ausgeglichen. Sie befinden sich fast immer auf einem mittleren Spannungsniveau. Andere schwanken heftig zwischen Ruhe und Erregung hin und her. Manche wirken immer aufgeregt, andere agieren eher langsam und träge. Das gehört alles zu ihrer Persönlichkeit.

Es gibt zwischen den verschiedenen Menschen nicht nur Unterschiede im Ausmaß der Erregbarkeit, sie differieren auch in ihren Vorlieben für bestimmte Spannungsniveaus. Der eine fühlt sich am wohlsten, wenn es nicht allzu viel Aufregung gibt, der andere agiert am liebsten, wenn er unter großem Druck steht. Und mancher fühlt sich am besten, wenn wenig passiert und er möglichst in Ruhe gelassen wird. Jeder Mensch hat daher sein eigenes ‚Mittelmaß': Erhöht sich die Spannung, dann wird die Person unruhig. Ist die Spannung geringer, dann langweilt sie sich und fühlt sich ebenfalls nicht wohl.

Menschen mit stark festgefahrenem Verhalten erkennt man an einem sehr schmalen mittleren Spannungsbereich: Sobald die Spannung unter oder über das Mittelmaß kommt, geraten sie aus der Bahn. Bei einigen mag das an ihrer Persönlichkeit liegen, andere sind so geworden. Geht es ihnen besser, verändert sich dieser Zustand auch wieder. Ein schmaler mittlerer Spannungsbereich bedeutet, dass jemand leicht aus der Fassung zu bringen ist, also verletzlich ist. Personen mit festgefahrenen Verhaltensmustern leiden jedoch nicht nur unter dieser Verletzbarkeit, sondern auch unter ihrem Unvermögen, auf zusätzliche Spannung anders als mit destruktivem Verhalten zu reagieren.

Neben der Übersensibilität für ein Zuviel oder Zuwenig an Spannung sind hier noch einige spezifische Ursachen zu erwähnen, die zur gesteigerten Erregung beitragen können. Für gewöhnlich unterscheidet man zwischen körperlichen, sozialen und psychischen Ursachen, die jeweils längere oder kürzere Wirkungen zeigen.

Zu den Langzeitwirkungen gehören zum Beispiel Störungen des biologischen und körperlichen Rhythmus: der Rhythmus von Tag und Nacht; Wachen und Schlafen; Monate und Jahre. Langfristige Folgen hängen auch mit psychischen und sozialen Aspekten zusammen sowie mit umfassenden Gefühlen von (fehlender) Geborgenheit und Sicherheit, mit Selbstvertrauen, Entwurzelung und sozialer Isolierung.

Ursachen mit kurzzeitiger Wirkung sind viele innere und äußere Reize: Hunger, Schmerz, Frustration, Kränkung, Freude, Ruhe, Enttäuschung, Unverständnis, Unordnung und Geschäftigkeit, Ermüdung, häufige oder zu große Veränderungen.

Ich vermische hier absichtlich körperliche, psychische und soziale Faktoren, denn das ist die Wirklichkeit. Will man bei einem bestimmten Menschen die Ursache seiner zunehmenden Erregung herausfinden, ist es notwendig, ihn genau zu untersuchen und zu analysieren. Diese Untersuchung umfasst sowohl psychische, als auch körperliche und soziale Umstände.

So können zum Beispiel Zahnschmerzen die Ursache der wachsenden Spannung sein, oder eine Unsicherheit gegenüber dem, was geschehen wird. Diese Spannungen haben Auswirkungen auf das Wohlbefinden. Sie verursachen nicht das Problemverhalten, sorgen aber dafür, dass der ‚Spannungsballon' voller wird. Das erhöht die Wahrscheinlichkeit, dass er platzt.

Auch wenn man die Ursache einer wachsenden Spannung nicht kennt, kann man doch sehen, dass eine Person im Begriff ist, sich zu erregen. Darauf können Begleiter ihre Unterstützung und Hilfe abstimmen. Man muss nicht immer die Ursache einer zunehmenden Spannung kennen, um zu helfen.

Damit möchte ich sagen, dass es zwar notwendig ist, sorgfältig alle Facetten zu prüfen, aber man sollte damit nicht endlos fortfahren und möglicherweise wegen der Ursachenforschung Hilfe und Betreuung aufschieben. Wenn man einmal weiß, dass eine Person an einer Übersensibilität für zu viel oder zu wenig Spannung leidet, dann ist klar, dass diese Person bei außergewöhnlichen Spannungen Hilfe von außen braucht.

Es ist einfach, den kranken Zahn als Ursache des Problemverhaltens zu sehen. Aber das stimmt nicht. Der schmerzende Zahn erhöht die Spannung, die dazu führt, dass der Betroffene seine problematische Reaktion zeigt. Wenn man seinen Zahn behandelt, wird er sein Problemverhalten nicht mehr zeigen. Aber ein anderes Mal gibt es eine andere Quelle für erhöhte Spannung. Zugleich steigt die Wahrscheinlichkeit, dass er erneut und vielleicht heftiger mit seinem Problemverhalten reagieren wird. Der schmerzende Zahn ist bei dieser Argumentation also nicht die Ursache des Problemverhaltens.

Die Angelegenheit ist natürlich viel komplexer. Die Ursachen beeinflussen das Maß der Erregung, aber die Erregung beeinflusst auch die Ursachen (Interaktion zwischen Erregung und Quellen).

Jemand der sich wohl fühlt, wird eine bestimmte Anordnung von Tönen und Rhythmen als Musik erkennen. Er kann den Tönen folgen, und wenn er die Melodie kennt, weiß er im Voraus, wie es weitergeht. Ist der Mensch jedoch angespannt, dann kann er den Tönen nicht mehr folgen. Sie klingen chaotisch und werden zu einer Quelle der Irritation.

Man kann deshalb keine objektiven Ursachen feststellen, wenn Menschen müde oder frustriert werden. Frustration, Schmerz, Ermüdung, Geschäftigkeit sind keine objektiven Größen, die man mit einem bestimmten Maß messen kann. Es sind relative Begriffe.

Kennenlernen

Hat man es mit einem besonders verletzlichen Klienten zu tun, ist es wichtig, dass man sehen, hören oder fühlen lernt, wann dessen Erregung zunimmt oder auf einem für ihn normalen Niveau ist. Je genauer man dabei Nuancen zu unterscheiden lernt, um so besser lässt sich einschätzen, wie viel diese Person noch ertragen kann und wann es ihr zu viel wird.

Das bedeutet nicht, dass diese Beurteilungen die Strategien oder die Perspektiven des Betreuers verändern müssen. Wäre das so, würde der Betreuer mit den schnell wechselnden Emotionen der Person mit auffälligem Verhalten hin und her schwanken, und das nützt niemandem. Die Strategien bleiben dieselbe, dennoch kann der Betreuer das Ausmaß seiner Unterstützung an die momentanen Umstände anpassen, damit der behinderte Mensch seine Umwelt wieder in den Griff bekommt.

In diesem Zusammenhang sollte man sich auch klarmachen, dass Menschen nicht zu jeder Zeit den gleichen Einfluss auf sich und ihre Umgebung ausüben, dass sie nicht immer im selben Maße verstehen und funktionieren. Das gilt für Menschen, denen es gut geht, aber mehr noch für solche mit herausforderndem Verhalten. Was sie heute noch verstehen und beeinflussen können, kann ihnen morgen über den Kopf wachsen. Macht sich ein Betreuer das nicht klar, riskiert er, dass sie sich zu Unrecht irritiert fühlen und bestimmte Verhaltensweisen übel nehmen. Unstabile, unsichere Menschen sind sehr wechselhaft in dem, was sie verarbeiten können, aber auch in dem, was sie aufnehmen und begreifen können.

Prävention

Wenn man die Ursachen ansteigender Spannungen beeinflusst, kann man das Problemverhalten verringern. Der Effekt der Beeinflussung kann sehr groß sein, ist aber nie vollkommen. Man kann versuchen, überhöhte und zu geringe Spannung zu verändern, aber man kann Schmerz, Unwohlsein und Frustration nie ganz verhindern. Betreuer sollten sich selbstverständlich auf die Suche nach den Quellen der Erregung machen, aber sie sollten sich damit nicht endlos beschäftigen. Mindestens genauso wichtig ist eine Untersuchung der Art und Weise, wie der Betroffene und die Begleiter mit dem Problemverhalten umgehen. Denn das ist die wichtigste Ursachen für andauerndes Problemverhalten.

Schädliche Folgen

Die Folgen des Problemverhaltens sind in starkem Maße von dessen Form abhängig. Die Folgen heftiger Zwangs- oder Panikreaktionen sind anders und schwerwiegender als die Folgen funktionalen Problemverhaltens oder gar von Hintergrundverhalten.

Bei der Untersuchung der Folgen des Problemverhaltens kann man die direkten Folgen, die sich im selben Moment oder unmittelbar danach bemerkbar machen, von Folgen unterscheiden, die sich über längere Zeit auswirken. Beide, die direkten Folgen und die mit Langzeitwirkung, sind darüber hinaus von der Art des Problemverhaltens abhängig (vgl. S. 63). Je intensiver es ist, desto schädigender sind die direkten Folgen. Katastrophale Folgen können bei allen Abstufungen problematischen Verhaltens auftreten.

Im Folgenden werden die schädigenden Folgen von Problemverhalten von größerer bis zu geringerer Intensität besprochen.

1. Problemverhalten kombiniert mit Panik und Kontrollverlust.
   a) Direkte Folgen:
   Die physische Sicherheit der betreffenden Person wie die der Menschen in seiner Umgebung ist gefährdet; ungebremste Bewegungen führen zu physischen Schäden. Jeder empfindet Schmerz oder fühlt sich bedroht.
   b) Schädigende Folgen auf längere Sicht:
   Nach einem Kontrollverlust oder einer Bedrohung bleibt das Erleben von Angst übrig. Die Angst der betreuten Person und die Angst der übrigen Anwesenden, die in der bedrohlichen Situation erlebt haben, dass sie nichts anderes tun können, als ängstlich wegzulaufen oder sich unbeherrscht auf den Betroffenen zu stürzen.
   Wenn erneut eine solche Situation, eine solche Handlung oder Aktivität droht, schleicht sich sofort die Angst ein. Der Spannungsballon füllt sich jetzt schneller, denn wer einmal eine derart unkontrollierte Reaktion erlebt hat, fühlt sich unsicher und hat Angst, es könne wieder passieren.
   Die Folgen dieser Panikreaktion sind Schmerz, Schamgefühl und Schuld. Diese wiederum sind kurzfristig wirksame Quellen für ansteigende Spannung, ebenso wie Gefühle von Versagen und Unsicherheit langfristig wirksame sind. Wer einmal die Kontrolle über sich selbst verloren hat, ist unsicher, ob er sich beim nächsten Mal kontrollieren kann. Unsicherheit und Angst führen dazu, dass die Spannung wächst.

Ansteckung

Die Unsicherheit bezieht sich nicht nur auf Umstände des letzten Mals, als alles schief ging. Die Unsicherheit erstreckt sich auch auf ähnliche Umstände, steckt sozusagen andere Bereiche des Agierens einer Person an. Führt das dazu, dass unter ähnlichen Umständen wieder ein Kontrollverlust erlitten wird, gerät die betreute Person mit der Zeit in einen Zustand, in der jede Bewegung und jeder Gedanke von der Angst bestimmt ist, dass es jeden Moment wieder geschehen könnte. Andere Personen können auf ähnliche Art angesteckt werden. Finden sie keinen Ausweg, wächst auch bei ihnen der Widerstand gegen einen weiteren Umgang mit dem Betroffenen. Schließlich führt allein die Nennung seines Namens dazu, dass Widerstand entsteht.

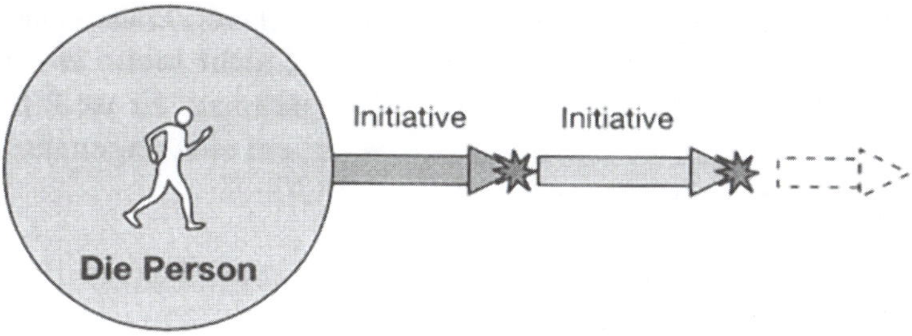

Schema 17: Problemverhalten, das zu einem Handlungsabbruch führt.

2. Problemverhalten mit zwanghaftem Charakter.
   a) Direkte Folgen sind Gefühle, die sich aus Störungen, wie etwa Irritation oder Spannungen, ergeben. Möglicherweise ist es zu körperlichen Verletzungen oder zur Zerstörung geliebter Gegenstände gekommen.
   b) Wenn man sich selbst nicht kontrollieren kann, führt das langfristig zu einem Gefühl von Ohnmacht und Selbstentfremdung.
3. Problemverhalten mit funktionalem Charakter.
   a) Direkte Folgen sind Irritationen, die aus dem Unerwünschtsein des Verhaltens resultieren. Die Umwelt reagiert negativ, weicht der betreffenden Person aus, bestraft sie. Auch dabei können Gegenstände, die der Betroffene liebt, zerbrechen.
   b) Auf längere Sicht gibt es verschiedene Folgen:
   Wachsende Unsicherheit, weil Beschäftigungen, Kontakte und Situationen abgebrochen wurden, ohne dass sie wiederhergestellt werden können.
   Die betroffene Person entwickelt keine konstruktiven Möglichkeiten, um der Funktion des Problemverhaltens eine andere Form zu geben. Beispielsweise um Kontakte zu knüpfen, Schwierigkeiten zu ertragen, Klarheiten herzustellen, für andere interessant zu bleiben, Bedürfnisbefriedigung zu verschieben.
4. Problemverhalten mit geringer Intensität.
   a) Der direkte Schaden ist meist nicht sehr groß und fehlt manchmal völlig. Die Intensität des Verhaltens ist meist gering, aber es wird öfter wiederholt. Die Person kann damit eine Leere füllen oder bedrohliche Gefühle und Gedanken unterdrücken.

b) Langzeitschäden können sich aus einer immer stärker werdenden Selbstbezogenheit ergeben. Der betroffene Mensch schließt sich immer mehr von seiner Umwelt ab. In den Momenten, in denen von ihm Initiative erwartet wird, ist der Übergang besonders schwer. Dadurch steigt seine Anspannung. Auf längere Sicht ist er dann nicht mehr in der Lage, in seiner Freizeit etwas Erfreuliches zu unternehmen. Er weiß nicht mehr, wie er seine ‚freie' Zeit, d.h. die leere Zeit, auf eine angenehme Art und Weise füllen könnte.

Die Spirale

Problemverhalten hat auf allen Ebenen Folgen, die auf längere oder kürzere Sicht für eine Anhäufung von Spannung sorgen und somit den Ballon immer weiter anfüllen. So tragen die Folgen kontinuierlich dazu bei, dass die Wahrscheinlichkeit für ein Problemverhalten zunimmt oder dass alle Kraft benötigt wird, das Problemverhalten zu vermeiden.

Es entsteht ein Zirkel von Ursache und Folge, die wiederum den Anlass für noch schwerwiegendere Folgen bilden. Der Zirkel wird zu einer Spirale, die sich in immer kleineren Kreisen immer schneller dreht. Im Zentrum dieser Spirale befindet sich das Problemverhalten. Das ist es, was immer übrig bleibt.

Die Drehung der Spirale beschleunigt sich, weil sowohl der Betroffene als auch seine Betreuer, ständig mit dem Problemverhalten beschäftigt sind. Sie handeln entsprechend dieser Gefahr, sie denken darüber nach, sie sprechen darüber und erwarten dauernd seinen Ausbruch.

Die Fixierung auf das Problemverhalten ist sehr verständlich: Natürlich sind die Betreuer mit betroffen. Sie machen sich Sorgen um die Gesundheit und das Wohlbefinden der Person, für die sie verantwortlich sind. Aber sie haben auch Angst, weil sie mit dem Problemverhalten nicht richtig umgehen können.

Schließlich führt die Situation zu einer Verengung der Art und Weise, wie der betreffende Menschen gesehen wird und wie man über ihn denkt. Letzten Endes ist er nur noch der Lieferant des Problemverhaltens. Alle Wege zu einem anderen Denkansatz sind versperrt, die Bereitschaft, andere Möglichkeiten zu suchen oder zu prüfen, ist nicht mehr vorhanden. So verringert sich die Wahrscheinlichkeit, dass die Betreuer noch etwas anderes von der Person erfahren als das Problemverhalten. Im schlimmsten Fall nimmt die Situation die Form einer kollektiven Obsession an.

In einer Situation wie der oben skizzierten ist es sinnlos, nach ‚Ursachen' zu suchen. Alle Personen, alle Umstände, alle Faktoren haben ununterbrochen einen negativen Einfluss aufeinander. Einen Knopf, den man drehen könnte, damit alles wieder vorbei ist, gibt es nicht. Es bleibt nichts anderes übrig als eine Neubewertung, die sich auf das gesamte soziale System erstreckt und innerhalb dieses Systems auf das Agieren aller Personen. (Vgl. Anhang, S. 199)

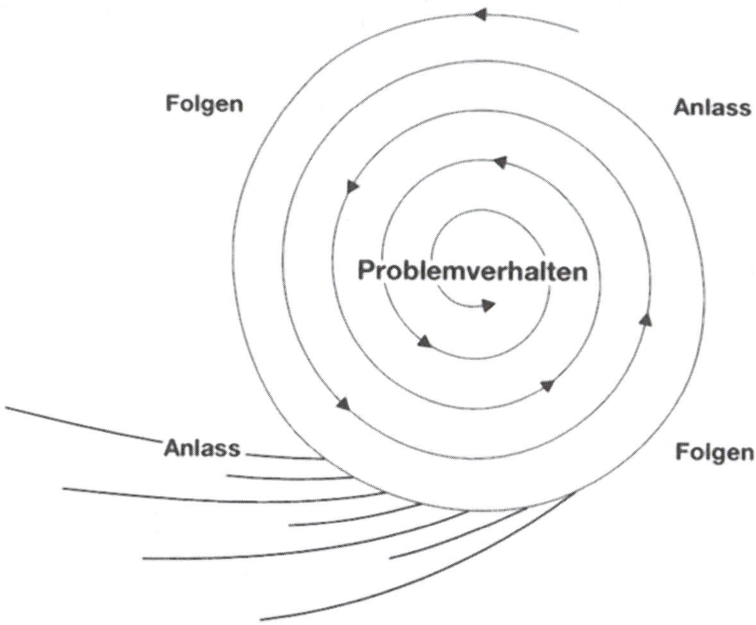

Schema 18: Die Spirale. Folgen als Mitverursacher des Problemverhaltens

Nicht nur der Mensch mit einer Behinderung ist in der Spirale gefangen, sondern das soziale Netzwerk, indem er sich befindet: seine Eltern, seine Geschwister, seine Mitbewohner, seine Betreuer. Deshalb sollte nicht nur er analysiert und betrachtet werden, man muss seine Umgebung mit einbeziehen.

Teil II
Neue Wege

8. Einleitung

Es konnte gezeigt werden, dass Verhaltensprobleme und psychische Probleme nicht nur das Leben des Menschen in der festgefahrenen Situation selbst betreffen, sondern das ganze soziale System, zu dem sie gehören. Die Beziehungen zwischen den Erziehern, zwischen den Eltern und dem Kind, zwischen Brüdern und Schwestern und zwischen Hausbewohnern geraten unter starken Druck. Will man den Problemen grundlegend beikommen, dann geht das nur, wenn auch die Personen des sozialen Systems auf die eine oder andere Weise in die Behandlung einbezogen werden.

Menschen, die täglich mit verhaltensauffälligen Personen zu tun haben, zum Beispiel Eltern oder andere Erzieher, werden bei dem Versuch, eine günstige Entwicklung in Gang zu bringen, eine aktive Rolle spielen. Aber auch andere, mit denen die betreffende Person eng verbunden ist, auch wenn sie sie nicht täglich sieht, müssen zumindest die Gelegenheit bekommen, Erfahrungen und Informationen einzubringen: so zum Beispiel die Eltern und die Geschwister, wenn der Betroffene in einer Einrichtung lebt.

Soziale Systeme und Verhaltensmuster bleiben nämlich bestehen, auch wenn die Personen sich nicht täglich sehen. Werden Kinder wegen ihrer Verhaltensprobleme anderweitig untergebracht, scheint die Einbeziehung der Familienmitglieder in die Behandlung auf den ersten Blick keine direkte Funktion zu haben. Aber sie sind mit dem betroffenen Kind verbunden, und diese Verbundenheit bleibt lebenslang bestehen. Bezieht man die Familie in die Behandlung ein, werden sie auf eine sehr viel befriedigendere Art und Weise mit ihrem behinderten Familienmitglied umgehen können. Das kommt ihrer Beziehung und damit auch dem Leben des behinderten Menschen zugute.

Beim Aufstellen eines Behandlungsplans steht der Mensch mit geistiger Behinderung, dessen Verhalten Anlass für die festgefahrene Situation war, im Zentrum. Die Formen, die das Problemverhalten aufweist, können stark variieren. Ziel des Behandlungsplans ist es aber nicht, ihn auf die Art des Problemverhaltens abzustimmen.

Zwischen Menschen mit festgefahrenen Verhaltensweisen bestehen sehr viele Übereinstimmungen, auch wenn sie sich in der Form ihrer Reaktionen unterscheiden. Diese Parallelen wurden im vorhergehendem Teil ausführlich behandelt. Zur Übersicht werden sie noch einmal in Kürze wiederholt:

Es handelt sich um unsichere und ängstliche Menschen, die äußerst verletzbar sind, sehr sensibel für sinnlich wahrnehmbare Informationen. Sie können leicht aus dem Gleichgewicht gebracht werden. Ihre Stimmungen, besonders wenn sie heftig sind, schlagen schnell von positiv in negativ um.

Die Menschen, um die es uns hier geht, kennen nur relativ wenige Momente der Entspannung und der Freude, unabhängig davon, ob sie allein oder mit anderen zusammen sind. Es fehlt ihnen das Vertrauen in andere Menschen, und es kostet sie sehr viel Zeit und Mühe, ein solches Vertrauen aufzubauen. Sie sind zwar sehr von anderen abhängig, aber nicht auf die Art, dass sie diese Abhängigkeit als sichere Basis benutzen, von der aus sie die Welt erkunden und ihre eigenen Möglichkeiten ausprobieren, auf die sie in Notfällen zurückkommen können. Ihre Abhängigkeit ist von Unsicherheit geprägt: Sie brauchen andere, die für sie sorgen. Ohne die können sie keinen Schritt tun. Es sind Menschen, die von Angst erfüllt sind: Sie fürchten sich vor sich selbst, fürchten sich, die Kontrolle über ihr eigenes Handeln zu verlieren, über ihre eigenen Stimmungen. Sie fürchten sich vor anderen. Sie fürchten sich vor neuen Situationen.

Sie haben eine außergewöhnlich geringe Erwartung an ihr eigenes Können. Wenn sie so etwas wie ein ‚Ich-Gefühl' entwickelt haben, so haben sie ein negatives Selbstbild. Das hält sie in einem kleinen Kreis gefangen, in dem sie sich nur um sich selber drehen. Sie haben zwar die Fähigkeit, Initiativen zu ergreifen, tun das aber immer weniger. Es scheint, dass ihnen der Mut fehlt, die Dinge, die sie können, auch zu tun. Dieser Mangel an Mut ist am deutlichsten zu erkennen, wenn der Mensch mit einer Behinderung etwas Neues beginnen soll oder wenn sich seine Position verändert. Es handelt sich um Menschen, die mit offenen Augen nicht sehen, die hören, ohne zuzuhören, die berühren, ohne zu begreifen, und die gehen, ohne die Füße zu heben.

Es geht also, zusammengefasst, um Personen, deren gesamtes Verhalten beeinträchtigt ist und die ihr ganzes Leben blockieren, weil Gefühle, Gedanken und Handlungen festgefahrene Muster aufweisen.

Behandlung

Unter einer Behandlung versteht man den systematischen Versuch, die ganze festgefahrene Entwicklung wieder in Gang zu bringen. Behandlung ist ein zeitabhängiger Eingriff. Sie kann einige Wochen oder einige Jahren andauern, und auch die Formen sind verschieden. Wie man die Entwicklung wieder in Gang bringt, hängt von der Schwere des Problems ab und von dem, was die Betreuer und Hausgenossen (noch) leisten können.

Auch das systematische Vorgehen bei dieser Arbeit ist nicht einheitlich. Bei der am wenigsten systematischen Behandlung arbeiten Erzieher und eventuelle Therapeuten lediglich mit einem ganz allgemein formulierten gemeinsamen Ansatz. Die Art des Vorgehens wird ab und zu besprochen, aber nicht sehr häufig und im Überblick. Bei der am stärksten systematischen Art des Vorgehens wird die Behandlung genau geplant. Die Ausgangspunkte werden schriftlich festgehalten, die Aktivitäten und Handlungen folgen einem genauen Plan. Die einzelnen Schritte werden systematisch geplant. Erzieher und Therapeuten arbeiten eng zusammen und besprechen regelmäßig die zuvor erstellten Kriterien und Regeln, die Behandlung und deren Resultate. Während der Zusammenkünfte widmen sie sich auch dem Verhalten der Personen, die den Plan ausführen.

Das Ziel

Eine Voraussetzung beim Erstellen eines Behandlungsplans ist Klarheit über die Richtung der gewünschten Veränderung. Wie weit man dabei kommt, ist anfänglich noch nicht genau festzulegen. Bei einem Menschen mit stark geschrumpfter Existenz kann es bereits eine Veränderung sein, wenn für ihn wieder ein normales Leben aufgebaut wird. Dabei sollte ihm die Möglichkeit offen gehalten werden, dass er nicht in derselben Wohnumgebung, am selben Arbeitsplatz und in derselben Freizeiteinrichtung wie vor der Krise bleiben muss. Ein wünschenswertes Ziel kann daher nicht sein, dass es „so wie früher" wird oder so, „wie es heute sein sollte". Zusammen mit dem Betroffenen wird versucht, ihm mehr eigenen Einfluss auf sein Problemverhalten zu verschaffen. Es aber ist nicht unbedingt das Ziel, das Problemverhalten aufzulösen. Es geht darum, die sich abwärts bewegende Spirale, in die der Betreute zusammen mit den anderen gelandet ist, aufzuhalten und die persönliche Entwicklung des Menschen, dessen Verhalten festgefahren ist, wieder in Gang zu bringen. Um dieses Ziel zu erreichen, ist es nicht unbedingt erforderlich, dass das Problemverhalten völlig verschwindet.

Das Problemverhalten lässt sich nicht immer vermeiden. Manchmal ist es einfach so da, und unter bestimmten Umständen kann es sogar eine erwünschte Reaktion sein. Zurückschlagen beispielsweise, wenn man bedroht wird. Oder erbrechen, wenn man mit Essen voll gestopft wird. Wir mögen eine bestimmte Reaktion vielleicht verrückt finden, doch sie kann, angesichts eines bestimmten Entwicklungsniveaus, einer bedrohlichen Situation sehr gut angepasst sein.

Unsere Sorge ist, dass das Problemverhalten die Person blockiert. Wird es zu einem dauerhaften Grund dafür, dass der Betroffene nicht mehr in die Schule oder in den Klub geht? Dass er überhaupt nicht mehr unter Leute geht, obwohl er es sonst, unter normalen Umständen, gern getan hat?

Ziel der Behandlung ist es, dass sowohl die betreffende Person als auch die Betreuer mit dem Problemverhalten umgehen lernen und es akzeptieren, sodass der psychische, physische und materielle Schaden so gering wie möglich gehalten wird.

Der Weg

Die Behandlung wird als Veränderungsprozess eines sozialen Systems gesehen, eines Systems von Menschen, die längere Zeit miteinander wohnen und leben. Ein solcher Veränderungsprozess hat die größten Aussichten auf Erfolg, wenn einige der gemeinsamen Schritte (wieder) aufgedeckt werden. Als Erstes muss man den Betreuten neu kennenlernen, auch wenn man ihn seit Jahren kennt, über ihn spricht und schreibt. Auch wenn das widersprüchlich klingen mag. Wer ist er? Was interessiert ihn? Was berührt ihn? Kennen die Betreuer seinen Geschmack? Das sind nur einige der Fragen, die auftauchen, wenn man jemanden wirklich kennenlernen möchte. Ein Betreuer sollte sich auch fragen, welche Gefühle der Betreute bei ihm hervorruft. Und welchen Standpunkt hat der Betreuer? Welche Stärke und Farbe hat seine ‚Brille', durch die er den Menschen beobachtet? Eine Veränderung der Sichtweise auf den Betroffenen und den Betreuer selbst bringt oft schon eine Erweiterung des Blickfeldes und einen Ansatz für eine andere Wahrnehmung des Problems. Das Problemverhalten wird vor dem Hintergrund des gesamten Verhaltens einer Person betrachtet. Aggression, Selbstverstümmelung, Stehlen, Weglaufen, Essensverweigerung das alles ist, für sich gesehen, noch kein Problemverhalten. Angesichts des Entwicklungsniveaus eines Menschen können es auch nachvollziehbare Reaktionen auf bestimmte Umstände sein, zum Beispiel auf Bedrohung, Langeweile oder Unverständnis.

Nach dieser ersten Phase wird eine vorläufige Erklärung der Problematik formuliert, die wir in der Folge überprüfen. Diese Untersuchung kann erst stattfinden, wenn sich die Betreuer ausreichend Zeit verschaffen und die nötige Übung erreicht haben, um ihre Haltung und Fähigkeiten zu verändern und in den Griff zu bekommen. Die Basis für eine weiterführende Differenzierung der ersten Erklärung des Problemverhaltens sind geprüfte Erfahrungen.

Wo und wie?

Wenn es sich irgend ermöglichen lässt, sollte die Behandlung in der alltäglichen Situation durchgeführt werden: zu Hause, in der Wohngemeinschaft, in der Schulklasse, in der Aktivitätengruppe, im Spielzimmer, im Schwimmbad oder im Gymnastiksaal. Die Behandlung wird von den Personen durchgeführt, die ohnehin mit dem behinderten Menschen zu tun haben: von den Eltern oder anderen nahen Familienangehörigen, von Gruppenleitern, Lehrern, Betreuern usw. Sollte es nötig sein, werden weitere Hilfskräfte hinzugezogen: Spieltherapeuten, Bewegungs- oder Physiotherapeuten, Ergotherapeuten, Logopäden.

Besondere Hilfe

Obwohl die Menschen, die täglich mit dem behinderten Menschen zu tun haben (Eltern, Betreuer, Lehrer), viel erreichen können, wenn sie selbst betreut und unterstützt werden, bedarf es in manchen Fällen einer zusätzlichen Hilfe, um jemanden aus der Sackgasse zu führen und seine Entwicklung wieder in Gang zu bringen.

Das kann ein Außenstehender sein, der eine andere Sichtweise einbringt, der einen neuen Blickwinkel findet. Aber auch jemand, der die schon bekannten Einsichten in ein neues Gewand kleidet. Oder jemand, der zusammen mit den Betreuern mit neuen Möglichkeiten experimentiert. Es geht um die Hilfe eines Außenstehenden, der mitbetrachtet und mitdenkt. Die Hilfe ist besonders wertvoll, wenn die Betreuer schon eine ganze Weile immer in derselben Richtung nachgedacht und sich immer mit den gleichen Argumenten rumgeschlagen haben. Problematisch an einer festgefahrenen Situation ist gerade, dass man sich nicht mehr vorstellen kann, einen Sachverhalt auch anders sehen zu können. Schließlich hat man schon alles nachgeprüft und untersucht. Einem Außenstehenden könnte die Rolle zufallen, die Ideen, die gemeinsam entwickelt wurden, in die alltägliche Praxis umzusetzen. Bei den beabsichtigten Veränderungen geht es nicht nur darum, Abmachungen einzuhalten, es handelt sich vielmehr um das Verändern von Gewohnheiten und Verhaltensmustern, die sich im Laufe einiger Jahre herausgebildet haben. Die Erwartung, dass sich Gewohnheiten oder Verhaltensmuster nur auf Grund eines anderen Bildes, einer anderen Idee oder Einsicht verändern, ist nicht sehr realistisch. Die gewünschte Haltung wird mittels zielgerichteter Übungen erworben, oft durch kleine persönliche Schritte.

Wenn es darum geht, Verhaltens- und Handlungsfreiräume des Menschen mit geistiger Behinderung wieder in Gang zu bringen, kann bestimmten Personen eine besondere Rolle zufallen.

Es kann gute Auswirkungen zeigen, wenn außerhalb der normalen Situation, in einer weniger belasteten und bedrohlichen Umgebung, andere Möglichkeiten ausprobiert und neue Verhaltensweisen entwickelt werden. Damit wird eine Art Testsituation geschaffen, in der neue Äußerungsmöglichkeiten für das tägliche Leben erprobt werden können. Manchmal geschieht das im Gruppenverband, manchmal individuell.

In diesen Situationen kann der Betroffene vorsichtig versuchen, wieder zu gehen, sich auszudrücken, zu schwimmen, zu singen. Er kann üben, seine Hände wieder frei zu gebrauchen. Ist er in seiner Persönlichkeitsentwicklung schon weiter, kann er mit seinem Therapeuten innerhalb dieser ‚besonderen' Situation üben, seine Gedanken zu ordnen und darüber zu sprechen, wie er sich selbst sieht. Der Gedanke „Das gelingt mir nie!“, der ihn bis dahin gelähmt hat, kann sich dann verändern: „Manchmal gelingt es mir aber auch!“

Diese besondere Hilfe kann variieren. Es kann eine entspannte Einladung sein, Kontakte auf die eigene Art und Weise und im eigenen Tempo zu knüpfen. Es kann auch das zielgerichtete Üben neuer Fertigkeiten auf dem Gebiet der Kommunikation, dem Spiel, der Freizeit, der Arbeit oder der Geschicklichkeit sein. Manchmal wird der Therapeut die Entspannung wählen, manchmal das Üben. Es hängt davon ab, wie die behinderte Person den bisherigen Teil des Tages oder der Woche verbracht hat. Ist sie schon den ganzen Tag auf Zehenspitzen gegangen, musste sie schon alles Mögliche leisten, bedarf sie einer Entspannung. Tut sie aber nichts anderes, als sich in eine Ecke zurückzuziehen, weit weg von der bösen und bedrohlichen Außenwelt, sollte die Entspannung mit Formen des Kontaktes kombiniert werden. So kann die Person erfahren, dass sie etwas kann, ohne dass sie dabei von anderen oder von sich selbst bedroht wird.

Die besondere Hilfe, die Therapie, ist ein integrierter Teil des Behandlungsplanes. Der Therapeut arbeitet selbstverständlich mit den anderen Betreuern des behinderten Kindes oder des Erwachsenen zusammen.

Behandlungsplan

Der Behandlungsplan wird in enger Zusammenarbeit von allen Beteiligten, die täglich mit dem behinderten Menschen zu tun haben, erstellt, mit dem Psychologen/Pädagogen und selbstverständlich auch mit dem behandelnden Arzt, der seine Kenntnis von biologisch/körperlichen Einflüssen einbringen kann.

Die vier Teile des Behandlungsplans

Der Behandlungsplan umfasst vier Bereiche. In manchen Phasen liegt der Akzent mehr auf dem einen Bereich, dann wieder mehr auf einem anderen.

1. Alle Beteiligten versuchen, mit dem Problemverhalten so umzugehen, dass der Betreute selbst Einfluss darauf ausüben kann, dass er in der Folge ein Ersatzverhalten entwickeln kann. Man hilft ihm, seine Fähigkeit, mit seinem Problemverhalten umzugehen, weiterzuentwickeln.
2. Man lässt ihn erleben, dass er wieder selbst sehen, hören, fühlen, riechen und sich bewegen kann. Er gewinnt die Erfahrung, dass er wieder selbst Einfluss auf seine Umgebung ausüben kann.
3. Das alles kann nur erfolgen, wenn der Betroffene Vertrauen in andere Menschen gewinnt. Daran muss gearbeitet werden. Es soll ihm die Chance geboten werden, eine sichere Abhängigkeit zu entwickeln.
4. Neben der Wiederherstellung eines primären Rhythmus wie Wachse in und Schlaf wird nach einer rhythmischen Abwechslung von Spannung und Entspannung gesucht. Das Aufpassen und Akzeptieren im Anschluss an unterschiedliche Erlebnisse ist ein wichtiger Teil des Umgangs mit

der Person. Bei starken Gefühlserregungen wie Bosheit, Trauer, Entzücken und Freude wird ihr geholfen, diesen Gefühlen Ausdruck zu verleihen.

Es wurde bereits aufgezeigt, dass die Behandlung das gesamte Verhalten einer Person einbezieht. Die Absicht ist nicht, sich auf einen einzigen Aspekt zu konzentrieren. Es geht nicht allein darum, mit dem Problemverhalten umgehen zu können oder eine emotionale oder psychische Problematik zu beeinflussen, es geht auch nicht nur um die Veränderung der Beziehungsstörungen.

Indem man einen Behandlungsplan aufstellt, wird man gezwungen, alle oben genannten Bereiche Schritt für Schritt durchzuarbeiten. Konzentriert man sich auf einen einzigen Bereich, schafft man es nicht. Denn, während der eine Aspekt behandelt wird, verschlechtert sich die Situation in einem der anderen Bereiche. Es ist dann, als müsse man gegen den Strom schwimmen.

Wer anderen Menschen nicht vertraut, wird keine emotionale Stabilität bekommen. Wer nicht lernt, mit seinem eigenen Verhalten umzugehen, wird allzu abhängig von anderen sein und keinen Einfluss auf seine Umgebung gewinnen. Im folgenden Kapitel werden alle vier Bereiche im Einzelnen behandelt.

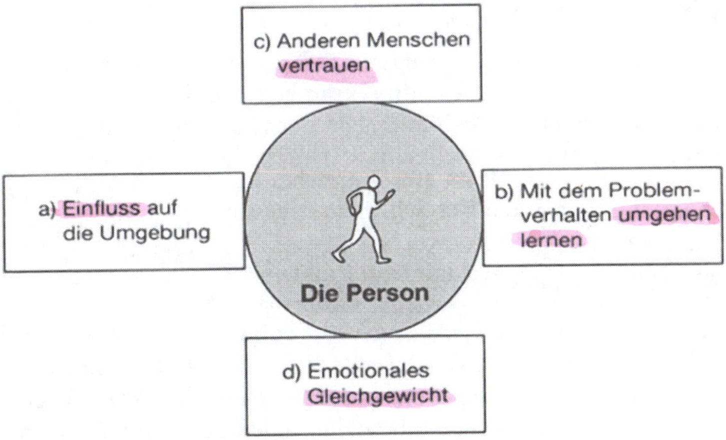

Schema 19: Die vier Teile

Menschenwerk

Kern der Behandlung ist, dass die Betreuer ihre Art des Handelns und Reagierens auf das Verhalten des Betreuten abstimmen. Das können sie nur, wenn sie sehr genau wissen, wie er agiert und wie er reagiert. Wie er Informationen, die auf ihn zukommen, verarbeitet und wie er sich orientiert.

Es ist aber nicht nur von Bedeutung, zu sehen und zu wissen, wie der andere reagiert. Untrennbar damit verbunden sind die eigene Sichtweise und die Kenntnis über das eigene Agieren und Reagieren. Was löst der Mensch mit festgefahrenen Verhaltensweisen bei den Betreuern aus, ohne dass sie sich dessen bewusst sind? Was man im täglichen Umgang miteinander bewusst wahrnimmt, ist nur die Spitze eines Eisberges: Das meiste spielt sich unter der Oberfläche ab. Gelingt es, ein wenig unter die Wasseroberfläche zu schauen, zeigen sich in der Körpersprache und anderen Aspekten menschlicher Kommunikation erstaunlich viele Informationen. Mit etwas Wissen und mit zielgerichtetem Üben kann das bewirken, dass der Betreute sich nicht ständig verteidigen muss. Er bietet seinen Betreuern zudem Anhaltspunkte, wie er sich sonst verteidigt und wie er sich vor seinem Problemverhalten zu schützen versucht. Er kann lernen, mit seinen Problemen umzugehen, ohne den Schwierigkeiten stets auszuweichen. Alle Beteiligten können erleben, wie auch nach heftigen Reaktionen der Faden der Zusammenarbeit wieder aufgenommen wird.

Die Betreuer entdecken, wo die Interessen des Betroffenen wirklich liegen, und sie erkennen zunehmend häufiger in kleinen Verhaltensweisen seine Versuche, sich zu beteiligen. Er erfährt, dass ihm immer öfter etwas gelingt. Die Beschäftigungen des heutigen Tages werden nicht automatisch am gestrigen gemessen. So bekommt der Mensch mit festgefahrenen Verhaltensweisen wieder das Gefühl, dass er etwas kann, auch wenn es ihm gerade nicht besonders gut geht.

Seine Betreuer lernen, seine Erregung differenziert wahrzunehmen: ob er aufmerksam ist oder ob seine Aufmerksamkeit nachlässt, ob er interessiert ist oder ermattet, ob er wirklich mitmacht oder nur folgsam wie ein Roboter den Instruktionen anderer nachkommt. Durch ihre Reaktionen zeigen sie ihm, dass er auf seine eigene Art er selbst sein darf. Damit kann er häufiger Beziehungen zu anderen wahrnehmen, die nicht von Mitleid, Angst oder Überbesorgtheit geprägt sind. Der persönliche Freiraum beider, des behinderten Menschen und des Betreuers, wächst.

Die Betreuer können dem Betroffenen erst helfen, emotionale Stabilität zu entwickeln, wenn sie genau wissen, wie lange er sich konzentrieren kann, wie und wann er sich entspannt, welchen Rhythmus von Wachen und Schlafen er hat. Dem Menschen mit herausforderndem Verhalten wird deutlich, dass die Folgen seines Verhaltens nicht als Bosheit oder Gereiztheit interpretiert werden. Auch ein Fehlschlag führt nicht zur Ablehnung. Andere Menschen können ihn noch immer leiden, auch wenn es einmal drunter und drüber gegangen ist.

Eine Vertrauensbindung können die Betreuer erst dann aufbauen, wenn sie herausgefunden haben, auf welche Art und Weise er Sicherheit bei Menschen, die ihm wichtig sind, sucht. Ein Betreuer sollte auch nie vergessen, dass er auch nur einer der vielen ist, mit denen der Betroffene schon zu tun hatte und von denen er meist enttäuscht wurde.

Dadurch, dass an allen genannten Punkten gleichzeitig gearbeitet wird, können die Betreuer Bedingungen schaffen, damit der Mensch mit festgefahrenen Verhaltensweisen wieder in einer positiven Art und Weise mit seiner Umgebung umgehen kann. Er sammelt positive Erfahrungen, und damit setzt sich ein Prozess in Gang, in dessen Verlauf er lernt, sich selbst und seine Umgebung besser in den Griff zu bekommen und Vertrauen zu anderen zu gewinnen.

Es sieht einfach aus, ist es aber nicht

Die oben formulierten Ausgangspunkte hören sich ziemlich einfach an, so als könne man sich sofort an die Arbeit machen. Manchmal kann man das auch. Aber das Einfache der Ausgangspunkte steht oft in keinem Verhältnis zur Komplexität in der Wirklichkeit. Wer mit der Betreuung einer Person mit festgefahrenen Verhaltensmustern gemäß der genannten Ausgangspunkte beginnt, muss sich auf einiges gefasst machen. Das Durchhaltevermögen wird einer harten Prüfung unterzogen. An die täglichen Betreuer werden hohe Erwartungen gestellt: an die Eltern, an die Kollegen. Jeder Einzelne, zum Beispiel Geschwister oder Hausgenossen, sollte einbezogen werden. In den meisten Fällen ist das alles andere als einfach, obwohl manchmal scheinbar unlösbare Probleme überraschend einfach gelöst werden können.

9. Vertrauen zu anderen Menschen erwerben (1): Zugang und Erwartung

Die Qualität der Erzieher

Eltern, Betreuer und andere Erzieher spielen bei der ‚Behandlung' eine bedeutsame Rolle. Es ist wichtig, dass jeder von ihnen sich seiner Handlungen und deren Folgen bewusst ist. Jeder sollte sich eine eigene Sicht- und Reaktionsweise angewöhnt haben, die zur Gesundung der Person mit festgefahrenem Verhalten beiträgt. Die Kunst besteht darin, dass alle gemeinsam eine Atmosphäre schaffen, in der sowohl der behinderte Mensch als auch seine Erzieher und Betreuer zu ihrem Recht kommen. Das bedeutet, dass man einander den Erfolg nicht streitig machen soll. Es darf auch keine heimliche Schadenfreude aufkommen, wenn bei dem anderen etwas nicht klappt, das man selbst hinkriegt.

Der Betroffene ist ein verletzbarer Mensch und von anderen, die für ihn wichtig sind, abhängig. Ein guter Erzieher ist jemand, dem er vertrauen kann, mit dem zusammen er etwas erleben kann, mit dem er sich nicht zu ängstigen braucht, bei dem er zur Ruhe kommen kann und das Gefühl hat, ‚jemand' zu sein.

Die Beziehung zwischen ihm und seinen Betreuern beruht auf Abhängigkeit. Aber von welcher Qualität ist diese Abhängigkeitsbeziehung? Nimmt er die Menschen, die für ihn wichtig sind, völlig in Beschlag? Oder meidet er sie? In beiden Fällen fühlt er sich offenbar nicht sicher. Bieten die Betreuer ihm beispielsweise die Möglichkeit, einen Einkaufsbummel zu machen, auf Abenteuer auszugehen? Und kann er danach wieder zu ihnen zurückkommen, sich erholen, wieder auftanken?

Ist sein Betreuer jemand, an den er sich ständig klammert? Oder ist es jemand, der ihm Halt bietet, sodass er Schritt für Schritt lernt, auf eigenen Füßen zu stehen? Im ersten Fall spricht man von einer ‚unsicheren' Abhängigkeit. In solchen Beziehungen ist die Wahrscheinlichkeit groß, dass sich jemand hilfsbedürftiger darstellt, als nötig wäre. Es kann auch sein, dass er dann so tut, als wäre er geschickter, als er in Wirklichkeit ist, und sich weigert, Hilfe zu akzeptieren.

Auf dem eigenen emotionalen Niveau ansprechen

Wie kann man nun als Betreuer eine Beziehung so gestalten, dass der Mensch mit festgefahrenem Verhalten innerhalb der Abhängigkeit genug Selbstvertrauen aufbauen kann, um das Ruder nach einiger Zeit wieder stärker in die eigene Hand zu nehmen? Eine wichtige Vorbedingung dabei ist, dass der Betroffene im täglichen Umgang auf seinem eigenen sozialen bzw. emotionalen Entwicklungsniveau angesprochen wird. Dieses Entwicklungsniveau entspricht in etwa der Stärke des entwickelten ‚Ich' oder ‚Selbst'. Dies wird hier betont, weil gerade bei solchen verletzbaren Menschen die Entwicklung eines ‚Selbst' nicht immer mit dem allgemeinen oder intellektuellen Entwicklungsniveau zusammenfällt.

Wenn das beachtet wird, kann der Betreuer angemessen kommunizieren. Die Gruppe der betroffenen Menschen verfügt oft nicht über technische Fertigkeiten zur Kommunikation, die dem Ausmaß ihres tatsächlichen Ausdrucksbedürfnisses entsprechen. Auch bei Menschen, die sprechen oder gestikulieren können, lässt sich oft feststellen, dass ihre Körpersprache im Widerspruch zu ihren Worten steht.

In der Regel sind wir uns unseres Sprechens und unserer Gebärden bewusst, von den Äußerungen der Körpersprache wissen wir aber meist sehr wenig.

Sicherheit

Die Qualität einer Beziehung zum Betreuer hängt für den Menschen mit herausforderndem Verhalten vor allem von der Frage ab, ob er bei ihm Sicherheit finden kann. Bei der Beantwortung dieser Frage lässt er sich nicht so leicht zufrieden stellen. Junge Menschen und Personen mit einem geringeren Entwicklungsniveau sind eher bereit, auf die Sicherheit zu vertrauen, als ältere Menschen oder Personen mit einem höheren Entwicklungsniveau. Bevor er seinem Betreuer, dem er sich letztlich anvertrauen möchte, ein ‚Sicherheits-Zeugnis' ausstellt, wird er ihn jedenfalls auf eine harte Probe stellen.

Garantieren

Das Sicherheitsgefühl gründet sich nicht nur auf die Erfahrungen in der Gefahrenzone des Problemverhaltens, dort, wo man sich selbst und anderen den größten Schaden zufügen kann. Im Bereich des normalen, alltäglichen Lebens gibt es genug Möglichkeiten für Betreuer oder Erzieher, den unsicheren und leicht verängstigten Personen Vertrauenswürdigkeit eindeutig zu signalisieren.

Diese Signale werden gesetzt, indem beispielsweise wichtige Dinge garantiert werden. Etwa:

Der Betreute kann davon ausgehen, dass er das Spielzeug, das er mit sich trägt, nach dem Essen wiederbekommt; er kann sich darauf verlassen, dass man, wenn man von ihm weggeht, um etwas zu holen, auch wieder zurückkommt; wenn ein anderer an der Reihe ist zu erzählen, kann er sicher sein, seinerseits später wieder dranzukommen; sein fester Platz im Wohnzimmer kann nicht einfach von einer anderen Person besetzt werden; das Versprechen, gemeinsam einkaufen zu gehen, wird auch tatsächlich eingehalten.

An diesen Beispielen wird klar, dass die Betreuer einerseits für ihn sorgen und ihn beschützen, dass sie andererseits aber nicht ständig für ihn parat stehen können.

Hausgenossen

Außer mit den Betreuern und den Erziehern hat der Betroffene auch mit den Menschen zu tun, mit denen er zusammenwohnt. Manchmal bieten Hausgenossen oder Geschwister viel Schutz: Sie bemuttern den Betreuten und lotsen ihn damit durch den Irrgarten des Alltags.

Hausgenossen sind sehr wichtig für ihn. Wichtig im positiven wie im negativen Sinn. Wenn der Betreute vor den Menschen, mit denen er zusammenwohnt, ständig auf der Hut sein muss, haben sie einen negativen Einfluss auf ihn. Dann ist es manchmal schon eine große Erleichterung für ihn, wenn er in Ruhe gelassen wird. Sind die Interaktionen aber überwiegend positiv, können Hausgenossen einen wertvollen Beitrag zur Gesundung liefern. Die Wahrscheinlichkeit dafür ist am größten, wenn es gemeinsame Interessen und Bedürfnisse gibt und wenn der Festgefahrene auf seinem eigenen Niveau mit ihnen kommunizieren kann.

Die Qualität der Beziehung zwischen ihm und seinen Hausgenossen kann man aus den Positionen, die sie zueinander einnehmen, ablesen. Läuft einer dem anderen ständig nach oder hilft ihm, kann das bedeuten, dass es wenig persönlichen Freiraum innerhalb der Beziehung gibt. Wechseln diese Abhängigkeiten, ist die Beziehung besser.

Die Art, wie Menschen mit festgefahrenem Verhalten mit anderen zusammenarbeiten, entspricht oft nicht ihrem Entwicklungsniveau, da bei ihnen die sozial-emotionale Entwicklung hinter der geistigen Entwicklung zurückbleibt. Manchmal beschränkt sich die Zusammenarbeit darauf, dass jemand die Hausgenossen in seiner Nähe erträgt. Bei besserer Zusammenarbeit kann er positive Interaktionen eingehen und aufrecht halten.

Anpassung und der eigene Beitrag

Es ist notwendig, dass der vertraute Betreuer sich an den Menschen mit Problemverhalten anpasst, um ihm bei den ersten Schritten zur Gesundung zu helfen. Nicht auf eine statische Art und Weise, vielmehr auf eine dynamische. Das Ziel dieser Anpassung ist zweierlei: An erster Stelle geht es darum, die Anzahl schlechter Erfahrungen drastisch zu verringern und durch Erfahrungen, dass wieder etwas gelingt, zu ersetzen (vgl. S. 131 im folgenden Kapitel). Zweitens soll dem Betroffenen möglichst viel Schutz gegen sein Problemverhalten geboten werden, damit sich dessen Wahrscheinlichkeit deutlich verringert. Passiert es dennoch, führt das nicht zu allzu großem Schaden und lässt sich wieder in Ordnung bringen (vgl. Kapitel 12, S. 142 ff.). Flexible Anpassung kann nur von Menschen geboten werden, technische Hilfsmittel nützen nichts. Diese flexible Anpassung ist eine absolut notwendige Voraussetzung, um wieder zu einer persönlichen Sicherheit zu gelangen. Bei schwerwiegendem Problemverhalten mit lebensbedrohenden Folgen, etwa bei Selbstverletzung oder Aggression, werden manchmal zum Schutz und zur Vermeidung des Problemverhaltens technische Hilfsmittel wie Riemen, Schockapparaturen und dergleichen gebraucht. Der beschützende Wert solcher Mittel kann einen wohltuenden Einfluss auf die Person mit der Behinderung und ihre Betreuer haben. Außer der unmittelbaren persönlichen Ruhe entsteht wieder die Möglichkeit für einen normalen Kontakt und Aktivitäten. Ein Gefühl von Selbstkontrolle kann jedoch erst wieder wachsen, meist auf eine spielerische Art, wenn der Schutz durch Technik allmählich wieder durch menschlichen Schutz ersetzt wird (vgl. Kapitel 12, S. 142 ff.). Manchmal wird die Anpassung sehr weit gehen müssen, bevor der Mensch mit auffälligem Verhalten genügend Mut schöpft, um erste kleine Schritte selbst zu wagen. Der Betreuer passt sich nicht nur an, indem er bei den technischen Fertigkeiten der behinderten Person anknüpft. Er versucht auch, den Zugang zu deren Erleben und Interessen zu finden (vgl. „Zugang finden" in diesem Kapitel, S. 114 ff.). Manchmal geht die Anpassung des Betreuers so weit, dass es scheint, als habe er das Steuer völlig übernommen. Doch so ist es nicht. Es ist wichtig, dass immer genügend Freiraum für Beiträge des Menschen mit geistiger Behinderung übrig bleibt.

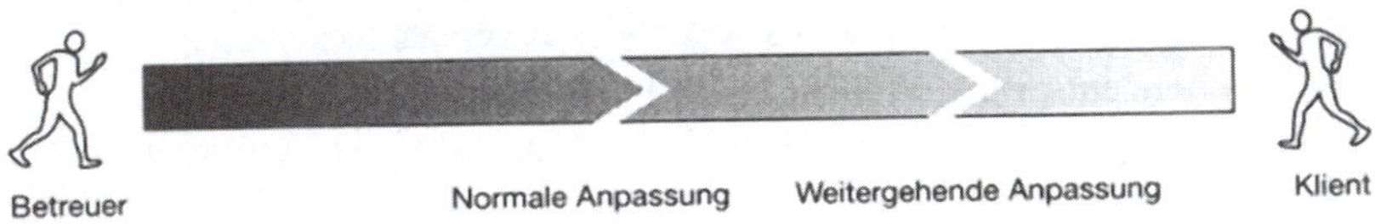

Schema 20: Die Anpassung des Betreuers an seinen Klienten

Ungeachtet der Anpassung verliert der Betreuer nicht aus den Augen, dass er sich vorgenommen hat, zusammen mit dem behinderten Menschen etwas zu tun. Sie werden es gemeinsam schaffen, trotz allem, was dazwischen kommt. In diesem ‚Gemeinsamen' steckt ein Teil der betreuten Person und ein Teil des Betreuers (vgl. Kapitel 15).

In dem Maße, wie sich der Pfeil weiter nach rechts verschiebt, passt sich der Betreuer stärker an seinen Klienten an.

Ein guter Betreuer (Elternteil, Gruppenleiter, Therapeut, Lehrer) lernt, sich den Beziehungswünschen, den Erklärungen, den Geschwindigkeiten, den Sprechweisen und den Entwicklungsniveaus seiner Klienten anzupassen. Er versucht, die Kontaktaufnahme, die Erklärung, die Geschwindigkeit und die Sprechweise des jeweiligen Klienten zu verstehen. Bei Menschen mit festgefahrenem Verhalten kommt jedoch noch etwas dazu. Die Anpassung muss notwendigerweise größer sein, als man angesichts ihrer geistigen Entwicklung erwarten sollte. Verletzbare Menschen können emotional viel weniger bewältigen, als technisch und verstandesmäßig möglich wäre. Darum muss der Betreuer sich ihnen in stärkerem Maße anpassen.

Doch wie weit ein Betreuer dabei auch geht, er wird sich darüber im Klaren sein müssen, dass das Ziel nicht darin besteht, dass er das Ruder völlig übernimmt. Oft ist es schwierig, sowohl für den Betreuer als auch für den Klienten, zu erkennen, ob es noch genug Freiraum für dessen Initiativen gibt. Um dafür zu sorgen, dass dieser Freiraum bestehen bleibt, muss sich der Betreuer selbst einen Spiegel vorhalten. Dabei helfen die direkten Kollegen oder Außenstehende. Man wird feststellen, dass ein jeder blinde Flecken entwickelt und nicht jede Möglichkeit nutzt. Andererseits wird man auch blind für das, was – spontan oder aus Gewohnheit – gut klappt. Man sollte vor allem darauf vertrauen, dass der betreute Mensch selbst in der Lage ist, einen Beitrag zur gemeinsamen Arbeit zu leisten.

> Wenn der Gruppenleiter hereinkommt, um Wanda zu helfen, stellt sie sich mit dem Gesicht zum Schrank und dreht ihm den Rücken zu. Auf dem Videoband, das von dieser Begegnung gemacht wurde, kann man den Betreuer zu Wanda sagen hören: „Es ist Zeit zum Anziehen." Sie reagiert darauf mit einer leichten Bewegung ihrer linken Schulter, vom Schrank weg und hin zu der Richtung, aus der er soeben gekommen ist. Der Betreuer sieht das nicht. Er bewegt sich so schnell, dass Wanda gar nicht mitkriegt, was geschieht, und klopft ihr auf die rechte Schulter und dreht sie nach rechts vom Schrank weg. Es ist für ihn unbegreiflich, warum sie sich in diesem Moment derart verspannt.

In diesem Beispiel würde Anpassen bedeuten, dass der Gruppenleiter die Schulterbewegung hätte bemerken müssen und dass er sich ihr von dieser Seite und in einem geringeren Tempo hätte nähern müssen. Freiraum lassen bedeutet, dass man auf das geringste Zeichen der Bereitschaft, beispielsweise auf eine Schulterbewegung, eingeht. Der behinderte Mensch merkt dann, dass der Betreuer seine Mitarbeit erwartet, weil er auf ein Zeichen seiner Bereitwilligkeit reagiert.

Die ganze Hand

Gerade unsichere, verängstigte Menschen neigen dazu, all ihre Handlungen und ihr ganzes Erleben ihrem Betreuer zu überlassen. Man reicht ihnen einen Finger, und sie nehmen die ganze Hand. Manchmal wiederum fallen sie ins andere Extrem und versuchen, die Herrschaft zu übernehmen, indem sie sich über die persönlichen Grenzen ihres Betreuers hinwegsetzen. Diesen Mechanismus kann man am besten steuern, wenn die Positionen der Beteiligten ständig klar bleiben.

Betreuer und behinderter Mensch arbeiten zusammen, aber der Betreuer hat die Führung. Er behält den Überblick über den Weg, den sie gemeinsam einschlagen, und über dessen Grenzen.

> Der Betreuer lässt sich so weit auf den Menschen mit Behinderung ein, dass der aus dem Bett kommen und sich ankleiden kann. Vor allem wenn es dem Betreuten nicht so gut geht, hilft der Betreuer, dass der allmählich die Dinge um ihn herum in den Griff bekommt.
> Wenn aber der behinderte Mensch die ganze Zeit meinte, gar nichts zu können, und ihm dann doch ein paar Mal etwas gelingt, ist die Gefahr groß, dass er übermütig wird. Ein vertrauter Betreuer sorgt dann dafür, dass er nicht über sein Ziel hinausschießt, damit ihm entmutigende Erfahrungen erspart bleiben.

Es ist noch etwas komplizierter, weil das notwendige Maß der Anpassung sich von einem Moment zum anderen verändern kann. An einem Tag ist der Mensch mit geistiger Behinderung an sehr vielem gewachsen und brauchte Freiraum, den er erobern konnte. Am nächsten Tag – oder vielleicht schon in der nächsten Stunde – schafft er das nicht mehr. Er ist schwach, braucht viel Zuspruch. Das verlangt vom Betreuer eine gewisse persönliche Unabhängigkeit. Innerhalb kurzer Zeit trifft er große und kleine Entscheidungen. Einschätzen bedeutet auch, dass man hinterher manchmal feststellen muss, etwas falsch eingeschätzt zu haben. Und wenn schon! Nicht einzuschätzen bedeutet, dass von vornherein alles festgelegt und geregelt ist. Abgesehen davon, dass das unmöglich ist, nimmt uns diese Einstellung gerade den Spielraum, den wir für die Zusammenarbeit brauchen, damit die behinderte Person selbst experimentieren und ausprobieren kann. Natürlich können sich der Betreuer und der Klient nicht ständig damit beschäftigen, wie weit heute die persönlichen Möglichkeiten gehen.

Diesbezüglich sollte das Betreuerteam einige grundlegende Vereinbarungen treffen. Es sind eher Richtlinien als Absprachen. Rahmenbedingungen müssen geklärt werden. Innerhalb dieses Rahmens kann dann jeder seine Anpassung selbst bestimmen und auf diese Weise die Situation leichter aushalten. Darüber hinaus bilden die Mitglieder des betreuenden Teams eine gewisse Einheit, obwohl persönliche Unterschiede erhalten bleiben.

Mitleid

Passt sich ein Betreuer sehr an einen Betreuten an, dann fordert das von ihm, dass er sich selbst gut kennt. Wer auf eine so intime Art und Weise mit einem sehr verletzbaren und sehr verletzten Menschen umgeht, wird selbst davon berührt. Das lässt sich fast nicht vermeiden. Wird der Betreuer von Mitleid getrieben, kann sich das sehr nachteilig auf die Situation auswirken. Dann ist die Wahrscheinlichkeit sehr groß, dass er in die abwärts drehende Spirale mit hineingezogen wird. Die Spirale, die den Klienten schon so lange gefangen hält.

Das wird sich verstärken, wenn der Betreuer sein Gesicht verliert: wenn er etwas mit dem behinderten Menschen erreichen will und scheitert. Der Betreuer wird dann vielleicht versuchen, sich noch stärker anzupassen, aber die Anpassung hat ihre Funktion verloren. Sie ist dann kein Versuch mehr, um der festgefahrenen Person eine sichere Umgebung für eigene, positive Erfahrungen zu bieten. Dazu sind persönliche Grenzen unentbehrlich. Der Betreuer muss einen gewissen emotionalen Abstand wahren. Zum Aufrechterhalten der Grenzen benötigt man auch die Hilfe anderer. Das kann auf verschiedene Weisen geschehen: mittels Arbeitsbesprechungen und Supervision, im Team oder individuell, indem man sich mit vertrauten Personen ausspricht oder seine Gedanken zu Papier bringt. Das fordert eine hohe persönliche und professionelle Qualität jedes einzelnen Betreuers, aber auch des Teams.

Zugang finden

Zugang zu finden ist eine Folge der Anpassung. Zuerst passt man sich an die betreute Person an. Gelingt das auf die eine oder andere Art und Weise und bleibt genügend Raum für Beiträge des betreuten Menschen, dann kann man sich zusammen mit ihm auf die Suche nach den Dingen machen, die ihn interessieren.

> Zusammen im Wasser spielen. Zusammen Musik hören. Sich zusammen hin und her schaukeln. Wer erleben kann, wie Töne klingen, wie überraschend Schatten und Bewegungen sein können, wie spannend Schaukeln ist, wie mühsam es ist, vom harten Straßenrand plötzlich durch knirschenden Sand zu laufen – wer das alles erleben kann, der vergrößert die Wahrscheinlichkeit, wirklich Zugang zum Anderen zu finden.

Die oben genannten Aktivitäten sind alle von einer ‚hellen' emotionalen Farbe. Es sind angenehme Dinge, die man zusammen tun kann. Aber es gibt auch ‚dunkle' Erlebnisse, und diese werden unvermeidlich ebenfalls gemeinsam erlebt. Dazu gehört Schmerz. Für den Betreuer kann das eine harte Aufgabe sein. Er muss das schwierige Verhalten seines Klienten akzeptieren, andernfalls bekommt dieser nie das Gefühl, dass sein Betreuer ihn als Person annimmt.

Um aber zu akzeptieren, ohne selbst dabei zu zerbrechen, bedarf es wiederum der persönlichen emotionalen Abgrenzung. Wer diese Grenze nicht setzt, kann zwar für kurze Zeit sehr hingebungsvoll betreuen, hält das auf die Dauer aber nicht durch. Ein vertrauter Betreuer versucht tolerant zu sein, aber wenn er andauernd körperliche und mentale Verletzungen einstecken muss, wird er es nicht mehr schaffen, seinen Klienten differenziert zu beurteilen. Man kann sagen, dass der Betreuer dann versäumt hat, auch auf sich selbst zu achten und sein persönliches Erleben nicht aus dem Blick zu verlieren.

Es gab eine Zeit, in der Betreuer Problemverhalten ‚negieren' mussten. Wenn aber Problemverhalten wortwörtlich und bildhaft Schmerz bereitet, wenn jemand fortdauernd schlägt und stößt oder kreischt und die Betreuer dann verpflichtet werden, so zu tun, als sähen oder fühlten sie nichts, führt das fast immer zu einem Bruch: Der Bewohner wird umgesiedelt, oder der Betreuer geht fort.

Zugang zu finden bedeutet, dass man sich auf die Suche macht nach Beschäftigungen, Aktivitäten, Erlebnissen, bei denen die Person mit herausforderndem Verhalten die Chance bekommt, wieder einmal etwas Positives zu erleben.

Wenn ein Mensch mit festgefahrenen Verhaltensmustern lange in der Patsche gesessen hat, gibt es nicht mehr viele erhebende Momente. Oft ist es gar nicht einfach, sich noch etwas Lustiges, Nettes, Hoffnungsvolles für jemanden auszudenken, der stark festgefahren ist.

Den Betreuern, die versuchen, den Betreuten aus der Patsche zu ziehen, hilft es manchmal, wenn sie mit den Eltern oder mit Betreuern aus früheren Lebensphasen reden. Diese können von positiv erlebten Momenten mit dem Betreuten erzählen. Sie erinnern sich, welche Musik er gern hatte, welche Beschäftigungen ihn früher interessiert haben. So bekommt man eine Ahnung davon, in welcher Richtung man suchen kann. Oft muss man eine ganze Weile lang probieren, um dem Betreuten wieder die Chance zu geben, etwas genießen zu können. Er scheint den Glauben daran verloren zu haben. Nur stückchenweise wird er den wieder aufbauen können.

Investieren

Man muss im Zusammenleben mit Menschen, die festgefahrene Verhaltensmuster haben, sehr viel Energie investieren. Eine Investition, von der man die Resultate nicht immer direkt sehen kann.

Die Wahrscheinlichkeit, dennoch Resultate zu sehen, vergrößert sich, wenn man auch die ‚Kleinigkeiten' sieht, hört und fühlt. Eine leichte Veränderung der verkrampften Mundpartie, eine etwas lockerere Hand oder ein sanftes Geflüster können die ersten Zeichen einer Person sein, die sich sehr vorsichtig ein ganz klein wenig öffnet.

Je gröber die Wahrnehmung ist, desto größer ist die Gefahr, die Motivation zur Investition weiterer Energie zu verlieren. Man versucht zwar, Zugang zum Erleben einer Person zu finden, doch das führt noch lange nicht dazu, dass der Betreffende „sich darüber freut". Die Veränderung beginnt mit ganz kleinen Ansätzen. Nur allmählich wird mehr sichtbar. Doch immer bleibt der Prozess sehr verletzlich.

Eine Investition ohne große, wahrnehmbare Resultate kann bei einem Betreuten über eine Zeitspanne von einigen Wochen notwendig sein. Selbst wenn es ihm wieder etwas besser geht, muss dennoch tagtäglich Energie investiert werden.

Beim morgendlichen Wecken wird zuerst ein freundlicher Kontakt aufgenommen, danach darf man allmählich, während man ständig auf ihn eingeht, einen Ansatz von Kooperation erwarten.

Genauso wichtig wie dieses Angebot an Freundlichkeit ist es, die Grenzen der eigenen Investition deutlich erkennbar zu machen. Das sind Grenzen, die nicht nur der Betreute braucht, sondern auch der Betreuer. Zieht man die Grenze nicht, läuft man wortwörtlich und im übertragenen Sinne hinter dem anderen her. Damit löscht der Betreuer sein ‚Selbst' aus, und der Klient verliert einen Teil des Haltes, den ihm der Betreuer bieten kann. Und über kurz oder lang ist der Akku leer. Und oft ist er so abgenutzt, dass ein Aufladen nicht mehr möglich ist.

Verbundenheit

Es kommt vor, dass der Betreuer wie selbstverständlich bei einem Klienten vorbeischaut, sich kurz mit einem anderen unterhält und dann den Telefonhörer abhebt. So selbstverständlich geschieht das alles, dass er vergisst, dem Menschen mit Problemverhalten zu verdeutlichen: Ich bin jetzt mit dir verbunden; mit einem klar erkennbaren zeitlichen Anfang und Ende gehören wir zusammen. Diese Signale können durch direkte oder indirekte Begrüßung ausgedrückt werden, durch einen kurzen Blickwechsel. Man kann auf den anderen zugehen, ihm etwas zeigen oder ihm kurz die Hand auf die Schulter legen. Das sind alles Formen, mit denen die Verbundenheit besiegelt werden kann. Für den Betreuten ist es wichtig, dass es eine für ihn nachvollziehbare Verbindung zu jemanden gibt, zu dem er gehört. Diese Deutlichkeit entsteht oft von selbst, wenn nur ein Betreuer im Haus oder im Zimmer anwesend ist. Sind es mehrere, ist die Deutlichkeit nicht ohne weiteres gegeben. In solchen Fällen sollte man genau unterscheiden, wer für wen in diesem Moment im Vordergrund steht. Man sollte auch deutlich machen, wenn sich die Positionen verändern. Der Betreuer sollte Bescheid sagen, wenn er weggeht und wer in der Zwischenzeit die zuständige Person ist. Man kann die Beteiligten auch mit einbeziehen, dann gibt es für kurze Zeit eine soziale Dreiecksbeziehung.

Zum Beispiel kann der Betreuer zusammen mit dem Betreuten dem Nachfolger erzählen, was sie gerade getan haben und auch darüber sprechen, wie es weitergehen soll. Oft treten Verwirrungen auf, wenn die Weitergabe persönlicher Angelegenheiten nicht von der Dienstübergabe unter Kollegen unterschieden wird.

Es ist auch wichtig, sich darüber zu verständigen, wann man zur Verfügung steht und wann nicht. Wird das vergessen, kann das oft zu einer diffusen individuellen Nähe führen. Es ist eine Annäherung, die auf kurze Zeit gesehen günstig scheint, sich aber bald hemmend auf die eine oder andere Entwicklung auswirkt.

Für den Menschen mit Problemverhalten ist es leichter zu akzeptieren, dass ihm ein Betreuer nicht direkt zur Verfügung steht, wenn er es nachvollziehen kann. Nachvollziehen, weil der Betreuer erzählt hat, was er tun will und wann er wieder zurückkommt. Aber auch deshalb, weil der Betreute dem Betreuer sehend und hörend folgen kann. Dem Weggehen folgt mehr oder weniger vorhersehbar das Zurückkommen.

Das Sehen und Hören ist wechselseitig. Auch der nachfolgende Betreuer behält den betreuten Menschen im Auge, hält die Ohren offen und lässt erkennen, dass er das tut. Wenn der Betreuer sich nicht mit dem Betroffenen beschäftigt, weist er ihm für diese Zeit einen anderen Platz zu, damit er nicht in ein Loch fällt, weil sein sozialer Halt weg ist.

> Eine Möglichkeit ist, jemanden beispielsweise auf einen Stuhl zu setzen oder auf seine Matte zu legen. Man kann sich auch nach Kleinigkeiten umschauen, nach Spielsachen, Basteleien, Musik, damit der behinderte Mensch seine Aufmerksamkeit auf etwas anderes lenken kann.

Das lässt sich mit der Art und Weise vergleichen, wie man ein nichtbehindertes Kind ins Bett bringt. Das Gitterbett ist sein sicheres Revier, es hat seine Spielsachen um sich herum, nach denen es ab und zu greift und sie auch wieder weglegt. So kann es auch mehr oder weniger zielgerichtet sehen und darauf hören, was um es herum geschieht.

Zusammen, aber keine Einheit

Für einen Menschen mit festgefahrenen Verhaltensweisen ist es schwierig, sich bei Kontakten und in Beziehungen abzugrenzen. Nach einer ersten freundlichen Kontaktaufnahme kann er an dem Betreuer hängen bleiben, indem er unaufhörlich redet, ihm hinterherläuft und dergleichen. Wenn der Betreuer nicht selbst die Stelle angibt, die der Betroffene für ihn einnimmt, kann sich dieses Verhalten lange Zeit andauern. Erst wenn das diffuse ‚Wir' in ein ‚Ich und du' umgewandelt wird, verändert sich ein derart dichtes Aneinanderkleben.

Mangelnde Abgrenzung

Das Übergewicht, das der Betreuer ausübt, kann dazu führen, dass der Betreute eine Position einnimmt, in der er alles tut, was von ihm erwartet wird. Er agiert dann aber vor allem aus Angst vor den Reaktionen oder Repressalien des Betreuers. Für ihn ist es daher nicht nur wichtig zu wissen, dass der Betreuer die Leitung übernimmt, sondern auch, welchen Platz er selbst dabei einnimmt. Welchen Freiraum es für einen eigenen Beitrag gibt. Man kann ihm helfen, indem man ihn daran erinnert, was man zusammen angefangen hat.

Verletzbarkeit und Tonfall

Verletzbare Menschen reagieren oft sehr empfindlich auf den Ton und die Atmosphäre ihrer Umgebung. Ein positiver Grundton erfüllt sie auf eine positive Art und Weise. Der Tonfall ermöglicht auch von Zeit zu Zeit einen Scherz oder einen freundschaftlichen Austausch über zufälligen spielerischen Körperkontakt. Hat man Spaß zusammen und auch mit anderen, fühlt sich der Betroffene wohl, und das mobilisiert seine Reserven, mühsame Veränderungen anzugehen.

Zu dicht an der Haut

Die Unbefangenheit eines Menschen mit Problemverhalten kann den Betreuer dazu verleiten, ihm zu nahe zu kommen. Sein offener Blick, sein freundliches Gesicht und seine Kontaktaufnahme laden dazu ein, sich ihm direkt und frontal zuzuwenden. Unabsichtlich wird der Betreuer so zu einer Bedrohung für den Betreuten.

Auf Abstand gehen oder sich auf eine andere Art und Weise zurückziehen, sich selbst mit Handlungen oder Themen zu beschäftigen, das sind Wege eines Betreuten, mit einem Zuviel an Nähe umzugehen oder sich abzureagieren. Es ist für den Betreuten wichtig, von Zeit zu Zeit in Ruhe gelassen zu werden. Bei allzu entschiedener Annäherung oder zu starkem persönlichem Appell wendet er sich ab oder zieht sich zurück. Hat er sich wieder beruhigt, kommt er von selbst zurück, beginnt wieder mit kleinen und kurzen Öffnungen.

Zu Beginn einer Aktivität nimmt der Betreuer kurz Kontakt mit ihm auf, gibt handelnd zu verstehen, was gemeint ist und nimmt wieder Abstand von ihm, um etwas anderes zu tun. So sorgt er dafür, dass er ihm folgen kann, sehend oder hörend. Irgendwann wird der soziale Kontakt wieder geschlossen, indem der Betreuer dem Klienten hilft oder einfach so mit ihm zusammen ist.

Feste Grenzen

Die Freiheit eines Menschen mit herausforderndem Verhalten ist der Freiraum, der ihm vom Betreuer gegeben wird. Mit diesen Freiraum kann er jedoch nicht richtig umgehen. Wenn die Grenzpfeiler nicht vom Betreuer errichtet werden, wird der Betreute selbst Grenzen setzen. Das wird dann leicht zu einem Ritual, das in Zwang münden kann. Der Freiraum, der einem Betroffenen gegeben wird, ist nicht immer derselbe und muss daher immer wieder auf Grund seiner momentanen Situation neu eingeschätzt werden.

Hilfe bei der Abgrenzung

Außer Unterstützung muss der Betreuer dem Menschen mit Behinderung auch Grenzen zeigen, wie weit er gehen kann. Die Begründung für die Grenzen schafft manchmal Grund für Irritationen. Die Wahrscheinlichkeit ist groß, dass man die Grenze überbetont. Aber die Tatsache, dass eine Grenze angegeben wird, ist von großer Bedeutung für das Wohlbefinden des Betroffenen. Selbst dann, wenn die Abgrenzung ihn im Moment frustriert, ist sie auf längere Sicht beruhigend.

Grenzen kann er am leichtesten akzeptieren, wenn dies nur einer von vielen Aspekten der Beziehung zum Betreuer ist.

Gemeinsames Abrunden

Gemeinsames Abrunden ist eine Form des normalen Umganges miteinander. Nicht nur bei Konflikten, sondern auch bei allen Aktivitäten und Kontakten am Ende eines Tages. Was für alltägliche Ereignisse gültig ist, gilt umso mehr für emotional geladene Ereignisse. Am Ende eines Tages sollte der Betreuer nicht nur „Gute Nacht" sagen, sondern den Betreuten auch ‚zur Ruhe bringen', mit einem kurzen Gespräch, einer kleinen Geschichte oder indem er mit ihm (und seiner Puppe) auf die für ihn wichtigen Ereignisse des Tages zurückblickt. Die Botschaft, die in dieser Handlung liegt ist: „Heute ist es schön gewesen."

Missverständnisse

Die Sprach- und Redeentwicklung eines harmonisch entwickelten Menschen mit geistiger Behinderung ist meist die Basis für den täglichen Umgang und für die Betreuung. Bei Menschen mit Problemverhalten kann das zu Missverständnissen führen.

Wir unterscheiden verschiedene elementare Teile einer Person: die körperlich/biologische Entwicklung, die Entwicklung des Sprachgebrauchs, das Sprachverständnis, die mehr oder weniger entwickelte Komplexität gelernter Fertigkeiten, das soziale Agieren, das emotionale Agieren und das Ausmaß der Entwicklung als Person. Die Ungleichzeitigkeiten dieser Aspekte sind bei Menschen mit herausforderndem Verhalten oft auffallend groß. Es liegt auf der Hand, dass ein Betreuer sich in allem, was er tut, danach richtet, wie sein Klient sich präsentiert. Das schließt nicht nur sein Äußeres und seinen Körperbau mit ein, auch seinen Sprachgebrauch und alles, was er sich bereits an persönlicher und sozialer Geschicklichkeit angeeignet hat. Bei vielen verletzbaren Menschen kommt man schon hier in Schwierigkeiten. Es gibt beispielsweise:

- Personen, die zwar gut sprechen, aber nicht so gut verstehen können;
- Personen, die gut verstehen, sich aber nicht gut ausdrücken können;
- Personen, die sehr viel selbst können, aber im Umgang mit ihren Hausgenossen hilflos sind;
- Personen, die genau wissen, wie sie sich einen Fahrschein für den Bus kaufen und allein einkaufen gehen können, die aber nicht wagen, eine Verkäuferin um Hilfe zu bitten, wenn sie nicht weiterwissen.

Die Gefahr, überschätzt zu werden, besteht bei Menschen, die sich in mancher Hinsicht ‚normal' zeigen, jedoch nicht über ein ausreichendes persönliches Fundament verfügen. Dagegen werden Personen unterschätzt, die in ihrem Äußeren, in ihren Sprachformulierungen oder in ihrer Geschicklichkeit abweichen. Dabei gibt es unter ihnen Menschen, die persönlich viel stärker sind, als man es auf den ersten Blick vermuten könnte.

Es ist nützlich, diese Formen der Selbstdarstellung zu durchschauen, damit man erkennt, wie weit jemand in seiner Entwicklung als Person tatsächlich gekommen ist. Man merkt das, wenn jemand zwar viel gelernt hat, aber nicht viel Eigenes. Oder umgekehrt, wenn man sich selbst dabei ertappt, dass man jemanden überfürsorglich behandelt, nur weil er abweichend aussieht, sich nicht klar verständlich machen kann oder einfach ungeschickt ist.

Gemeinschaftlich

Die Aufgabe der Betreuer ist es, fortwährend zu beurteilen, wann der Betreute Unterstützung nötig hat und wann nicht. Wird das nicht klar abgesprochen, entstehen Unterschiede zwischen dem, was der eine macht und erwartet, und dem, was der andere macht und erwartet. Das kann zu Spannungen zwischen dem Team der Erzieher und dem Betreuten führen. Er kann solche Unterschiede nicht aushalten, weil er ohnehin unsicher ist. Deshalb sollten Gruppenleiter, Eltern, Aktivitätenbetreuer und Lehrer sich ständig darüber austauschen, was ihnen auffällt und wie sie darauf reagieren. Sie sollten fortwährend nach einem gemeinsamen Niveau suchen, damit der Betreute Sicherheit erfährt. Das Niveau muss nicht zwangsläufig das niedrigste sein, denn dann wird er nie einen Schritt weiterkommen. Es sollte ein Niveau sein, das auf die Person und ihre momentanen Möglichkeiten abgestimmt ist.

Persönlichkeitsentwicklung

Wenn es ein gemeinsames Merkmal für Menschen mit geistiger Behinderung und festgefahrenen Verhaltensweisen gibt, dann ist das wohl die Verletzbarkeit. Es scheint, als ob noch Schritte in der Persönlichkeitsentwicklung ausstehen, vergleichbar denen eines sich normal entwickelnden Babys,Kleinkindes oder Schulkindes. Die Entwicklungen sind vergleichbar, aber nicht dieselben. Der eine Betreute vertraut sich selbst so wenig, dass ihn der Betreuer immer wieder ‚retten' und ihm helfen muss. Ein anderer vertraut selbst dem Betreuer nicht mehr. Gerade das Vertrauen in andere ist die Basis für eine gesunde Ich-Entwicklung.

Wenn dieser Vergleich mit den Phasen einer normalen Entwicklung benutzt wird, ist nicht gemeint, dass man ganz genauso agieren sollte. Das Vergleichen soll nicht zu einem Kleinhalten der Person und einem ständigen Bemuttern führen. Es geht immer um die Suche nach einem Einstieg, darum, jemanden ernst zu nehmen, ihn auf seine eigene Art und Weise mitmachen zu lassen und ihn mit einzubeziehen. Immer appelliert der Betreuer an das, was der Mensch mit einer Behinderung kann oder sich angeeignet hat. Wenn die Erwartungen und die Sichtweisen vor allem die Persönlichkeitsentwicklung betreffen, vermeidet man, dass dem Misserfolg automatisch Frustration, Enttäuschung, Schuld oder gar Beschämung folgen. Stattdessen genießt man gemeinsam, was der Betreute jeweils erreicht hat.

Menschen mit geistiger Behinderung und festgefahrenem Verhalten leiden an ihrer grundlegenden Unsicherheit. Sie haben ein geringes Selbstvertrauen und ein negatives Selbstbild.Das liegt nicht daran,dass ihre Persönlichkeit in dieser Hinsicht unentwickelt wäre, sondern an einer Reihe negativer Erfahrungen.

> In technischer Hinsicht könnten sie eine ganze Menge, sind dem aber nicht gewachsen. Sie wissen sehr wohl, wie man etwas tun sollte, können es aber nicht umsetzen. Sie wollen es, trauen sich aber nicht. Sie tun zwar Dinge, glauben aber selbst nicht, dass es ihnen gelingt. Sie möchten etwas tun, sehen aber unüberwindbare Hindernisse.

Manche Personen mit einer schwerwiegenden geistigen Behinderung und Problemverhalten gehen wortwörtlich auf leisen Sohlen. Sie können mit ihren Füßen nicht auf dem Boden der Realität stehen. Auch bei Menschen mit leichteren Behinderungen lässt sich das feststellen: Sie wollen viel, erwarten viel, können es aber nicht in die Tat umsetzen. Diese beiden Gruppen stimmen darin überein, dass sie noch nicht gelernt haben, zu fallen und selbst wieder aufzustehen.

Selbst wollen und selbst wählen

Wenn der andere einem deutlich machen kann, was er will, beispielsweise Essen, Fernsehen, Nähe, andere Kleider, in den Klub gehen oder zur Arbeit, dann ist es gut, zwischen Wünschen und Wählen zu unterscheiden. Der Betreuer ist dabei in der Position zu beurteilen, in welchem Moment das Wollen zum Wählen wird und umgekehrt. Ein Wunsch ist nicht dasselbe wie eine Wahl. Diese so machtvolle Position des Betreuers sollte man natürlich von anderen, von Familie und Kollegen, kontrollieren lassen.

Das bedeutet nicht, dass die Betreuer sich besser nicht darum kümmern sollten, was jemand will oder nicht will. Man sollte aber nicht nur davon ausgehen, was die betreute Person sagt. Die Betreuer müssen genau hinschauen, den Betreuten differenziert wahrnehmen, seine Haltung, seine Gebärden, seine Körpersprache. Dann können sie einschätzen, ob jemand sich freut oder ob er verängstigt reagiert, ob er angespannt ist oder besonders entspannt.

Unten und oben

Betreuer, Eltern, Lehrer haben der Person mit Behinderung gegenüber eine führende Rolle. Ohne dass man es sich immer vor Augen hält, nehmen der Betreuer und die behinderte Person feste Rollen ein. Der eine ist der Hilflose, und der andere ist der Fürsorgliche. Der eine ist brav oder ungezogen, der andere lobt oder ermahnt. Dieses Verhaltensmuster kann momentan für beide befriedigend sein, weil sie es nicht anders gewohnt sind. Man weiß, wo man steht. Auf lange Zeit gesehen hemmt das allerdings die ‚Persönlichkeitsentwicklung' des Menschen mit der Behinderung. Er passt sich weiterhin an, oder aber er wird ungezogen oder hilflos.

Eine verletzbare Person befindet sich oft in der unterlegenen Position und ist somit folgsam und, oberflächlich gesehen, kooperativ. Schaut man aber genau hin, ist diese Kooperation keine Form der Zusammenarbeit, sondern eher ein willenloses Folgen, ohne dass der Betreute mit Kopf und Herz dabei ist. Kümmert sich ein Betreuer um mehrere Personen gleichzeitig, kommt ihm ein folgsames Benehmen sehr gelegen. Doch diese roboterartige Folgsamkeit ist eine der Ursachen für Problemverhalten.

Bestimmt beispielsweise Angst um die eigene Sicherheit, oder Mitleid die Einstellung eines Betreuers, kann auch das Umgekehrte geschehen: Der Klient ist in einer dominanten ‚überlegenen' Position, der Betreuer folglich der ‚Unterlegene'. Es ist daher besser, wenn der Betreuer versucht, Situationen zu schaffen, in denen der Betreute auf einem ungefähr gleichwertigen Niveau mit ihm agieren und bei den Aktivitäten einen eigenen Beitrag leisten kann. Eine gemeinsame Arbeit bietet eine günstige Gelegenheit, dass sich beide ergänzen. Zusammen genießt man, was einem zusammen gelingt. Auch ein gemeinsames Spiel bietet Chancen für ein Verhaltensmuster, das oft in den Hintergrund gedrängt ist: zusammen genießen, Freude empfinden, sich gemeinsam für etwas interessieren. Sowohl die Betreuer als auch der Betreute scheinen oft die Möglichkeit nicht zu sehen, so miteinander umzugehen, dass beide Freude empfinden. Sogar wenn jemand sehr viel Hilfe braucht, kann er einen eigenen Beitrag leisten. Man kann fürsorglich sein und klare Grenzen setzen, ohne dass dies auf der Basis von Ärger und Gereiztheit geschieht.

Betreuer, die mit Personen mit festgefahrenem Verhalten arbeiten, neigen nur allzu oft dazu, es auf Biegen oder Brechen ‚gut' zu machen. Sie fangen mit frischem Mut, mit ihrer liebsten, nettesten und freundlichsten Art an, ‚lustige' Dinge zu tun. Die Gefahr ist sehr groß, dass der Betreute sehr schnell zusammenbricht. Den gut gemeinten frontalen Angriff auf seine wehrlose Situation kann er nicht aushalten, außer wenn er gerade besonders gut drauf ist. Diese sehr wahrscheinliche Abgrenzung kann zu einer großen Enttäuschung des Betreuers führen. Dann wird er nicht mehr in der Lage sein, differenziert hinzuschauen und nach dem wirklichen Auslöser für die abweisende Reaktion zu suchen.

Die größte Aussicht auf positive Reaktionen gibt es, wenn der Klient sehr entspannt ist. Er kann sich aber erst entspannen, wenn er sich nicht bedroht fühlt. Deshalb sollte man eine Situation schaffen, in der sich der Betreute wohl fühlt: Für den einen bedeutet das, dass er und sein Betreuer zusammen etwas unternehmen, ohne dass andere dabei sind. Für den anderen wiederum kann es gerade wichtig sein, dass andere dabei sind, damit er selbst nicht im Zentrum des Interesses steht. Aber in jedem Fall wird er seine Bindung zu dem Betreuer, der gerade wichtig für ihn ist, deutlich erkennen wollen. Das ist in diesem Moment viel wichtiger als die Frage, ob er ‚Aufmerksamkeit' bekommt oder nicht.

Gesellschaft

Ausgehend von einer derartigen Beziehung zum Betreuer kann ein Mensch mit Problemverhalten wieder leichter mit anderen zusammen sein und sich mit ihnen beschäftigen. Man nimmt ihn einladend mit ins Wohnzimmer oder zu einem anderen Ort, wo Leute sind. Solch ein erster Schritt fällt ihm meist leichter, wenn er sich beim Betreuer unterhaken kann oder wenn er schon eine Rolle hat, die er leicht erfüllen kann.

Der Betreuer unterstützt ihn dabei, einen akzeptierten Platz unter den anderen zu finden, indem er beispielsweise bei einem Gespräch die Ansätze des Betroffenen zur Veränderung anerkennt. Diesen Beitrag kann der Betreuer so hervorheben, dass auch die anderen ihn bemerken. Indem man solche Ansätze betont, macht man sie größer und schafft eine Verbindung zwischen dem Betreuten und den anderen. Er geht mit seinen kleinen, unauffälligen Reaktionen leicht unter. Man sollte ihm daher einen Platz geben, wo man ihn gut sehen oder hören kann. Der Betreuer weiß ja, dass er in bestimmten Situationen einen guten Beitrag leisten kann. Ab und zu sollte auch die Aufmerksamkeit der anderen auf ihn gerichtet werden, so wie man ihn aber auch abschirmt, wenn zu viel auf einmal auf ihn eindringt.

Kreis oder Chaos

Einem Gespräch zwischen mehr als zwei Personen kann der Klient mit festgefahrenem Verhalten oft nicht folgen, weil die Interaktionslinien durcheinander laufen. Es fällt ihm leichter, einem Gruppengespräch zu folgen, wenn ihm klar ist, wer in welcher Reihenfolge etwas sagen wird. Gelingt das nicht, dann konzentriert er sich schnell auf eine Person oder zieht sich aus dem Gespräch zurück.

Die deutliche Verbindung mit einer Person, der er vertraut, ist somit die Basis, sich in die Gesellschaft anderer zu begeben. Das ist ein bedeutsamer Schritt, um ‚jemand' zu werden. Das wird man erst im Unterschied zu anderen. Ziel ist es nicht, ihn in einer Gruppe agieren zu lassen, wie es jahrzehntelang der Standard für die Betreuung von Menschen mit geistiger Behinderung war. Dennoch ist es ein Wert, einen eigenen Platz in der Gesellschaft zu haben. Findet er diesen Platz, wird die Bindung mit dem Betreuer allmählich lockerer, bleibt aber sehr wohl bestehen. Auf diese Weise verschwindet die strikte Unterscheidung zwischen so genannter Einzelfallhilfe und Gruppenarbeit.

10. Vertrauen zu anderen Menschen erwerben (2): Einer, der mich versteht

Kommunikation

Kommunizieren bedeutet:

- Informationen weitergeben,
- miteinander in Verbindung sein.

Menschen kommunizieren durch Wörter, Gebärden, Bewegungen, Gesichtsausdruck, Blicke, Haltungen usw. Kommunikation findet direkt und indirekt statt, gewollt und ungewollt, bewusst und unbewusst. Man nimmt auf viele Arten Signale auf. Dadurch entsteht gegenseitige Beeinflussung, sodass Abstimmung und Anpassung möglich werden. Kommunikation ist für das Überleben eines Menschen ebenso wichtig wie Wasser, Luft, Nahrung und Bewegung. Sie ist sozusagen die soziale Nahrung, von der man täglich eine bestimmte Menge in Variationen zum Überleben und zu seinem Wohlbefinden benötigt.

Der Begriff ‚vollständige Kommunikation' wird bei der Betreuung von Personen mit geistiger Behinderung überwiegend im Sinne der ersten Definition verstanden, nämlich als die Weitergabe von Informationen. Der Begriff bezieht sich auf Erörterungen und Auslegungen von gesprochener und geschriebener Sprache. Die Möglichkeit einer gegenseitigen Verständigung wird durch den Gebrauch von Gebärden, Piktogrammen, Zeichen und dergleichen für viele Menschen stark verbessert. So verliert eine chronische Quelle von Auseinandersetzungen, weil man andere Personen nicht versteht oder sich selbst nicht verständlich machen kann, an Wirksamkeit. Die Lebensqualität der Betreuten verbessert sich.

Verschiedene Aspekte

Dem Begriff ‚Kommunikation' kommt eine weitere Bedeutung zu. Die Botschaften, die jemand bewusst und/oder unbewusst aussendet, kann unter verschiedenen Aspekten wahrgenommen werden:

a) Inhalt

Die Ankündigung von Aktivitäten (hinausgehen), das Verweisen auf ein Objekt (einen Sessel), eine Bewegung (schaukeln) und dergleichen zeigt an, was der andere möchte.

b) Art der Beziehung
Ist sie gleichwertig, gleichgültig, aufeinander bezogen, hilflos, abhängig, abwartend, untertänig?

c) Das Erleben emotionaler Werte
Ist die Situation erfreulich, neutral, spannend, beängstigend, schön?

d) Die Bindung oder der Mangel an Bindung
Lässt du mich jetzt los? Bin ich dir nah, oder bin ich mit anderen zusammen? Bleiben wir beieinander, auch wenn wir physisch getrennt sind? Hängst du zu stark an mir, oder bist du zu distanziert?

Auf diese Weise ist die alltägliche Kommunikation ein fruchtbares Feld für zahllose Möglichkeiten gegenseitigen Verstehens, für Austausch, für das Teilen von Freude und Trauer. Auf Grund ihrer Komplexität ist alltägliche Kommunikation aber auch ein Feld voller Fußangeln und Fallen.

Immer können Missverständnisse entstehen: Menschliche Wahrnehmung ist selektiv. Was der eine wahrnimmt, muss für einen anderen nicht die gleiche Wichtigkeit haben oder ebenso offensichtlich sein. Was für den einen im Vordergrund steht, mag für den anderen nebensächlich sein. Und umgekehrt.

Der inhaltlichen Aspekte von Kommunikation ist man sich in der Regel bewusst, seltener der Aspekte, die unter den Punkten b, c und d genannt wurden. Das ist auch gut so. Man spricht von einem spontanen und offenen Kontakt, wenn auch alle nicht-bewussten Aspekte einen alltäglicher Kommunikation angemessenen Ausdruck finden. Aus der Art einer geistigen Behinderung ergibt sich, dass der Betreuer sich immer wieder selbst prüfen und fragen muss, ob sein normales, nicht-bewusstes Kommunikationsverhalten der Situation der behinderten Person entspricht.

Die folgenden Beispiele entstammen überwiegend der Erfahrung mit geistig behinderten Menschen, die ein lang andauerndes und sehr schwerwiegendes Problemverhalten zeigen. Die beispielhaft geschilderten Missverständnisse und deren Lösungen können für den normalen alltäglichen Umgang mit Personen ohne Problemverhalten hilfreich sein.

Voraussetzungen

Die Voraussetzung für einen befriedigend verlaufenden Kontakt ist die Absicht, den anderen verstehen zu wollen, auch wenn man anfänglich nicht kapiert, was er meint. Ausgangspunkt ist die Annahme, dass der andere etwas mitteilen oder Einfluss ausüben möchte. Zu Anfang kann man so tun, ‚als ob' man bereits verstanden hätte.

> Wenn der Betreuer das Ausstrecken des Beines nur noch als simples Treten und als Zeichen von Aggression sieht, kann es nicht mehr zu einer wirklichen Ver-

ständigung kommen. Betrachtet er diese Handlung jedoch zunächst als einzige Möglichkeit einer Person, irgendeine Verbindung herzustellen, kann daraus Kontakt und Verständigung entstehen.

Diese Sichtweise setzt das Zulassen unterschiedlicher Deutungsrahmen für Interpretationen voraus. Nicht nur eine einzige Bedeutung ist denkbar, die nämlich, die man selbst hat, man muss vielmehr wagen, sich auf andere Deutungsmöglichkeiten einzulassen, nach dem zu suchen, was das Verhalten einer Person auch bedeuten könnte. Dabei soll man nicht bei verunsichernden Spekulationen stehen bleiben. Es sollte vielmehr zu einem ernsthaften Erfahrungsaustausch über ein bestimmtes Verhalten kommen.

Geht man davon aus, dass der Betroffene etwas Bestimmtes meint und dementsprechend reagiert, können sich neue Perspektiven für die Behandlung eines Problemverhaltens eröffnen.

„Wenn er mich an den Haaren zieht: Macht er das nur, um mich zu ärgern? Ich war doch immer nett zu ihm …" Der Betreuer könnte in dieser Situation auch erkennen, dass der Betreute ihn mit diesem ‚an den Haaren ziehen' auf die Probe stellt.

Ein gutes Gespräch

Die Intention, den anderen verstehen zu wollen, führt zur Beschäftigung mit dem, was den anderen interessiert. Der Betreuer sieht, hört und bewegt sich gemeinsam mit dem anderen. Damit fügt er der Gemeinsamkeit etwas von sich selbst hinzu.

Während des Zimmeraufräumens bemerkt der Betreuer, dass die Aufmerksamkeit des Klienten von einem Spiegel in Beschlag genommen wird. Der Betreuer schließt sich an, lässt sich auf das Interesse des anderen ein.

Einander folgen können, ermöglicht auch, dass man einigermaßen voraussagen kann, was der andere gleich tun wird. Das wiederum ermöglicht, dass die Personen einander beeinflussen. In einem guten Gespräch gibt es alle genannten Aspekte (folgen können, voraussagen können, Einfluss ausüben). Den Betreuer und den behinderten Menschen verbindet, was sie gemeinsam beschäftigt, und einer ergänzt den anderen.

Für ein gutes Gespräch ist es daher nicht unbedingt erforderlich, dass beide sprechen können. Andere Signale wie Bewegungen, Gesichtsausdruck, Gebärden, Geräusche können wahrgenommen werden und eine Reihe von gegenseitigen Interaktionen in Gang bringen.

Verstehen

Einander wirklich zu verstehen ist erst dann möglich, wenn man dem anderen die Möglichkeit gibt, auf seine eigene Art und Weise Einfluss auszuüben. Ein Mensch will den anderen verstehen. Und er will auch verstanden werden. Um nachzuvollziehen, wie ‚verstehen' funktioniert, unterteilen wir den Prozess in vier Schritte:

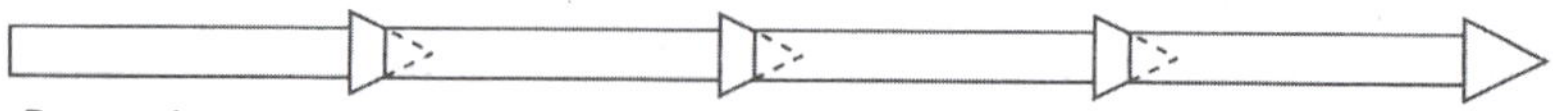

Schema 21

Ein Mensch kann erst dann einen Einfluss auf irgendetwas gewinnen, wenn er voraussagen kann, was geschehen wird. Das muss nicht unbedingt hundertprozentig stimmen, wohl aber annähernd. Etwas voraussagen kann man aber nur, wenn man bereits ähnliche Situationen erlebt hat und weiß, was abläuft. Man erkennt die Situation, oder man merkt, dass sie einer früheren ähnlich ist. Ein Wiedererkennen ist aber nur dann möglich, wenn man tatsächlich dem folgen kann, was in der näheren Umgebung geschieht.

Folgen können

Fangen wir von vorn an: Ist der Mensch mit herausforderndem Verhalten in der Lage, dem Betreuer zu folgen? Wie kann man ihn so weit bringen? Welche Haltung sollte der Betreuer einnehmen, damit der andere ihm möglichst gut mit Augen und Ohren folgen kann? Soll er stehen, sitzen, liegen? Welchen Abstand sollte der Betreuer einhalten, damit die Fähigkeit des Menschen mit der Behinderung, ihm zu folgen, so wenig wie möglich von einem Gefühl der Bedrohung getrübt wird? Vor allem bei einer ersten Kontaktaufnahme sind diese Punkte entscheidend.

Es gibt verschiedene Möglichkeiten, jemandem entgegenzutreten: geradewegs auf ihn zulaufen, dabei mit Worten und Gebärden das deutlich machen, was man zu tun vorhat. Der Betreute bekommt dabei mit einem Mal sehr viele Informationen, die er verarbeiten muss. Wer kommt da auf ihn zu, warum, was will der, was macht der?

Man kann die Sache auch etappenweise angehen: Der Betreuer lässt sich aus der Ferne betrachten. Er bleibt im Gesichtsfeld der Person, sieht sie aber selbst nicht an. Danach verringert er den Abstand, aber nicht so weit, dass er plötzlich direkt vor dem Betreuten steht. Der Betreuer passt sich in seiner Haltung der Haltung des behinderten Menschen an: Er stellt oder legt sich ebenfalls hin. Er kann die Aufmerksamkeit des anderen mit einem vertrauten Geräusch wecken: Er nennt den Menschen mit der Behinderung bei seinem Namen oder sagt etwas anderes, was beide kennen. Erst dann übermittelt der Betreuer die Information und lässt ihm Zeit zum Verarbeiten. Nun erst kann man erwarten, dass der Betreute Anstalten macht, auf die Nachricht zu reagieren.

Sinnesorgane

Dem Betreuer gelingt es nur dann, dem Menschen mit geistiger Behinderung Gelegenheit zu geben, ihm zu folgen, wenn er weiß, wie der Betreffende sich in seiner Umwelt orientiert, welche Sinnesorgane ihm die wichtigsten sind. Orientiert er sich vor allem sehend oder hörend, oder zieht er es vor, seine Umwelt tastend zu erleben?

Natürlich verwenden die meisten Menschen sämtliche Sinnesorgane gleichzeitig, doch oft dominiert eines. Das ist häufig situationsabhängig. Es lässt sich beobachten, dass verletzbare Menschen manchmal weniger gen au schauen, doch sie scheinen dann schärfer zu hören. Andere füllen ihre Ohren mit selbst erzeugten Geräuschen (Brummen, Kreischen) oder mit Musik, während sie gleichzeitig immer wieder genau die Umwelt betrachten.

Position

Man muss auch überlegen, welche Position man dem Betreuten gegenüber einnimmt. Stellt man sich vor ihn hin oder lieber neben ihn? Für ihn ist es leichter, den Betreuer wahrzunehmen, wenn dieser sich neben ihn stellt, setzt oder legt. Steht ihm der Betreuer direkt gegenüber, muss er zu viele Informationen auf einmal verarbeiten. Steht oder sitzt der Betreuer hingegen neben ihm, kann er selbst wählen, mit welchem Sinnesorgan er den Kontakt aufnimmt: aus den Augenwinkeln, über das Gehör oder durch eine zufällige Berührung.

Wie bei allen Aspekten der Betreuung ist es auch beim Bestimmen der Kommunikations-Position von großer Bedeutung, dass der Betreuer zu sehen lernt, was er selbst tut. Diese Haltung gilt es zu entwickeln.

Folgendes lässt sich oft beobachten: Der Klient wirft einen schnellen Blick auf seinen Betreuer, oder er wechselt kurz ein Wort mit ihm. Der Betreuer deutet das schon als Möglichkeit, seinem Klienten in die Augen zu schauen oder ihn direkt anzusprechen. Das ist der normale Umgang zwischen Menschen, folglich reagiert der Betreuer so. Aber in diesem Fall hätte er das besser nicht getan, denn er bringt damit seinen Klienten sofort in eine bedrohliche Situation.

Wird sich der Betreuer seiner eigenen Automatismen bewusst, das heißt der Art seines Kommunizierens, dann lernt er auch zu erkennen, wann diese Automatismen günstig oder ungünstig für den Menschen mit geistiger Behinderung sind.

Zwischen Personen mit festgefahrenen Verhaltensmustern und ihren Betreuern verläuft die Kommunikation eben anders. Stößt der behinderte Mensch den Arm des Betreuers weg, bedeutet das nicht immer, dass er keinen Kontakt haben will.

Körpersprache

Die Kunst der Betreuung besteht darin, die eigene Art des Reagierens nicht als Norm für die Reaktionsweise anderer zu sehen. Viele Menschen machen das ganz automatisch, aber Betreuer von Personen mit Problemverhalten sollten diese Automatismen aufgeben. Sie sollten sich die Kunst des unvoreingenommenen Sehens und Hörens aneignen, sollten verstehen, was das, was sie sehen und hören, für den anderen bedeutet. Umgekehrt ist es wichtig, dass die Signale, die sie mit ihren Körpern aussenden, mit dem übereinstimmen, was sie sagen und ausdrücken. Erst dann kann der Mensch mit geistiger Behinderung seinen eigenen Sinnesorganen beim Verstehen seines Betreuers vertrauen. Einen Betreuer, der nette Worte spricht, aber ungeduldig ist, kann er nicht verstehen. Die Botschaft ist doppeldeutig. Und die Botschaft, die der Körper aussendet, ist überzeugender als das, was über die Stimme vermittelt wird. Dies in Erläuterung zu Punkt c, Erleben (S. 126).

Betreuer sollten sich ständig darüber im Klaren sein, was sie sagen und tun. Und auch meinen, was sie sagen. Denn der Körper lügt nicht.

Wiedererkennen

Man kann jemanden beim Wiedererkennen helfen, wenn Dinge oft wiederholt werden. Bekannte Geräusche, bekannte Bewegungen, Lieder und Gesprächsthemen sorgen für eine vertraute Umgebung. Interessiert sich der Betreute beispielsweise für den Bart des Betreuers, dann soll der ihn immer wieder daran fühlen lassen, wenn er ins Zimmer kommt. Betreuer können durch ihre Stimme oder durch besondere Berührungen den anderen spüren lassen, dass sie es sind (vgl. Punkt c, S. 126).

Wenn etwas immer in derselben Reihenfolge geschieht, hat der behinderte Mensch eine Chance, Dinge wieder zu erkennen, und kann sie später vielleicht auch vorhersehen.

> Wenn der Betreuer immer zusammen mit dem Klienten das Handtuch und das Badezeug einpackt, bevor sie schwimmen gehen, dann weiß der Betroffene nach einigen Malen, dass auf das Einpacken der Schwimmsachen das Schwimmen folgt. Durch das Wiederkennen wird das Leben übersichtlich.

Vorhersehen

Wir gehen noch einen Schritt weiter: Erkennt man einmal, dass die Dinge eine bestimmte Ordnung haben oder bestimmte Dinge miteinander zu tun haben, dann kann man sie vorhersehen. Gerade für Menschen, die sich in einer schweren Krise befinden, ist es entscheidend, dass ihr Leben möglichst frei bleibt von Zufälligkeiten, von unvermuteten Ereignissen und unvorhergesehenen Reaktionen. Wer das Gefühl bekommt, Dinge vorhersagen zu können, kann im Verstehensprozess fortfahren und versuchen, Einfluss auszuüben, selbst mitzumachen. Wenn die Person weiß, dass auf das Holen der Badesachen das Schwimmen folgt, kann sie selbst die Badesachen holen und so deutlich machen, dass sie Lust zum Schwimmen hat. Ein guter Betreuer zeigt, dass er verstanden hat und geht mit der Person schwimmen bzw. macht deutlich, wann das geschehen kann. In diesem Beispiel ging es also um die Art der Beziehung (vgl. S. 126 Punkt b).

Einfluss ausüben

Menschen haben ein fundamentales Bedürfnis, ihr eigenes Leben beeinflussen zu können. Dieses Bedürfnis ist so stark, dass man in Notsituationen versucht, das Geschehen zu beeinflussen, noch ehe man die Folgen einzelner Handlungen übersehen kann.

Der Verstehensprozess beginnt, wie gesagt, damit, dass jemand einem Geschehen folgen kann, danach folgen das Wiedererkennen, das Voraussehen und dann das Einfluss ausüben. Bei Personen mit festgefahrenen Verhaltensmustern jedoch ändert sich diese Reihenfolge. Das Einfluss ausüben bekommt oft die Funktion einer Notbremse: Ich kann dem, was geschieht nicht mehr folgen, ich werde jetzt etwas unternehmen, sodass ich wieder dem folgen kann, was geschieht. Eventuelle schmerzhafte Folgen werden in Kauf genommen. So etwas geschieht natürlich nicht absichtlich. Es ist eine Form, dem lebensbedrohenden Chaos ein Ende zu setzen. Es ist ein Notsignal, aus dem die Betreuer schließen können, dass der behinderte Mensch keine Möglichkeit sieht, auf seine eigene Art und Weise zu folgen, wieder zu erkennen, vorauszusehen und Einfluss auszuüben.

Weit zurück

Manchmal ist es notwendig, mit der Anpassung und dem Abstimmen sehr weit zurückzugehen, bis die betreute Person wieder im Stande ist, einem Vorgang zu folgen. Vielleicht ist es besser, wenn der Betroffene eine Weile allein in seinem Zimmer bleibt. Nicht als Strafe oder um ihn zu isolieren, sondern um die Menge der Geräusche, Gebärden und Berührungen auf ein Minimum zu beschränken. Dabei geht es nicht um einen reizarmen Zustand, nicht um die Begrenzung störender Einflüsse. Es wird vielmehr eine

Situation geschaffen, die dem Betreuten die Möglichkeit bietet, vorsichtig und auf seine eigene Weise wieder dem zu folgen, was geschieht, es wieder zu erkennen, vorauszusehen und Einfluss auszuüben. So kann er sich wieder vorsichtig an Aktivitäten beteiligen, ohne fortwährend wie auf Zehenspitzen zu gehen. Dieses Vorgehen hilft ihm, um von einer sicheren und ruhigen Basis aus den Kreis seiner Aktivitäten zu erweitern.

Der Inhalt der Botschaft

Erst wenn der Verstehensprozess abgeschlossen ist, d.h., wenn die Punkte b, c und d erarbeitet wurden, kann die inhaltliche Kommunikation – Punkt a – voll zur Geltung kommen. Eine Kommunikation über das, was Betreuer und Betreuter voneinander im ständigen Austausch verstanden haben.

Die inhaltliche Kommunikation entwickelt sich bei Menschen in Etappen. Im Folgenden wird eine Übersicht geboten, mit deren Hilfe man bestimmen kann, auf welchem Niveau inhaltlicher Kommunikation sich jemand befindet. Die einzelnen Sinnesorgane haben in jedem Stadium eine unterschiedliche Bedeutung. Im 3. Stadium ist beispielsweise der Tastsinn am wichtigsten, und das Sehen kommt zuletzt. Im 4. Stadium ist das Tasten noch immer sehr wichtig, aber das Hören nimmt an Bedeutsamkeit zu.

Mit dem Wort ‚Symbol' ist die Fähigkeit gemeint, durch Worte oder Gebärden auf Objekte oder Ereignisse durch ‚Zeichen' zu reagieren, die von anderen Menschen verstanden werden. Das ist notwendig, um Sprache zu verstehen und um eventuell selbst zu ‚sprechen', sei es durch Wort oder Gebärde.

Mit Hilfe dieses Schemas (Schema 22) kann man das Niveau der inhaltlichen Kommunikation eines Menschen klären und versuchen, die Bedeutung eines bestimmten Kommunikationsmittels für ihn zu bestimmen. Ganz allgemein skizziert das Schema die aufeinander folgenden Schritte, die innerhalb des normalen Verstehens- und Kommunikationsprozesses durchlaufen werden. Ein Neugeborenes nimmt Informationen über seine Haut und durch Bewegungen auf. Schon nach ein paar Tagen kann das Baby differenzierte Information wahrnehmen: Es fühlt den Unterschied zwischen kalt und warm, zwischen hart und weich. Und es hört auch bereits, ob ein Tonfall streng oder sanft ist. Nach einigen Wochen beginnt es, mit seinen Augen die Dinge zu unterscheiden. Es tastet nicht mehr nur, sondern sieht und hört, was um es herum ist. Wieder einige Zeit später beginnt es zu verstehen, dass die Dinge Namen haben: Das Radio etwa ist das ‚Lala'. Mit einem bestimmten Geräusch deutet es auf einen Gegenstand oder auf eine Person: Es benutzt Symbole. Der Gebrauch von Symbolen nimmt einen immer wichtigeren Stellenwert ein. Nach einiger Zeit muss es die Dinge nicht mehr anfassen, um sie zu ‚begreifen'. Das Abstraktionsniveau der Symbole, die es verwendet, nimmt zu. Aus dem ‚Lala' wird ein Radio, das Radio erweist sich als Teil einer Stereoanlage, die Stereoanlage gehört zum Mobiliar.

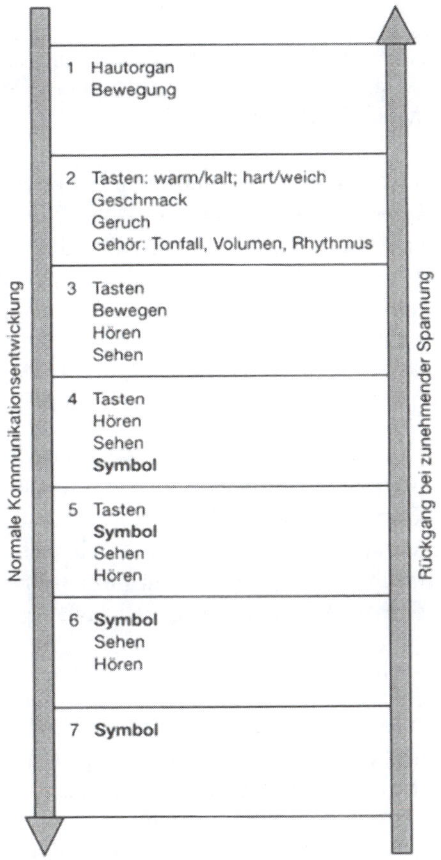

Schema 22: Niveaus inhaltlicher Kommunikation. Das Schema zeigt, dass die Bedeutung von Zeichen oder Symbolen relativ ist. Sie schiebt sich allmählich in den Vordergrund.

Falsche Einschätzung

Wer mit Kindern oder Erwachsenen kommuniziert, die geistig behindert sind, setzt sich der Gefahr falscher Einschätzungen aus. Vor allem bei größeren Kindern oder bei Erwachsenen, die im Stande sind, Wörter zu sprechen oder Gebärden zu machen, neigt man leicht dazu, den verwendeten Symbolen einen zu großen Stellenwert einzuräumen. Über Handlungen, wie etwa das Ergreifen von Gegenständen, oder durch das Beobachten des anderen kann man viel mehr Information erhalten. Die wenigen Worte sind nur Ergänzungen.

Eine andere Form der Fehleinschätzung geschieht bei Personen, die wirklich keine Wörter verwenden, die aber manchmal auf alle möglichen Arten ausdrücken wollen, dass sie etwas wollen.

Jemand deutet auf ein Bild auf der Wand, auf dem ein Kind dargestellt ist, das auf der Toilette sitzt. Oder er deutet auf die Seifenschale. Oder er tut, als wasche er sich die Hände mit dem Tischtuch.

Die Botschaft wird nicht erkannt, da man nicht erwartet, dass die Person auf diese symbolische Weise etwas aussagen möchte. Diese Erwartung gründet sich vor allem in der Tatsache, dass der Betreffende nicht spricht und nicht einmal der Sprache ähnliche Geräusche macht. Das ist eine Form der Unterschätzung, wobei der fehlende Wort- und Sprachgebrauch mit fehlendem Wort- und Sprachverständnis gleichgesetzt wird. Für Menschen mit geistiger Behinderung ist der Gebrauch von Worten Teil eines verzweigten Informationsnetzes, in dem die Sprache nur einen bescheidenen Platz einnimmt.

Daneben gibt es noch einen weiteren Grund, der Betreuer dazu verleitet, auf einem zu hohen Niveau zu kommunizieren. Sie realisieren nicht, dass Menschen mit geistiger Behinderung und herausforderndem Verhalten sehr verängstigt sind, dass sie sich unsicher fühlen. Auch wenn jemand unter normalen Umständen durchaus im Stande ist, auf einem bestimmten Niveau zu kommunizieren, wenn er beispielsweise sehr gut sprachlich ausdrücken kann, was er will, und die Worte seines Betreuers gut versteht, nimmt diese Fähigkeit bei großer Anspannung ab.

Auf Grund der Spannung hat er große Mühe, die eingehenden Informationen so zu ordnen, dass er sie versteht. Das gelingt ihm nicht mehr auf dem sonst üblichen Niveau. Der Betreuer ist jedoch daran gewöhnt, sich verbal mitzuteilen: ‚Zu anderen Zeiten versteht er ja, was gemeint ist, weshalb sollte er es jetzt nicht verstehen?" So wird eine Kommunikation, die im Niveau nicht der Befindlichkeit des behinderten Menschen angepasst ist, zu einer chronischen Quelle von Spannungen mit dem Betreuer.

Beständigkeit und Variation

Der Tagesablauf von Menschen mit geistiger Behinderung und ihren Betreuern zeigt eine Abfolge von zielgerichteten und weniger zielgerichteten Aktivitäten. Diese Abfolge ist weitgehend vorhersehbar, nichts Außergewöhnliches wird passieren. Gerade diese Vorhersehbarkeit ermöglicht Variationen. Auf diese Weise ist Vorhersehbarkeit keine geisttötende Routine mehr.

Peter kennt die Uhr. Er liest das Fernsehprogramm und kann von vielen Programmen einwandfrei angeben, wann sie beginnen. Doch er erweckt nicht den Eindruck, als habe er durch das Ablesen der Uhr tatsächlich einen Überblick über die Zeit. Zeitlich orientiert er sich vor allem an der bekannten Abfolge von Aktivitäten und Unternehmungen. Peters Wissen basiert viel weniger auf Übersicht und Einsicht als vielmehr auf Gewohnheiten und Routine. Die bestimmen seinen Tagesplan. Bleibt er sich selbst überlassen, klammert er sich immer stärker an diese Routine. Deshalb sollte mit ihm der Zeitplan für den Tag, den Abend oder das Wochenende immer im Voraus abgesprochen werden.

Sich auf Zukünftiges einzustellen, bedeutet immer auch ein Loslassen des Vergangenen. Nicht angekündigte Veränderungen im gemeinsam festgelegten Tagesverlauf können leichter akzeptiert werden, wenn sie für den behinderten Menschen wiedererkennbar reizvolle Aspekte enthalten. Abweichungen von der Routine werden leichter angenommen, wenn man betont, dass für die Interessen und Bedürfnisse des Betroffenen gesorgt ist. Er erträgt Veränderungen innerhalb seines festen Programmes leichter, wenn sie vorbereitet werden. Veränderungen können als Übergänge von Altem zu Neuem gesehen werden. Bevor er sich dem Neuen zuwendet, muss der Betroffene erst das Alte losgelassen haben.

Peter ist noch im Garten beschäftigt. Seine Mutter ruft ihn nicht erst in dem Moment, wenn er tatsächlich zum Essen kommen muss. Sie baut einige Schritte ein, die ihm die Gelegenheit geben, sich auf das Folgende einzustellen. Das hilft ihm, seine gerade ausgeübte Beschäftigung loszulassen.
„Peter, ich decke jetzt den Tisch. Kommst du bald?"
Etwas später:
„Peter, ich stelle jetzt das Essen auf den Tisch." Wenn es so weit ist:
„Peter, wir (du, ich und andere Namen) wollen jetzt essen. Wasch dir die Hände und setz dich zum Tisch, dann tu ich dir was auf."

Erwartungen

Das bisher Gesagte macht deutlich, dass Betreuer leicht in die Gefahr kommen, einen Menschen mit Problemverhalten falsch einzuschätzen. Sie wissen, wie er unter normalen Umständen agiert, und erwarten, dass er das auch unter weniger günstigen Umständen kann. Schließlich steht auch in den Akten und Tagesberichten, was man von ihm erwarten kann.

Meist ist einem Betreuer nicht bewusst, wie er einen Klienten einschätzt und auf welchen Voraussetzungen diese Einschätzung beruht. Um das günstigste Kommunikationsniveau für den Betreuten festzustellen, ist es aber notwendig, dass der Betreuer seine eigenen Erwartungen kennt. Erst dann kann er ein Kommunikationsniveau wählen, das der Geschwindigkeit und dem Abstraktionsvermögen seines Klienten entspricht.

An Schema 22 (S. 133), das die normale Entwicklung der Kommunikationsfähigkeit eines Menschen zeigt, kann man erkennen, auf welche Phasen man die Kommunikation reduzieren muss, um ein angemessenes Niveau zu erreichen.

11. Vertrauen zu anderen Menschen erwerben (3): Hinreichend vertrauenswürdig

Wie vertrauenswürdig ist der Betreuer?

Personen mit herausforderndem Verhalten können ihre Betreuer sehr persönlich treffen. Der eine macht das mit Worten: Er fühlt haargenau, welche Themen er anschneiden muss, um den Betreuer zu ärgern. Ein anderer tut es durch Handlungen: Er weiß genau, was der Betreuer nicht erträgt: an den Haaren ziehen oder auf eine Weise kreischen, dass sich einem die Nackenhaare sträuben. Auch der Betreuer weiß, dass der Betreute weiß, dass er Derartiges nicht aushalten kann. Und es hat den Anschein, als ob der Klient es aus genau diesem Grund macht, so als wolle er seinen Betreuer persönlich treffen. Er treibt ihn in die Ecke und findet genau dessen schwachen Punkt. Gerade wenn der Betreuer seine Schwachstellen bewusst überspielen möchte, fängt der andere damit an, ihn zu ärgern. Gerade dann, wenn der Betreuer nichts mehr erträgt, zieht ihn der andere an den Haaren oder tritt ihm gegen das Schienbein.

Derartige Erfahrungen führen schnell dazu, dass Gruppenleiter mit verbissenem Mund in der Teambesprechung sagen: „Er ist ein gemeiner Kerl. Ich kann nichts mehr mit ihm anfangen. Ich habe mich oft genug um ihn bemüht." Oder: „Ich weiß, dass es nicht gut ist, und ich will es auch nicht, aber ich kann mich nur noch mit ihm zanken."

Manche nennen derartiges Verhalten der Bewohner Sadismus oder Schikane. Ich möchte es lieber Suchen nach den schwachen Stellen nennen. Dieses Verhalten findet sich bei fast allen Menschen, die aktuell oder in der Vergangenheit ein schwerwiegendes Problemverhalten haben oder hatten. Meist hören sie damit auf, wenn ihre Betreuer auf eine bestimmte Weise reagieren. Die Frage ist nur: Wie können die Betreuer angemessen reagieren?

Persönliche Grenzen

Verliert ein Betreuer seine Fassung und zeigt so eine persönliche Grenze, die niemand überschreiten darf, führt das lediglich dazu, dass das herausfordernde Verhalten des Bewohners schlimmer wird. Daher ist es wichtig, wie Betreuer mit Grenzüberschreitungen umgehen.

Ist der Betreuer genauso verzweifelt wie der Betreffende, der ihn an seine Grenze getrieben hat, wird alles nur schlimmer. Ist er dagegen im Stande, seine eigenen Grenzen ruhig und ohne viel Aufhebens deutlich zu zeigen, überträgt sich die Ruhe auf denjenigen, der die Schwachstelle gesucht hatte. Es ist, als sei es nur darum gegangen. Als habe er nur sicher sein wollen, dass der Betreuer nicht in Panik gerät, wenn er persönlich getroffen wird.

Menschen mit schwerwiegenden Verhaltensproblemen sind nicht nur durch das Verhalten gekennzeichnet, das ihnen selbst und anderen große Sorgen bereitet. Sie haben auch andere gemeinsame Kennzeichen. Eines davon ist die Zerbrechlichkeit ihres Vertrauens in andere Menschen. Wenn man sich ihre Vergangenheit ansieht, entdeckt man eine Kette von Fehlschlägen und Betreuerwechseln, von Beziehungen, die zerbrochen sind. Als Ursache der Fehlschläge wird in den Berichten meist angegeben, es sei ‚nicht mehr gegangen'. Kurzum: Seine Lebensgeschichte gibt dem Betreuten wenig Veranlassung, sich selbst oder anderen zu vertrauen. Immer wenn bisher eine Krise ausbrach, musste er weg, oder andere sahen sich gezwungen, die Beziehung zu ihm abzubrechen.

Trifft man als Gruppenleiter auf einen Bewohner mit einer Vergangenheit voller abgebrochener Beziehungen, dann reicht es nicht aus, nur freundlich und einfühlsam zu sein. Die Phase des Kennenlernens ist erst beendet, wenn beide wissen, wo die Grenzen der Belastbarkeit des Betreuers liegen, und vor allem: wie er seine Grenzen deutlich macht.

Menschen mit herausfordernden Verhaltensweisen suchen auf sehr unterschiedliche Weise nach den Grenzen ihres Betreuers und nach der Art, wie er seine Grenzen verteidigt. Einer tut etwas, das vom Betreuer längst untersagt wurde. Er zerreißt zum Beispiel das Heft, in das der Betreuer schreibt. Oder er packt ihn, wenn der Betreuer mit anderen zusammen gemütlich auf der Bank sitzt, plötzlich so fest um die Taille, dass der Betreuer sich nicht mehr bewegen kann. Mancher Betreute verwendet sein Problemverhalten in abgeschwächter Form, um die Schwachstelle seines Betreuers zu suchen, indem er ihn an den Haaren zieht, stößt oder mit etwas droht.

Tosca schreibt in das Haushaltsbuch. Marco setzt sich zu ihr. Sie fühlt sich bedrängt, denn sie hat schon früher erlebt, dass Marco einfach so, ohne Anlass, das Heft zerrissen hat. Sie dreht sich halb von ihm weg und schirmt das Haushaltsbuch mit ihrem Arm und ihrer Schulter ab. Kurz darauf streckt Marco herausfordernd seine Hand nach dem Heft aus. „Aufhören, Marco", warnt sie ihn mit leichter Panik in der Stimme. Als habe er nur darauf gewartet, zieht Marco jetzt an dem Heft. Tosca ruft laut: „Theo komm her, Marco macht es wieder." Ihr Kollege kommt herein und reagiert unmittelbar auf das Gezerre. Er packt Marco von hinten, zieht ihn von seinem Stuhl und drückt ihn in eine Ecke. „Jetzt ist Schluss", zischt er ihn an. Marco schaut ihn überrascht an.
Dann sieht er über ihn hinweg zu Tosca. Sie steht buchstäblich mit zerzausten Haaren da. „Gib das Heft zurück!", ruft sie, und ihre Stimme überschlägt sich. Jetzt erst zerreißt Marco das Heft wirklich, während er gespannt auf ihr Gesicht

starrt. „Nein, tu es nicht“, schreit Tosca. Theo befiehlt Marco aufzustehen und bringt ihn in sein Zimmer. Marco geht rasch und ruhig mit.
Es ist sehr wahrscheinlich, dass er Tosca das nächste Mal noch schneller und gemeiner an ihrer Schwachstelle erwischen wird. Schließlich hat er zum zweiten Mal erlebt, dass er sie über dieses Heft in ihrem Innersten treffen kann. Wenn es wirklich darauf ankommt, reagiert sie genauso verzweifelt wie er selbst. Für ihn gibt es also nur wenig Grund, ihr zu vertrauen. Oder noch schlimmer: Sie wird ihm nicht mehr trauen.

Aus diesem Vorfall sollte man nicht ableiten, dass ein Betreuer in schwierigen Momenten nicht um Hilfe bitten darf. Ein Betreuer muss nicht jederzeit alles allein schaffen.

Er sollte sich jedoch fragen, wie er die Hilfe einsetzen kann, um das Durcheinander selbst zu klären. Ein Kollege kann ein guter Beistand sein, wenn man mal Dampf ablassen muss. Aber danach sollte der Betreuer selbst wieder agieren.

Personen, die anderen Menschen wenig vertrauen, suchen fortwährend nach deren Grenzen. Das geschieht nicht nur mittels störender Handlungen, sondern auch durch positive Aktionen.

So probiert Marco immer aus, wie weit er gehen kann. Er will die Hand des Betreuers, und wenn er sie bekommt, hält er sofort beide Hände fest und hat blitzschnell den Betreuer fest im Griff. Ruhiger wird er dadurch aber nicht.
Wenn man zusammen mit Marco auf dem Tandem sitzt, will er erst die eine Hand des Betreuers festhalten, danach auch die andere. Doch es ist auch ihm klar, dass das auf einem Tandem nicht möglich ist. Das Tandem scheint eine der wenigen Möglichkeiten zu sein, wie man Marco nah sein kann, ohne dass Probleme entstehen. Auf dem Tandem ist es nicht nötig, Nein zu sagen, schließlich müssen die Hände auf dem Lenker sein, andernfalls fallen beide um.

Periodische Kontrolle

Marcos Neigung, Grenzen zu suchen, wurde dann nicht länger als ein Problem, sondern als ein Faktum betrachtet, als Ausdruck einer sehr unsicheren und verängstigten Person, die nur mit einem ganz kleinen Teil ihres ‚Selbst‘ umgehen kann. Inzwischen ist klar, dass man aufpassen muss, wenn Marco einen Neuankömmling kennenlernt/kennenlernen will. Auch bei Menschen, zu denen er mittlerweile Vertrauen aufgebaut hat, wird er dann und wann an den Grenzen rütteln, als müsse er in gewissen Abständen kontrollieren, ob noch alles sicher ist. Verhält sich ein Mensch mit geistiger Behinderung in dieser Weise, ist es für ihn selbst wie für seine Betreuer gut, wenn man ihn schnell merken lässt, wo und wie die Grenzen verlaufen. Unternimmt man etwas mit ihm, sollte man anfangs deutlich spüren lassen, was man ihm zugesteht und was nicht, sodass er es nicht selbst ausprobieren muss. Er muss nicht extrem reagieren, um seine Ruhe zu finden.

Absprachen

Wenn Gruppenleiter, die normalerweise in einer freundlichen und sanften Atmosphäre arbeiten, auf eine sehr bestimmende Weise mit jemandem umgehen müssen, tun sie das oft gegen ihr Gefühl. Sie machen das erst dann, wenn sie einsehen, dass es wirklich nicht anders geht.

Geht ein Betreuer freundlich und sanft mit Marco um, wird dieser Klarheit herstellen wollen und wird den Betreuer zwingen, sie ihm zu geben. Dieser Zwang verunsichert den Betreuer. Er möchte am liebsten nett zu Marco sein, aber dieser zwingt ihn, Grenzen abzustecken. Der Betreuer, der das eigentlich nicht will, wird ärgerlich und unwirsch. Für Marco bedeutet das, dass er einen wichtigen Teil des Betreuers erst zu sehen bekommt, wenn dieser unfreundlich oder unsicher wird. Dies kann den Betreuer zu der falschen Annahme verleiten, dass Marco ihn reizen wollte.

Die Lösung, die auf der Hand liegt, besteht darin ‚Struktur' zu schaffen. Dem Klienten muss Struktur geboten werden, damit er die erforderliche Klarheit hat. Dafür sollte allgemein abgesprochen werden, was möglich ist, wie der Tag gestaltet wird und wer für was verantwortlich ist. So weiß Marco viel schneller, wo die Grenzen liegen. Damit vermeidet man, dass der Gruppenleiter einen großen Teil des Tages damit beschäftigt ist, abzuwägen was gerade noch geht und was nicht. Dieses Vorgehen hilft neuen Gruppenleitern, sich in Konfrontationen sicherer zu verhalten, sodass die Gefahr, in eine persönliche Verteidigung abzurutschen, verringert wird.

Absprachen haben aber nicht auf jeden Menschen die gleiche Wirkung. Verschanzt sich ein Betreuer hinter einer Absprache, kümmert sich Marco nur noch wenig darum. Er will dann von der Absprache nichts mehr wissen. Er will stattdessen herauskriegen, was seine Betreuer aushalten können. Je unpersönlicher sie versuchen, Dinge zu regeln, umso stärker sucht er nach ihren persönlichen Grenzen. Besonders bei Menschen, die sich mit ‚Absprachen' umgeben, die Regeln um der Regeln willen erfüllen, trifft Marco zielsicher Schwachstellen.

Herausfordern

Ausprobieren und Grenzen testen sind normale Erscheinungen der menschlichen Sozialentwicklung. Säuglinge bis zu sieben Monaten vertrauen den Menschen, die sie wieder erkennen. Bis zu diesem Alter reicht das, danach braucht es mehr. Ältere Kleinkinder wollen Menschen nicht nur wieder erkennen, sondern sie möchten auch wissen, wer diese Personen sind. Wenn kleine Kinder anfangen zu fremdeln, befinden sie sich in der Übergangsphase. Von da an ist Herausfordern sehr natürlich. Es beginnt mit einem Lächeln, wird später aber ernster. Auch Menschen ohne eine geistige Behinderung haben eine Vorliebe für bestimmte Personen, während sie von anderen nichts wissen wollen. Die günstige Entwicklung einer sicheren abhängigen Beziehung mit einzelnen Betreuern bedeutet zuweilen, dass es für andere Betreuer dann schwer wird, ähnliche Beziehungen aufzubauen.

Ein Betreuter mit Problemverhalten hält sich offensichtlich näher bei einigen seiner Betreuer auf. Es ist, als reagiere er mit Scheu auf einen neuen Betreuer. Dieses Verhalten hat er bisher nie gezeigt. Im letzten Jahr hatte er es ‚Neuen' noch relativ leicht gemacht. Sie hatten gleichsam einen Stein im Brett. Je unbekannter sie waren, umso leichter klappte es. Jetzt kann er ‚Neue' nicht ausstehen. Sie müssen sich regelrecht bei ihm einschmeicheln, wenn sie Einfluss auf ihn ausüben wollen.

Die normalen Probleme und Zweifel von Erziehern verschärfen sich in der Betreuung von Menschen mit festgefahrenem Verhalten. Das ist nicht überraschend, denn es geht um Menschen, die viele negative Erfahrungen hinter sich haben. Jeder Versuch des Betreffenden, einem anderen zu vertrauen, scheiterte: Entweder konnte der jeweilige Betreuer die Situation nicht aushalten, oder er verschwand aus anderen Gründen. Es gibt Betreute, die sich nicht mehr darauf einlassen wollen, Vertrauen aufzubauen, die keine Kraft mehr investieren wollen. Marco konnte aus seiner Lebensgeschichte nicht den Schluss ziehen, dass er Erziehern vertrauen könnte.

Restphänomene

Am Ende einer oft langen und hartnäckigen Periode des Ausprobierens und Prüfens von Grenzreaktionen bleiben manchmal noch Restphänomene zurück. Sie haben die Funktion eines ‚Codewortes'. Der Betreute tut oder sagt etwas, und wenn der Betreuer auf eine bestimmte Art und Weise reagiert, dann ist es gut.

Marco beißt sich, nicht allzu fest, tagtäglich selbst in den Arm und ruft dann: „Au, auf!" Reagiert der Betreuer kurz und prägnant und mit einem humorvollen Unterton, setzt Marco schmunzelnd seine vorherige Tätigkeit fort.

Marco war lange auf eine bestimmte Gruppenleiterin fixiert. Wenn sie morgens hineinkam, überfiel er sie und versuchte, sie zu beißen. Folgendes ist davon noch übrig geblieben:

Wenn die Gruppenleiterin morgens zum ersten Mal hineinkommt, geht Marco an ihr vorbei und zwickt sie schnell in den Nacken. Reagiert sie darauf mit einem ruhigen „Guten Morgen, Marco", geht er lachend weiter.

Diese kurzen und wieder erkennbaren Reaktionen sind Restphänomene einer lang andauernden Periode des Abtastens von Grenzen auf der Suche nach Sicherheit. Die ganze Skala von Mitteln, die Marco benutzte, hat sich in eine nicht sehr kraftvolle, aber deutlich erkennbare und verständliche

Morgenbegrüßung verwandelt, in ein Verständigungszeichen. Die Bedeutung ist klar: Wir kennen einander und wissen, was wir aneinander haben.

Das Team ausprobieren

Marco prüft Personen an ihren Schwachstellen, an ihrem wunden Punkt. Andere prüfen ein ganzes Team an seinem schwächsten Glied. Sie spielen die Betreuer gegeneinander aus, verdrehen Absprachen, suchen fortwährend die Schwachstelle des Teams. Besonders Mitglieder, die selbst noch keine feste Position im Team haben, die zeigen, dass sie nicht mit den anderen übereinstimmen, müssen mit Tests rechnen. Ob Betreute die Grenzen von Einzelpersonen testen oder eines ganzen Teams, sie wissen, dass eine Kette nur so stark ist wie ihr schwächstes Glied. Und sie wollen genau herausfinden, wie viel das schwächste Glied aushalten kann.

Die wichtigen Bezugspersonen

Sicherheit wird also nicht nur aus der Stärke einer Einzelperson abgeleitet. Auch die ganze Kette der wichtigen Bezugspersonen innerhalb des Betreuerteams oder der Familie werden geprüft. Denn außer dem Betreuer spielen oft auch weitere Personen, z.B. Eltern, Aktivitätenbetreuer, Therapeuten oder Lehrer für die Person mit geistiger Behinderung eine Rolle.

Eine Quelle der Unsicherheit für den geistig behinderten Menschen kann sich daraus ergeben, dass der eine Betreuer einem anderen wenig zutraut. Das kann der Betreuer direkt oder indirekt, grob oder subtil, dem Betreuten vermitteln.

Damit wird möglicherweise die Entwicklung einer vertrauensvollen Beziehung zu einem anderen Betreuer gebremst. Der Betreuer sorgt gleichsam dafür, dass er die ‚noch wichtigere Bezugsperson' bleibt. Dabei handelt es sich meist um unbewusste Aktionen und Reaktionen, die man nicht oder erst im Nachhinein bei sich selbst bemerkt. Umso größer ist der positive Effekt, wenn die Bezugspersonen aus den verschiedenen Bereichen, in denen der geistig behinderte Mensch wohnt, lebt und arbeitet, sich nicht nur gegenseitig genügend vertrauen. Sie können dem Betreuten auch zeigen, dass sie sich gegenseitig zugestehen, für ‚mein Kind', ‚meinen Bewohner' oder ‚meinen Klienten' ebenfalls wichtig zu sein oder wichtig zu werden. Das verringert die Gefahr, dass die verletzbare Person durch die Maschen des sozialen Sicherheitsnetzes fällt.

12. Mit dem herausfordernden Verhalten umgehen lernen (1): Die Behandlung von Zwischenfällen

Versteht man unter Problemverhalten jenes Verhalten, durch das sich eine Person selbst und/oder anderen körperlichen, psychischen oder materiellen Schaden zufügt, dann ist es wichtig, direkt nach einem solchen Zwischenfall festzustellen, wer Schaden gelitten hat. Der Betreffende selbst? Seine Mitbewohner? Seine Betreuer? Alle? (Zur Definition des Umfanges der Problematik vgl. Kapitel 2.)

Der physische, psychische oder materielle Schaden, der durch das Problemverhalten verursacht wird, ist meist so groß, dass man ihn notwendigerweise auf die eine oder andere Weise verringern muss. Geschieht das nicht, werden der Betreute und seine Betreuer immer größere und schwerwiegendere Probleme bekommen.

Es gibt direkten, sichtbaren Schaden. Vieles, das bei allen Beteiligten Gefühle der Ohnmacht, Angst, Wut und Unsicherheit hinterlässt, wird aber nicht oder nicht sofort bemerkt. Auf lange Sicht führen die genannten Gefühle zu außergewöhnlich negativen Erwartungen. Nicht nur die betreute Person ist davon überzeugt, dass sie nichts kann, auch ihre Betreuer sehen nur noch die Fehlschläge.

Die Notwendigkeit, das Problemverhalten direkt zu verändern, ist in der Regel so groß, dass kaum Gelegenheit gesehen wird, sich auf die dahinterliegenden Motive zu besinnen. Gelingt es, das Problemverhalten zu beenden, fühlt man sich nur erleichtert. Das gilt im Übrigen auch für die betreffende Person.

Doch geglückte Versuche, das Verhalten zu beenden, bergen eine große Gefahr. Wenn das ‚Beenden' zum wichtigsten Ziel der Behandlung wird, fügt man nur allzu leicht ein „Wie auch immer." hinzu. Es gibt immer Mittel und Wege, damit jemand aufhört, sich zu schlagen, zu schimpfen, zu stoßen, zu schlingen, zu stehlen oder wegzulaufen: eine Ohrfeige, eine lautstarke Ermahnung, eine Injektion, starke Medikamente, Festbinden oder gewaltsames Festhalten, die Isolierzelle. Die Wirkung tritt sofort ein, das Problemverhalten hört auf. Die Frage ist nur, ob auf längere Sicht das Mittel nicht schlimmere Folgen hat als das Problem. Gilt es, nur immer größere Brandherde mit ständig mehr Wasser zu löschen, oder will man den Brand löschen und zugleich Vorsorge treffen?

Selbstkontrolle

Ausgangspunkt für das Beenden eines Problemverhaltens sollte sein, dass man dem Betreffenden die Möglichkeit eines eigenen Beitrags zugesteht. Dazu muss man herausfinden, in welchem Maße und auf welche Weise er selbst versucht, sein Problemverhalten unter Kontrolle zu bekommen. Dort beginnt die Arbeit der Betreuer. Das ist ein ganz anderer Ausgangspunkt, als beispielsweise durch Medikamente dafür zu sorgen, dass das Problemverhalten nicht mehr vorkommt. Der Versuch, mit Hilfe amüsanter Aktivitäten abzulenken und so das Verhalten zu vermeiden, ist so hilflos wie die Konfrontation mit Strenge, sodass der Betroffene Angst hat, überhaupt noch etwas zu tun. Der analytische Ansatz ist auch besser als ein ständiges Kleinbeigeben, um jeder Frustration und Mühe zuvorzukommen, oder als die Hoffnung, dass das Problemverhalten von selbst vorbeigehen werde.

Bei der Behandlung des Problemverhaltens steht eine Frage im Vordergrund: Wie können eigene Beiträge des Betroffenen zur Entwicklung seiner Selbstkontrolle beitragen? Im fünften und sechsten Kapitel wurde dargestellt, wie Menschen mit herausforderndem Verhalten versuchen, aktiv und passiv mit ihrem Problemverhalten umzugehen.

Die Frage ist also nicht: Wie wird das Problemverhalten beendet? Die Fragen lauten:

- Wie kann der Betroffene anders reagieren, um dieses Ziel zu erreichen?
- Welche Formen des Selbstschutzes und der Selbstkontrolle wendet er bereits an?
- Wie können ihm die Betreuer bei der Weiterentwicklung dieser Formen helfen?

Erst wenn diese Fragen beantwortet sind, kann man mit der Behandlung beginnen.

Wenn ergänzende Hilfe erforderlich ist, sollte sie so angeboten werden, dass dem Betreuten Raum für seine eigenen Selbstkontrollmuster bleibt. Im Verlauf der Behandlung sollte die ergänzende Hilfe wieder abgebaut werden, damit der Betreute erfährt, dass er sehr wohl im Stande ist, sich selbst zu kontrollieren. Je mehr die fremde Kontrolle über sein Problemverhalten abnimmt, umso besser kann er seine eigene ausbauen.

Der Umgang mit Problemverhalten wird hier in zwei Abschnitten dargestellt. Zunächst geht es um den Umgang mit einem Zwischenfall. Das Problemverhalten tritt auf, und was geschieht dann? Handelt es sich um schwerwiegendes und bedrohliches Problemverhalten, muss man zuweilen für zusätzliche Präventivmaßnahmen sorgen. Dadurch begrenzt man die Gefahr, dass das Problemverhalten auftritt. Zugleich kommt es jedoch zu einer Einschränkung der Möglichkeiten des Klienten. Im folgenden Kapitel wird auf das allmähliche Lockern der Präventivmaßnahmen eingegangen, um so die Selbstkontrolle zu fördern.

Abbruch

Unerwartetes und heftiges Problemverhalten kann nicht nur zur Überbelastung aller Beteiligten führen, sondern auch zu einem Abbruch dessen, was der Betreute tut und gerade tun will.

> Wenn Anneke sich schlägt, lässt sie ihren Löffel fallen und hört deswegen mit dem Essen auf.
> Mark schlägt seinen Hausgenossen so heftig, dass alle mit dem Kartenspielen aufhören.
> Klaas schleudert den Aschenbecher über den Tisch und das Gespräch stockt.

Ist ein bestimmtes Problemverhalten die Ursache dafür, dass ein Vorhaben abgebrochen wird, fühlt sich der Betreute beim nächsten Mal in der gleichen oder einer ähnlichen Situation noch unsicherer, selbst wenn er die störende Handlung bewusst oder unbewusst ‚absichtlich' gemacht hat. Diese Unsicherheit erhöht die Wahrscheinlichkeit des Problemverhaltens. Daher ist nach der Unterbrechung die Wiederherstellung der ursprünglichen Situation ein entscheidender Ansatz für weiteres Handeln.

Längerfristig gesehen ist es das Ziel, die Aktivitäten so wieder in Gang zu bringen, dass zukünftig das Problemverhalten unwahrscheinlicher wird. Man sollte dem Verursacher der Störung das Gefühl vermitteln, dass er selbst die Wiederherstellung der vorhergegangenen Situation aktiv beeinflussen kann und so eine Wiederholung vermeiden hilft. Dies bezieht sich nicht nur auf die Handlungen, sondern auch auf Beziehungen, die möglicherweise ebenfalls unterbrochen worden sind.

Ein anderer Ansatz besteht darin, dem Betreuten das Gefühl zu vermitteln, er habe Einfluss auf die Situation, weil der Betreuer bei der Vermeidung des Problemverhaltens mit ihm zusammenarbeitet. Das Schlüsselwort ist auch hier wieder die Selbstkontrolle. Es geht darum, dem Bewohner das Gefühl zu vermitteln, dass er sich selbst allmählich besser in der Hand hat, zunächst mit Hilfe des Betreuers, später zunehmend auch allein. Selbstkontrolle hat kaum etwas mit Intelligenz oder mit Bewusstsein zu tun, wohl aber mit Erwartungsmustern. Jemand, der immer erwartet, dass alles schlecht verläuft, hat keine hohe Meinung von sich selbst. Jemand der erfahren hat, dass er sehr wohl im Stande ist, Angelegenheiten günstig zu beeinflussen – anfangs mit Hilfe anderer, später allein – wird beim nächstes Mal darauf vertrauen, dass es wieder gut geht.

Umgang mit einem Zwischenfall

Den Verlauf eines Problemverhaltens kann man grob in drei Phasen unterscheiden: den Ansatz, das Problemverhalten selber und die Wiederherstellung normalen Handelns (vgl. auch Kapitel 4).

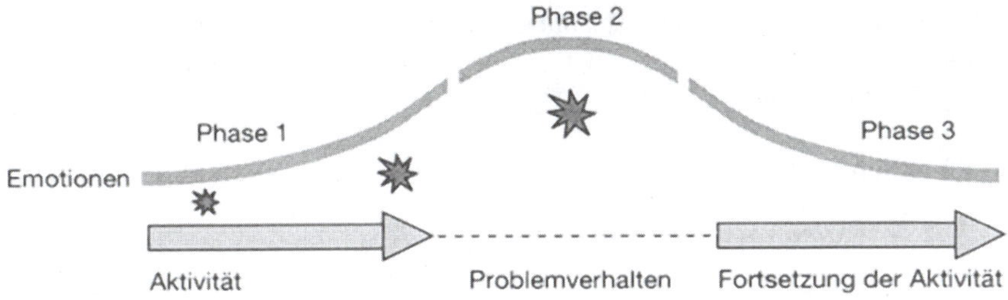

Schema 23: Verlauf des Problemverhaltens

Diese Verlaufsdarstellung orientiert sich am Handeln. Ein ähnliches Bild lässt sich auch vom Verlauf der emotionalen Erregung erstellen: von einer neutralen Spannungssituation über langsame oder rasch zunehmende Spannungen zur Explosion der Gefühle bis zur emotionalen Wiederherstellung. Bei der Reaktion auf einen Zwischenfall müssen beide Aspekte beachtet werden. Der Verlauf des Verhaltens oder Handelns muss vor dem Hintergrund emotionaler Spannungen oder Erregungszustände gesehen werden.

Bei geringer Spannung oder Erregung verschmelzen Ansatz, Problemverhalten und die Wiederaufnahme der vorherigen Situation fast zu einer einzigen Aktion. Je stärker die Spannung zunimmt, desto heftiger wird das Problemverhalten. Zugleich vergrößert sich die Gefahr einer anhaltenden Unterbrechung von Handlung, und die gemeinsame Fortsetzung eines emotionalen Ereignisses oder die Wiederherstellung eines abgebrochenen Kontaktes droht zu scheitern. Um so wichtiger ist es dann, die Aufmerksamkeit auf die Wiederherstellung zu richten.

Kennenlernen

Hat ein Betreuer das Problemverhalten eines Klienten schon öfter erlebt und aufmerksam beobachtet, kann er die Länge des Ansatzes erkennen, die unterschiedlich sein kann. Je länger der Ansatz dauert oder je genauer er wahrgenommen wird, desto größer ist die Wahrscheinlichkeit, den Betroffenen noch während des Ansatzes zu beeinflussen. Er ist dann noch nicht sehr angespannt. Man kann ihn möglicherweise noch beruhigen und seinem Verhalten eine andere Form oder Richtung geben.

Im Umgang mit Problemverhalten sollte man sich als Betreuer darauf besinnen, wie man mit dem betroffenen Klienten umgeht, welchen Lebensraum man ihm bietet. Man sollte sich auch überlegen, ob das eigene Handeln ausreichend an den Möglichkeiten des Klienten orientiert ist.

> Beispielsweise kann man so merken, dass heftiges Kratzen durch langes Warten auf etwas, das bereits angekündigt wurde, ausgelöst wird. Oder: Jemand wird aufgefordert, sich zum Essen an den Tisch zu setzen. Das macht er auch, aber eigentlich war er mit einer Zeichnung noch gar nicht fertig. Niemand hat sich darum gekümmert, womit er sich gerade beschäftigt hatte. Niemand hat ihm beim Beenden dieser Arbeit geholfen.

Viele solcher Auslöser eines Problemverhaltens werden nicht entdeckt, wenn sich die Betreuer nicht selbst einen Spiegel vorhalten, um unbewusste Gewohnheiten und Erwartungen zu entdecken. Selbstanalyse ist ein wichtiges Hilfsmittel, wenn man blinde Flecken bei der Betreuung aufspüren möchte.

Anlass

Die Wahrscheinlichkeit, dass ein Problemverhalten auftritt, vergrößert sich mit der Zunahme der Spannung oder Erregung. Lernt der Betreuer einen Betreuten besser kennen, kann er das Ausmaß von Spannung oder Erregung der Person schneller feststellen. Je differenzierter die Unterschiede gesehen werden, um so größer ist die Wahrscheinlichkeit, die Ursachen steigender Spannung zu entdecken, sofern sie aus dem Umgang mit dem Betreuten oder seiner Umgebung herrühren. Wenn ein Betreuer meint, dass nur negative Erfahrungen zu Erregung führen, hat er Schwierigkeiten zu verstehen, warum der Betroffene auch dann heftig reagiert, wenn etwas Angenehmes passiert ist oder bevorsteht.

Häufig vorkommende Anlässe für zunehmende Erregung und damit indirekt für Problemverhalten sind: Veränderungen von Kontakten, Beziehungen, Räumen, Aktivitäten und dergleichen; erdrückende Kontakte, abrupte Kontaktaufnahme, ein zu hoher oder zu niedriger Anspruch an die individuelle Selbstständigkeit; zu viele oder zu wenige eigene Wahlmöglichkeiten, Unwohlsein; eine langweilige oder unruhige Atmosphäre, ein Mangel an Aufmerksamkeit; Unklarheit darüber, ob der Betreuer den Betreuten mag. Leere, das heißt, sich auf nichts aktiv oder passiv ausrichten können, sich selbst nicht deutlich ausdrücken können, anderen nicht folgen können, buchstäblich oder symbolisch keinen Platz bekommen oder finden.

Weniger bekannte Motive für wachsende Spannung können sich bei Personen zeigen, die den Verlust ihrer Selbstkontrolle bereits erlebt haben. Ihre Anspannung steigt bereits dann, wenn sie sich dem Ort nähern, der für sie mit Kontrollverlust gekoppelt ist, oder wenn damit verbundene Handlungen anstehen. Manchmal reicht bereits eine einzige Bewegung, um die Erinnerung auszulösen.

Je mehr Anlässe zu Problemverhalten bekannt sind, desto größer wird die Wahrscheinlichkeit, wachsende Spannungen zu vermeiden. Da nicht alle Anlässe erkennbar sind, geht das nicht immer. Und selbst wenn die Anlässe bekannt sind, kann man sie dennoch nicht immer vermeiden. Das ist auch nicht unbedingt wünschenswert, denn das Zusammenleben von Menschen bringt nun mal emotionale Erlebnisse mit sich, positive wie negative.

Der Umgang mit Problemverhalten hat neben der emotionalen Komponente und der Handlungsebene auch noch einen dritten Aspekt. Man muss fragen, ob der Mensch mit geistiger Behinderung seine Aufmerksamkeit auf andere Dinge richten kann oder ob er ganz davon okkupiert ist, dass etwas schief gehen kann.

Will man entscheiden, wie man mit einem bestimmten Problemverhalten am besten umgeht, sollten die folgenden drei Fragen in die Überlegung einbezogen werden: Wie wichtig ist die Beruhigung des Betreuten? In welchem Maße muss man dem Betreuten helfen, indem man sein Handeln steuert? Ist es nötig, seine Aufmerksamkeit auf etwas anderes zu lenken? Der praktische Umgang mit dem Problemverhalten ergibt sich aus der Beantwortung dieser drei Fragen.

Der Umgang mit Problemverhalten

Beobachtet man, wie bei unterschiedlichen Zwischenfällen mit Problemverhalten umgegangen wird, lassen sich Strategien entdecken, von denen einige konstruktiver sind als andere. So kann es gut sein, dass ein bestimmter Eingriff in dem einem Fall als besonders effektiv beurteilt wird, weil der Schaden für alle Beteiligten begrenzt wird. Der Langzeiteffekt mehrerer derartiger Eingriffe kann aber katastrophal sein, weil beispielsweise keine wachsende Selbstkontrolle erreicht wird. Der Klient wird vielmehr immer abhängiger von externen Eingriffen, um sein Problemverhalten beherrschen zu können oder zu vermeiden. Die Eingriffe vergrößern dann lediglich die Zahl notwendiger Regeln und Absprachen.

Die folgende Tabelle bringt eine Übersicht über günstige und ungünstige Strategien. In der dritten Spalte wird angegeben, woran die Betreuer zielgerichtet arbeiten können, um mit dem Problemverhalten konstruktiv umzugehen. Diese Spalte wird Behandlung genannt.

Umgang mit Problemverhalten			
	Ungünstig	Günstig	Behandlung
1.	Eine leicht steigende Spannung reicht bereits aus, um eine Situation, eine Handlung oder einen Kontakt abzubrechen	Ruhiges und zielgerichtetes Handeln der Betreuer dämpft aufkommende Spannungen. Das Problemverhalten wird kaum oder nur beiläufig beachtet. Handlungen und Kontakte werden fortgesetzt.	Der Klient wird schrittweise mit einer Situation in Berührung gebracht, die mit negativen Emotionen oder Handlungen assoziiert ist. Der Klient wird dabei nicht erregt, sondern entspannt sich.

2.	Das Abbremsen des Problemverhaltens führt zu einem Handlungsbruch. Das eine beendet das andere.	Das Problemverhalten wird in Grenzen gehalten. Dem Grenzen setzenden ‚Nein' folgt irgendwann ein ‚Ja'. Handlungen werden fortgesetzt. Betreuer und Klient arbeiten zusammen.	Der Klient und der Betreuer richten ihre Aufmerksamkeit auf andere Verhaltensweisen, welche die gleiche Funktion erfüllen können. Sie erlernen den Umgang mit zunehmender Erregung.
3.	Kommunikation und Betreuung sind nicht auf die beinah panische Situation abgestimmt.	Einschätzen, ob der Klient bereits außer sich ist. Beruhigung hat Priorität vor einer Fortsetzung von Handlungen.	Betreuer lernen, Signale emotionaler Erregung zu erkennen. In der Beziehung erfahren beide, wie sie Beruhigung und Entspannung herstellen können.
4.	Keine physische Sicherheit; damit ernste Gefahr für den Klienten, Betreuer oder andere.	Rückendeckung für die Betreuer; Sicherheit und Entlastung für den Klienten. Unterbrechen oder Anhalten. Präventive Sicherheitsmaßnahmen.	Betreuer üben sich in Selbstkontrolle und in gemeinsamem Handeln. Garantiertes Dampfablassen. Klient und Betreuer lernen, auf die eigenen steigenden Emotionen zu achten und ihnen eine Form zu geben.
5.	Es findet keine Wiederherstellung der ursprünglichen Handlungssituation statt.	Der Betreuer schätzt bei sich selbst und beim Klienten ein, ob die emotionale Wiederherstellung ausreicht und die abgebrochene Handlung wieder aufgenommen werden kann.	Beide üben sich im gemeinsamen Beginnen und Beenden von Aktivitäten und Handlungen. Dabei werden zuerst leichtere, dann schwerere emotionale Hürden überwunden.
6.	Die Aktivitäten werden gemeinsam fortgesetzt, aber einer der Partner hat sich emotional noch nicht erholt.	Beide erleben eine emotionale Erholung im Verlauf von Handlungen, die zuvor von starken Emotionen begleitet waren.	Der Klient und der Betreuer vergrößern ihre Möglichkeiten, eigene Erregung zu regulieren.
7.	Eine Sache wird nicht gemeinsam beendet.	Das Handeln wird auf eine ruhige und angenehme Weise abgeschlossen.	Das gemeinsame Beenden des Kontaktes, der Aktivität, von Tag und Nacht wird zu einem Teil des täglichen Lebens.
8.	Es wird nicht mehr zurückgeblickt oder nur mit ‚Warum-Fragen', die Schuld suggerieren.	Zusammen blickt man auf den ganzen Zwischenfall und die Rollen der Beteiligten zurück. Vielleicht kann man Punkte benennen, bei denen man in Zukunft aufmerksam vorgehen will.	Im täglichen Leben ist man offen für den Beitrag eines jeden. Die Beiträge des anderen werden bei eigenen Entscheidungen beachtet.

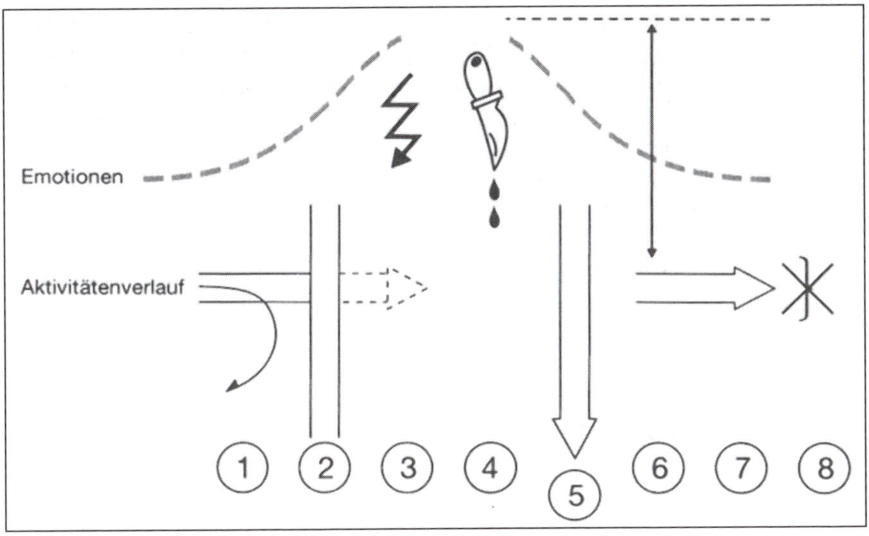

Schema 24: Der Umgang mit Problemverhalten

1. Oft reicht es aus, wenn der Betreuer bei einem Zwischenfall selbst ruhig bleibt. Seine Aufmerksamkeit richtet sich weiterhin auf das, was er gerade mit dem Klienten zusammen tut. Manchmal ist es hilfreich, dem Betreuten beiläufig etwas anzubieten, sodass er wieder ‚normal' weitermachen kann. „Willst du noch eine Tasse Tee? Kannst du meine Karten kurz halten?" und Ähnliches. Niemand schenkt dem Problemverhalten besondere Aufmerksamkeit, vor allem der Betreuer nicht. Die Funktion dieser Form eines Problemverhaltens ist meist das Füllen. Es füllt die Zeit, der Betroffene ist mit irgendetwas beschäftigt. Es ist eine Form der Selbststimulierung.
   Was macht der Betroffene, wenn er ‚nichts' macht? Gibt es andere Möglichkeiten, seine Sinnesorgane zu füllen, seine Aufmerksamkeit auf etwas anderes zu richten?
   Tritt ein Problemverhalten bei geringer Erregung auf, hat es meist den Charakter der Gewohnheit und der Selbststimulierung. In diesem Fall müssen folgende Fragen beantwortet werden: Wird der Betreute oft genug angesprochen? Wurde sein Leben nicht zu sehr vereinfacht, wurden die Erwartungen an ihn nicht zu sehr heruntergeschraubt?
   Die Gestaltung seiner Freizeit sollte bedacht werden. Hat der Betreute momentan Möglichkeiten, seine Bedürfnisse auszudrücken, oder langweilt er sich normalerweise?

2. Spannung hat sich angehäuft, es kommt zu schädigenden Aktionen oder Reaktionen. Schädigend für den Klienten selbst, für seine Mitbewohner und möglicherweise auch für die Betreuer. Nun ist die Frage, wie eine Intervention der Betreuer dazu beitragen kann, dass der Handlungsfaden wieder aufgenommen wird. Praktisch bedeutet das, dass man nicht mit ‚Nein'- oder ‚Halt'-Botschaften arbeiten sollte.

Hört sich der Betreuer selbst ‚Nein' oder ‚Halt' sagen, sollte er sich erinnern, was das eigentliche Ziel ist und danach suchen, wie er wieder ein ‚Ja' zu der Situation finden könnte. Mit Worten oder Taten hilft er dem Betroffenen, dieses ‚Ja' abzunehmen. Zum Beispiel sagt er: „Trockne dir doch die Haare!“, wenn der Betroffene drauf und dran ist, mit dem Kopf gegen die Wand zu stoßen.
Hat das Problemverhalten zum Ziel, bestimmten schwierigen Situationen aus dem Weg zu gehen, dann ist es von existenzieller Bedeutung, dass der Betroffene ‚zusammen' mit seinem Betreuer lernt, schwierige Situationen zu überstehen. Dann ist es nicht mehr nötig, solche Situationen zu vermeiden. Hat das Verhalten die Funktion, etwas zu erreichen, muss der Betreute andere Ausdrucksformen lernen, um seine Wünsche deutlich zu machen.
Der Betreuer spürt, was der behinderte Mensch will, und er weiß auch, wann er mehr oder weniger Unterstützung braucht. Letztendlich ist es das Ziel, dass Unterstützung nur geboten wird, wenn der Betroffene mit einer Situation wirklich nicht mehr zurechtkommt. Wird diese Unterstützung rechtzeitig geboten, muss er nicht mehr erst mit dem Kopf gegen die Wand rennen, um Hilfe zu bekommen.
Bei der Unterstützung ist es von existenzieller Bedeutung, dem Betreuten möglichst viel Raum für seine eigenen Aktivitäten zu lassen. Nur so behält er das Gefühl, dass sein eigener Beitrag für einen guten Verlauf bedeutsam ist.

Zusammen in Händen halten

Dem Menschen mit herausforderndem Verhalten muss von vornherein klar und erkennbar sein, was erlaubt ist und was nicht. Das macht es auch einfacher, während eines Zwischenfalls oder in Perioden, in denen eine ‚Übertretung' stattfinden könnte, darauf zu achten, dass er zusammen mit seinem Betreuer die Kontrolle über die Situation behält. Ein Blick, mit dem sich beide verständigen, kann schon ausreichen. Sind die Absprachen für den Betroffenen intellektuell und emotional nachvollziehbar, dann ist die Wahrscheinlichkeit groß, dass er schwierige Situationen gut übersteht. Begründungen und gemeinsames Handeln helfen dem Betreuten, zu einer erwachseneren Person zu reifen, statt ein großes kleines Kind zu bleiben, das manchmal lieb und manchmal böse ist.

3. Manchmal ist ein Mensch mit geistiger Behinderung so angespannt, dass man glaubt, eine Herausforderung stehe bevor. In solchen Fällen kann es nützlich sein, sie hervorzulocken, damit es zu einer Entladung kommt und der Betreute sich wieder beruhigen kann. Provoziert man das Problemverhalten, hat das den Vorteil, dass man für alle Beteiligten sichere Begleitumstände schaffen und die Situation gut auffangen kann.

4. Unter derartigen Umständen ist es schwierig, auch nur einen der drei genannten Aspekte im Handeln zu berücksichtigen, geschweige alle drei zugleich. Daher ist es gut, sie genau zu unterscheiden. Man kann den Betreuten nicht wieder zum Essen an den Tisch setzen oder ihn zum Puzzlespielen veranlassen, wenn er sich emotional noch nicht gefangen hat. Er sollte ausreichend Gelegenheit zum Beruhigen bekommen. Vielleicht ist es besser, wenn er kurz den Raum verlässt, um wieder zu sich zu kommen. Dabei muss sich der Betreuer darüber im Klaren sein, dass das Beruhigen nur ein Teil des Umganges mit dem Problemverhalten ist. Man hat sozusagen einen kleinen Abstecher in eine Seitengasse gemacht. Der gemeinsame Gang auf der Hauptstraße der Selbstkontrolle ist das Ziel, das man gemeinsam anstrebt. Ist der Betreute sehr durcheinander oder erholt er sich nur langsam, besteht die große Gefahr, dass die Seitengasse der Beruhigung nicht mehr verlassen wird.
   Bei extremem Verhalten und hoher Erregung wächst die Gefahr, dass der Betreuer vergisst, was er gerade zusammen mit dem Betreuten gemacht hat. Eine andere Gefahr bei starker Erregung ist, dass man gezwungen wird, die Situation, die das Problemverhalten hervorgerufen hat, aufzugeben. Die Beruhigung findet im Zimmer des Betroffenen statt, dort, wo er sich beruhigt, auf einem Stuhl oder im Bett. Das birgt die Gefahr, dass auf lange Sicht das Zimmer oder das Bett an die hohe Erregung gekoppelt werden statt an Entspannung und Ruhe. Es ist günstig, wenn sich jemand von einer starken Erregung nicht dort erholt, wo er sich normalerweise entspannt oder Ruhe findet. Während der Beruhigung darf der Betreuer nicht vergessen, womit sie beide vorher beschäftigt waren. Er sollte darauf beharren, die Beschäftigung zu beenden, auch wenn es zwischendurch zu einem heftigen Sturm gekommen ist.

5. Bleibt die ‚emotionale' Anspannung nach einem herausfordernden Verhalten erhalten, auch wenn mit der Beschäftigung fortgefahren wird, dann hat das langfristige Folgen. Der Betreute merkt sich diese Gefühlserfahrung und koppelt sie an das, mit dem er gerade beschäftigt war. Beim nächsten Mal wird er sich, wenn er mit der normalen Beschäftigung beginnt, an die Emotion erinnern. Die Emotion hat sich für ihn mit dem Problemverhalten verkoppelt. Damit wird diese normale Beschäftigung auf lange Sicht mit Erinnerungen an es infiziert. So können auch Haltungen, Bewegungen und Körperteile, die nicht direkt mit dem problematischen Verhalten zusammenhängen, ‚angesteckt' werden.

6. und 7. Nach einer gewissen Zeit nimmt die Spannung ab, und man kann versuchen, den unterbrochenen Handlungsfaden gemeinsam wieder aufzunehmen. Wenn der Betreute sich beim Spannungsabbau und bei der Fortsetzung der Handlung beruhigt, kann man von einer ‚guten' Erfahrung sprechen. Diese trägt zu einem wachsenden Gefühl des Selbstvertrauens bei, sowohl beim Betreuer wie beim Betreuten. Darüber hinaus verstärkt diese Erfahrung das gegenseitige Vertrauen.

Manchmal ist es wegen der zwischenzeitlich veränderten Umstände nicht mehr möglich, den Handlungsfaden wieder aufzunehmen. Dann ist es dennoch wichtig, vor allem den Kontakt wieder herzustellen und möglichst auch die Art des Kontaktes bei der gemeinsamen Arbeit, auch wenn man einander nicht unbedingt sehr nah war.

8. Hat man den normalen Alltag wieder aufgenommen, sollte man den Zwischenfall einordnen, damit man durch die gemachten Erfahrungen klüger wird. Dieses Einordnen kann für beide wichtig sein. Dabei muss man sich unbedingt klarmachen, in welcher Phase des Konfliktes der Versuch unternommen wird, die Angelegenheit zu ordnen. Oft wird der Betreute auf dem Höhepunkt des Konfliktes und der Spannung nach dem ‚Warum' gefragt. Erstens kann das der Mensch mit geistiger Behinderung in diesem Moment sich selbst kaum beantworten, und zweitens stammt die Frage vermutlich aus der Entrüstung und dem Ärger des Betreuers. Betreuer sollten also nicht zu schnell nach dem ‚Warum' fragen.

Entlastende Reaktionen

Bei sehr heftigen Zwischenfällen ist es wichtig, dass der Betreuer an die notwendige Hilfe für sich selbst denkt. Dieser Schritt sollte folgen, sobald Betreuer und Klient die Sache zu Ende gebracht haben. Danach folgt nämlich oft eine heftige emotionale und körperliche Entlastungsreaktion des Betreuers. Je mehr Raum Betreuer und Kollegen für derartiges Verhalten haben, umso erfolgreicher können Emotionen ‚rausgelassen' werden. Das ist wichtig für das Wohlbefinden des Betreuers, aber auch für die Beziehung zu dem Klienten mit herausforderndem Verhalten, das er gerade aufgefangen hat. Erst danach ist der Betreuer wirklich im Stande, die Dinge richtig einzuordnen. Außerdem vermeidet man so auch, dass sich Emotionen anstauen und zu einer ständig wachsenden Zahl von Zwischenfällen führen.

Leiten

Hier geht es um Zusammenarbeit, bei der der Betreuer die Leitung übernimmt. Hat die Schwere des Problemverhaltens den Betreuer gezwungen, direktiv und eindeutig einzugreifen, dann gehört zur Wiederherstellung, dass der Betreuer nicht nur die neue Richtung angibt. Er muss sich buchstäblich und symbolisch auch wieder ‚neben' die betreute Person stellen. Es geht dabei um den Führungsstil. Das kann man als eigenes Thema benennen und erarbeiten, denn manche Betreuer verstehen unter ‚leiten' nur ‚den Chef spielen' und Aufgaben verteilen. In solch einen Führungsstil fügen sich manche unsichere und verängstigte Personen zwar ein, aber sie werden dabei selbst nicht stärker. Andere wiederum werden sich gegen solch einen Stil wehren, unabhängig davon, mit welchen Mitteln das ‚Chef spielen' durchgesetzt wird.

Bisher wurde davon ausgegangen, dass der Betreuer, in dessen Anwesenheit die Spannung sich aufgebaut hat, auch die Leitung während des gesamten Vorgangs behält und alle Entscheidungen trifft. Der Betreuer kann entscheiden, dass der Betreute die Situation oder Handlung kurz verlassen muss, um sich zu beruhigen. Und ebenso kann er entscheiden, dass der Handlungsfaden wieder aufgenommen wird. Dabei sollte sowohl die Befindlichkeit des behinderten Menschen als auch die eigene eine Rolle spielen. Die Entscheidungen müssen auch auf die Möglichkeiten der betreuten Person abgestimmt sein.

Hat ein unsicherer Mensch mit geistiger Behinderung das Gefühl, die ‚Entscheidung', was jeweils zu tun ist, liege bei ihm, wird ihn das noch mehr verunsichern und verängstigen. Bei Menschen mit geistiger Behinderung, die mit Worten ausdrücken können, wie es ihnen geht, ist es wichtig, den Unterschied zwischen der Abstimmung auf ihre Befindlichkeit und der Entscheidung deutlich zu machen. Man nimmt selbstverständlich auf sie Rücksicht, doch die Entscheidung, wie es weitergeht, liegt beim Betreuer. Dabei muss er auch seine eigenen Möglichkeiten einschätzen.

Bei ernsthaftem Problemverhalten gibt es auch die Möglichkeit, Hilfe von außen zu holen. Wird diese Entscheidung vom leitenden Betreuer getroffen, ist es einfacher, eine klare Rollenverteilung aufrechtzuerhalten. Der Helfer von außen wird zum Assistenten des leitenden Betreuers. Ängste können entstehen, wenn der hilfsbereite Kollege oder Miterzieher auf dem Höhepunkt des Konflikts die Leitung übernimmt und den Prozess beendet. Selbstverständlich kann es unter bestimmten Umständen auch vernünftiger sein, dass der Betreuer zurücktritt und ein anderer die Angelegenheit übernimmt.

13. Mit dem herausfordernden Verhalten umgehen lernen (2): Überwinden der festgefahrenen Situation

Es gibt zahllose Methoden, Problemverhalten zu unterbinden. Es folgt eine grobe Kategorisierung:

- direkt körperlich, mit schnell wirkenden Medikamenten, Festbinden, Zwangsjacke und dergleichen;
- sozial, durch Absonderung, Zurückhalten, Festhalten, ständig in der Nähe des Betroffenen bleiben;
- psychisch, durch Warnungen und Absprachen eventuell mit der Ankündigung von Belohnung oder Strafe; indem man dem Betroffenen das Heft aus der Hand nimmt, indem die Betreuung verstärkt wird;
- räumlich, indem man die Orte, die der Betroffene im Haus und außerhalb allein aufsuchen darf, stark begrenzt.

Welches Mittel auch gewählt wird, das Wichtigste ist, sich der Beweggründe für die jeweilige Entscheidung bewusst zu sein. Nach der ersten Erleichterung als Folge des beendeten oder verringerten Problemverhaltens tauchen bald auch die Nachteile auf. Die Erleichterung wandelt sich in Frustration, da der Lebensraum und die Erlebnisfähigkeit des Betroffenen stark eingeschränkt sind. Wenn der Betreuer lediglich versucht, jedes auffällige Verhalten auf der Stelle zu beenden, dann ist diese Medizin auf lange Sicht schlimmer als die Krankheit. Die Wahl der Methoden und ihre Anwendung müssen darauf abzielen, dem behinderten Menschen wieder so viel Selbstvertrauen zu geben, dass er sich stark genug fühlt, sein Problemverhalten selbst zu kontrollieren.

Schnell wirkende Methoden werden oft eingesetzt, um die Person und ihre Umwelt vor allzu großem Schaden zu schützen. Sie sollen den offenbar unzureichenden persönlichen Einfluss des Betreuers ergänzen. Solche Methoden aber führen in ein Dilemma. Sie können sich nämlich für die notwendigen Schritte, um das Problem dauerhaft zu lösen, als hemmend erweisen. Man kann jemanden ‚runterspritzen', doch damit nimmt man ihm die Möglichkeit, sich zu beruhigen und gemeinsam mit dem Betreuer den Handlungsfaden wieder aufzunehmen.

Solche Mittel dämpfen herausforderndes Verhalten nur kurzzeitig. Will man längerfristig etwas erreichen, muss man möglicherweise auf Medikamente verzichten oder sie schrittweise absetzen. Dabei verändert sich das

Ziel: Das Mittel dient nicht mehr als Dämpfer, sondern als Unterstützung der Behandlung.

Bestimmte Methoden können auch andere Entwicklungen bremsen. Steht der behinderte Mensch unter Drogen oder liegt festgebunden im Bett, kann er die Dinge, die interessant für ihn wären, nicht tun. Er wird daran gehindert, auf entspannte Weise mit anderen umzugehen und Widerstände aus eigener Kraft zu überwinden.

Ein Betreuer muss sich manchmal für eine massiv wirkende Methode entscheiden, um das Problemverhalten zu stoppen. Manchmal ist es unmöglich, andere Methoden einzusetzen. Deshalb sollte der Betreuer die kurzfristigen und längerfristigen Vor- und Nachteile der verschiedenen Mittel genau kennen. Er sollte sich auch klar darüber werden, ob sein Behandlungsziel darin besteht, das problematische Verhalten zu bekämpfen oder es zu beherrschen. Will er es unterdrücken oder so kontrollieren, dass Raum bleibt, um an der weiteren Entwicklung der betreffenden Person zu arbeiten? Das Ziel kann sich in einzelnen Behandlungsphasen durchaus verändern.

Wie weit die Einschränkung auch geht, die eingesetzte Methode sollte stets als verlängerter Arm der persönlichen Betreuung gesehen werden. Gerade die persönliche Betreuung sucht immer nach Freiräumen, um den Betroffenen miteinzubeziehen, unabhängig davon, wie klein die Freiräume auch sein mögen. Einschränkungen müssen also nicht zum völligen Ausschalten der Person führen. Ein extremes Beispiel:

> Johanna verwundet sich oft selbst sehr stark. Um das zu vermeiden, hält sich der Betreuer stets in ihrer Nähe auf Das gibt ihr genug Vertrauen, damit sie sich nicht selbst schlagen muss. Wenn Johanna zu Tisch geht, tritt der Betreuer gezwungenermaßen einen Schritt zurück. Um sie nicht ihrem destruktiven Verhalten zu überlassen, wird sie fixiert. Wenn der Betreuer sie festschnallt, lässt er ihr den Raum, sich auf den folgenden Schritt einzustellen und selbst ihren Arm anzubieten oder selbst den Kopf nach vorn zu beugen und den Mund für den nächsten Bissen zu öffnen.

Langfristige Wiederherstellung

Die psychischen, sozialen und anderen Krücken sollen dem Menschen mit geistiger Behinderung helfen, als Person wieder laufen zu lernen. Bei dieser langfristigen Arbeit muss man drei Aspekte beachten: Emotionalität, Handlung und Erleben (vgl. auch Kapitel 12, S. 142).

Desinfizieren

Manchmal sind bestimmte Haltungen, Bewegungen oder Körperteile als Folge von unangenehmen oder schmerzhaften Erfahrungen gleichsam infiziert. Zur ‚Desinfizierung' versucht man andere als die beängstigenden

Emotionen an die Körperteile, Haltungen oder Beschäftigungen zu koppeln. Das geht am besten in spielerisch einladenden Situationen, in denen wenig gefordert wird.

Man kann direkt oder indirekt an einer Desinfizierung arbeiten. Das funktioniert indirekt, indem man den Betroffenen aktiv in angenehme, entspannte Aktivitäten einbezieht. Ganz zwanglos kommt sein Körper in Bewegung und er macht mit, ohne dass etwas Schmerzhaftes oder Unangenehmes passiert.

Ein direkter Eingriff ist, wenn der Betreuer den Betroffenen beispielsweise in seiner Bewegungsfreiheit einschränkt, zugleich aber seine Arme oder Beine ergreift und sie langsam, streichelnd oder massierend entspannt. Die Anwesenheit des Betreuers verhindert dabei, dass etwas Unerwünschtes geschehen kann.

Zusammen gelingt es immer

Jemand, der merkt, dass er ungeachtet seines Problemverhaltens Handlungen zu Ende bringen kann, wird beim nächsten Mal besser im Stande sein, sein eigenes Verhalten zu kontrollieren. Nichts scheint hierfür so förderlich zu sein, wie die Erfahrung, dass er im Stande war, etwas zu beenden, obwohl er einen ‚Anfall' hatte oder von ‚fremden Kräften' geplagt war. Wir greifen alles, aber auch wirklich alles auf, was der Betreute selbst einbringt, um mit seinem Verhalten umzugehen, weil so letztendlich die besten Ergebnisse erzielt werden können.

Das bedeutet, dass ein Betreuer ein scharfes Auge entwickeln muss, um fortwährend für Zeichen offen zu sein, mit denen der Betroffene andeutet, dass er selbst an der Verhinderung des Problemverhaltens mitarbeiten will. Der Betreuer sollte unbefangen sein und nicht nur sehen, was der Betreute erwiesenermaßen alles nicht kann. Wenn der Betreuer nicht daran gewöhnt ist, den Menschen mit der Behinderung so zu betrachten, auf diese Weise über ihn zu denken, muss er sich vielleicht selbst dazu zwingen.

> John hat seine Jacke an und schiebt seine Hände ein Stück aus den Ärmeln heraus. Glücklicherweise bemerkt es die Gruppenleiterin. Sie nimmt John bei der Hand, führt ihn zum Schrank, und mit ihrer Hand über der seinen ergreifen sie gemeinsam den Knopf von der Schublade und ziehen sie auf. Die Betreuerin führt Johns Hand zu seinen Handschuhen. Er nimmt sie selbst heraus und zieht sie an. Die Gruppenleiterin streicht nur die Falten glatt. Beim nächsten Mal wird John seine Hände etwas weiter aus den Ärmeln schieben, vielleicht wird er auch ein paar Schritte auf die Schublade zugehen.

Dieses Beispiel veranschaulicht noch einmal, dass die wichtigste Frage nicht lautet, welche Methoden angewendet werden, sondern wie es geschieht. Werden die Ansätze des Betreuten aufgenommen, der versucht sein

Tun und Lassen selbst zu kontrollieren? Helfen sie ihm, sein Selbstvertrauen zu vergrößern? Setzt man eine Methode erst dann ein, wenn etwas wirklich nicht klappt, verringert man die Wirkung. Es geht nicht darum, dass jemand so lange wie möglich selbst probieren soll, ob er ohne Hilfe agieren kann. Es geht darum, die Hilfe im richtigen Moment anzubieten.

Die Hilfe sollte zu einem Zeitpunkt angeboten werden, in dem der Betroffene selbst noch etwas dazu beitragen kann, das Problemverhalten unter Kontrolle zu behalten. Nicht darauf warten, dass die Sache den Bach runtergeht, bevor Hilfe anboten wird. Die Qualität der gebotenen Unterstützung hängt in erster Linie davon ab, inwieweit der Mensch mit Behinderung die Möglichkeit bekommt, sein eigenes Verhalten selbst zu kontrollieren.

Entkopplung

Bei sehr extremem Problemverhalten wie Selbstverletzung, Aggression oder Essanfällen ist Kontrolle von außen eine Erlösung für alle Beteiligten. Wir haben den Betreuten festgebunden, wir haben ihn isoliert, wir haben das Essen so gut abgeschlossen, dass er wirklich nicht mehr dran kann. Er hat einfach keine Möglichkeit mehr, sich seinem destruktiven Verhalten hinzugeben. Das ist eine Erleichterung sowohl für ihn selbst als auch für seine Betreuer.

Gerade unter derartigen Umständen ist es wichtig, keine direkte Kopplung zwischen dem Problemverhalten und den angewendeten, hilfreichen Mitteln entstehen zu lassen.

Jemand schlägt sich selbst, jemand haut alles kurz und klein, jemand frisst sich krank. Dann erscheint der Betreuer mit Riemen, oder es geht in die Isolierzelle, einen hermetisch abgeschlossenen Raum, und alle fühlen sich erleichtert. Das Festhalten, das Zurückhalten ist hier keine Strafe, sondern ein notwendiger Schutz für den Betroffenen selbst. Er fühlt sich sicher.

Spielen mit Kontrolle

Wir werden die externe Kontrolle und die eigene Kontrolle der Person mit herausfordernden Verhaltensweisen nun auf eine neue Art und Weise betrachten. Man kann nämlich zu einem frühen Zeitpunkt dem Betreuten Hilfe von außen zukommen lassen. Die Betreuer wissen bereits, dass er Probleme bekommt, wenn er irgendetwas nicht kann. Das hat er durch sein Verhalten oft genug gezeigt. Deshalb ist es in derartigen Situationen naheliegend, dass die Betreuer einen Teil seiner Verantwortung übernehmen. Sie garantieren ihm im Voraus Schutz.

Dass die Betreuer einen Teil seiner Verantwortung übernehmen, bedeutet auch, dass sie bestimmen, wann der Betroffene zusätzliche Hilfe benötigt.

Sie können einschätzen, unter welchen Umständen seine Erregung zu sehr ansteigt. Sie wissen, was er aushalten kann und was nicht und über welches Maß an Selbstschutz er in solchen Momenten verfügt.

Die Betreuer bieten ihm Hilfe an und bauen diese Hilfe auch wieder ab. Der Abbau beginnt in den entspanntesten und sichersten Momenten. Dieser Vorgang ist nicht von seinem Verhalten und seiner Vorstellung abhängig, sondern geschieht in spielerischen Momenten, in denen Raum bleibt, um den Betreuten zur Mitarbeit einzuladen.

Selbstkontrolle und externe Kontrolle sind keine absoluten, sondern relative Größen. Es ist nicht die Frage, ob der Betreute generell Selbstkontrolle ausübt oder nicht. Vielmehr geht es darum, dass manchmal mehr Kontrolle von innen erforderlich ist, manchmal mehr von außen,je nach der Situation.

Extreme Formen einer externen Kontrolle sind Bänder, Riemen, Halterungen, die Personen angelegt werden, die sich selbst schwere Verletzungen zufügen. Diese Methoden sind sichtbarer als hoch dosierte Medikamente, aber in ihrer Wirkung ebenso extrem. Der Nachteil extremer Mittel ist, dass man sie nicht flexibel einsetzen kann. Alles oder nichts. Es gibt aber auch gemäßigtere Formen solcher Mittel, die viel nuancierter angewendet werden können und daher viel eher der Vorstellung entsprechen, die Behandlung durch externe Kontrollen den momentanen Möglichkeiten des Betreuten anzupassen.

> Hans wurde früher immer mit den Handgelenken an der Stuhllehne festgebunden, um zu verhindern, dass er sich Wunden im Gesicht zufügte. Wenn die Riemen angebracht waren, konnte er die Hände nicht mehr bewegen. Wurden die Riemen abgenommen, fing er sofort an, sich zu schlagen.

Hans hat nun neue, andere Riemen, mit einer Schnalle mit mehreren Löchern. Wenn es ihm gut geht, werden die Riemen lockerer befestigt, sodass er die Hände bewegen kann, aber nur mit äußerster Anstrengung an seinen Kopf kommt. So lernt Hans, dass er seine Hände bewegen kann, ohne sich selbst zu schlagen.

Risiko

Man muss Risiken in Kauf nehmen, wenn Betreuer mehr Selbstkontrolle und weniger externe Kontrolle einsetzen wollen. Doch jeder Entwicklungsschritt ist mit einem Risiko verbunden, niemand lernt gehen, ohne hinzufallen und wieder aufzustehen.

Gestehen wir einem Menschen mit geistiger Behinderung Freiheiten zu, landet er bestimmt wieder in einer problematischen Situation. Das zwingt uns, ihm wieder umfassenden Schutz anzubieten. Doch diesmal werden weniger extreme Maßnahmen eingesetzt, und wir versuchen, den Betroffenen wieder mit Aktivitäten zu beschäftigen. Gelingt das nicht, haben wir keine Wahl. Dann sind zwei Schritte zurück unvermeidlich, wenn wir anschließend wieder drei Schritte vorwärts gehen wollen.

Risiken eingehen schärft das Bewusstsein. Um sie möglichst gering zu halten, muss man von vornherein die Umstände genau abwägen. Risiken sind für ein Weiterkommen notwendig. Werden keine Risiken eingegangen, verfällt man in eine ängstliche Haltung: Der Betreute darf nichts tun, denn man weiß ja nie. Mit dieser Einstellung wird er nichts lernen, außer dass das Leben offenbar etwas ist, vor dem man Angst haben muss.

Menschliche Hilfe

Soll soziale Kontrolle nicht nur kurzfristig effektiv sein, muss sie sehr genau auf die jeweilige Person abgestimmt sein. Die Abstimmung ist am effektivsten, beziehungsweise nur dann wirklich erfolgreich, wenn Betreuter und Betreuer die Dinge ‚gemeinsam' angehen wollen, wobei natürlich der Betreuer die Leitung übernimmt: Er kennt die schmalen, verschlungenen Wege durch den Alltag.

Die externe Kontrolle nimmt allmählich ab, und wir erwarten, dass im selben Maße die Selbstkontrolle zunimmt.

> Ria sitzt am Tisch, ihre beiden Hände sind festgebunden. Der Betreuer passt sehr genau auf, ob Ria ihren Kopf zu ihm hinbeugt. Tut sie das, dann führt er sofort den Löffel zu ihrem Mund. Obwohl sie festgebunden ist, so übt sie doch Einfluss aus. Sie tut das nicht mit den Händen, sondern mit den Bewegungen ihres Kopfes und ihrer Augen. Allmählich werden ihre Hände lockerer festgebunden. Anfangs wird der Betreuer ihre Hände noch festhalten, später wird er ihr etwas zum Anfassen geben. Sie kann sich mit ihren Händen ausdrücken. Am Ende wird sie das Heft wieder selbst in der Hand halten.

Nochmals: Unser Ansatzpunkt ist nicht, Ria davon abzuhalten, sich mit der Hand gegen den Kopf zu schlagen. Es geht darum, dass das Kopfschlagen nicht zu einem Abbruch des Essens führen darf. Das gelingt am besten in einer Beziehung, in der Betreuer und Betreuter sich immer wieder gegenseitig ergänzen. Ihr gemeinsames Ziel ist es, die Mahlzeit zu beenden. Auch wenn unverhofft eine vorübergehende Störung in Form eines ‚Anfalls' auftritt.

Die Methoden, wie man Personen erleben lassen kann, dass sie selbst wieder stärker Einfluss auf ihren Alltag ausüben können, lassen sich grob in drei Gruppen unterteilen:

1. Man kann den Mann, die Frau oder das Kind zum Mitmachen einladen, indem man sie beispielsweise beim Baden spielerisch auffordert, die Hände mitzubewegen oder die Hände des anderen zu berühren.

2. Man kann gemeinsam an etwas arbeiten. Dadurch erfährt der Mensch mit geistiger Behinderung, dass er ein ‚Produkt' abliefern kann. Er kann etwa beim Abwasch mithelfen und so seine Hände bewegen. Die Betonung liegt nicht auf dem Vermeiden eines Anfalls, sondern auf der Fähigkeit des Betroffenen, selbst etwas zu tun.
3. Die dritte Form wird seltener, dafür aber längerfristig angewendet. Man zwingt den behinderten Mensch, mit zwei Händen, oder wenn das nicht gelingt, mit vier Händen, nämlich seinen eigenen und denen des Betreuers, etwas zu machen: zum Beispiel Farbe über ein Stück Papier zu streichen.

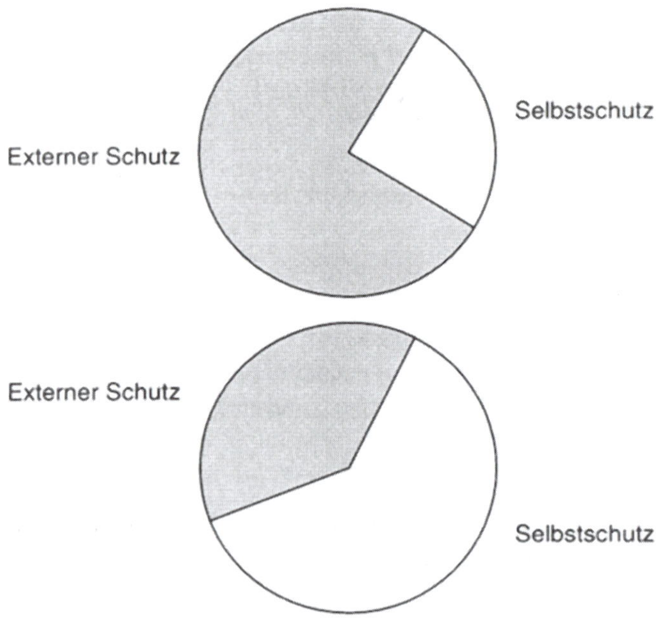

Schema 25: Die Beziehung zwischen Selbstkontrolle und externer Kontrolle

Welche Form auch gewählt wird: Die Handlung sollte immer entspannt ablaufen. In einer ernsthaften Krise beginnt man am besten mit der ersten Form: wenig Druck, viel Entspannung. Gelingt das, kann man sich allmählich Situationen zuwenden, in denen von dem Betreuten ein immer größerer eigener Beitrag gefordert wird. Ein Betreuer darf zu dem Betreuten nie sagen, er solle etwas machen, weil der Betreuer das will. Besser ist es, ihn spüren zu lassen, dass man davon überzeugt ist, dass er es kann. Wenn er aus früheren Erfahrungen weiß, dass er seinem Betreuer vertrauen kann, wird er die Handlung ausführen, selbst wenn er sie sich nicht zutraut, einfach weil der Betreuer an ihn glaubt.

Bei manchen Klienten wird der Übergang von einer Form der Selbstständigkeit zu der nächsten gleichmäßig verlaufen. Bei anderen wird man die Schritte abrupt setzen müssen, weil keine fließenden Übergänge möglich sind: Für manche Betreute sind Übergänge meterhohe Hürden. Wieder andere sind in ihrer psychischen und körperlichen Konstitution starken Schwankungen ausgeliefert. Bei solchen Personen muss man die Form entsprechend ihres momentanen Zustandes wählen.

Das Ziel ist letztendlich, dass der Mensch mit geistiger Behinderung den Ereignissen, die ihm auf seinem Lebensweg begegnen, wieder aktiv und mutig entgegengehen kann. Er soll im Stande sein, mit angestauten Emotionen umzugehen und sein eigenes Handeln zu kontrollieren.

Die Vorarbeit

Bevor ein Behandlungsplan entworfen wird, sollte man eine Übersicht der Umstände aufschreiben, die einen befriedigenden Ablauf begünstigen werden. Man muss den Betreuten gut kennen und wissen, unter welchen Bedingungen er am besten handeln kann. Dabei sind sowohl seine Umgebung als auch seine Person zu berücksichtigen. Die Umstände werden aufgelistet: An erster Stelle stehen die günstigsten Umstände, bei denen man an eigene Beiträge der Person appellieren kann. Danach rangieren Umstände, in denen sie deutlich weniger zur Steuerung ihrer eigenen Situation beitragen kann.

Einige Beispiele für Umstände, in denen sich Spannung enorm anstauen kann und die Gefahr eines Kontrollverlustes groß ist: Geärgert werden;gezwungen werden zu warten, während man nichts anderes tun kann; ausgelassen toben; Spaß haben; sich sehr auf etwas freuen; große und kleine Übergänge zu neuen Handlungen; Kontakte; Anspannung.

Solche Umstände sind zur Vermeidung von Problemverhalten nicht geeignet, doch das ist auch nicht unser Ziel. Sie sind aber sehr wohl dazu geeignet, den Menschen mit einem herausfordernden Verhalten erfahren zu lassen, dass das Leben trotz seines Problemverhaltens normal weitergehen kann.

In solchen ‚angespannten' Momenten kann man ihm direkt und konkret helfen, indem man ihm Hinweise gibt:

- Was kannst du tun?
- Wo kannst du stehen?
- Was kannst du festhalten?
- Wo kannst du dich hinsetzen?
- Sprich weniger und unternimm mehr.

Vor allem zu Beginn der Behandlung, wenn man gemeinsam schwierige Situationen angeht, ist es hilfreich, wenn der Betreuer fühlbar anwesend ist und seine Aufmerksamkeit deutlich auf den behinderten Menschen richtet. Das geschieht nicht nur durch Reden, sondern auch durch Handeln, durch Interesse an der Beschäftigung der Person, notfalls auch durch Festhalten, wenn es die Situation erfordert.

Diese Formen des Zusammenseins sind anfangs sowohl bei Menschen mit geistiger Behinderung mit einem geringen Entwicklungsniveau effektiv als auch bei denen, die sich schon weiterentwickelt haben.

In einem späteren Stadium werden die Personen sich von diesen Umgangsformen lösen. Menschen mit geistiger Behinderung, die gesprochene Sprache verstehen, kann man durch vorbereitende und nachbereitende Gespräche weiterhelfen, durch Rollenspiele und andere Arten des ‚Trockenschwimmens', die auf bestimmte Situationen vorbereiten. Ein derartiger Spiel- und Bewegungsfreiraum ist für fast jeden von ihnen ein angemessener und entspannender Übungsplatz.

Entwicklung

Die Entwicklung von starker externer Kontrolle zu mehr Selbstkontrolle ist kein langsamer und gleichmäßig verlaufender Prozess. Im Gegenteil. Fortschritt ist verbunden mit Fallen und wieder Aufstehen, mit ups und downs. Drei Schritte nach vorn und zwei zurück. Es ist wichtig, sich das vor Augen zu halten.

Das Schema zeigt, dass Fortschritt oder Besserung nicht bedeutet, dass man die heutige Situation mit der von gestern oder vom letztem Monat vergleicht. Derartige Vergleiche können entweder sehr desillusionierend sein, oder sie geben zu falschem Optimismus Anlass.

Fortschritt muss an der Zeit und am Kraftaufwand gemessen werden, den es kostet, nach einem Rückfall auf das Ausgangsniveau zurückzukommen. Geht es schneller als beim letzten Mal und ist es weniger anstrengend, kann man von einem Fortschritt sprechen. Den Begriff ‚Rückfall' sollte man daher am besten durch ‚Pausieren' ersetzen. Als sei eine Pause nötig, bevor man die nächste Hürde in Angriff nimmt.

Obwohl man sich gemeinsam überlegen kann, wo die Entwicklung vermutlich aufhören wird, bleibt es doch abzuwarten, wo die Entwicklungskurve dann tatsächlich flacher verläuft. Weniger theoretisch formuliert: Es geht um die Möglichkeiten des Betroffenen, sich selbst in der Hand zu behalten. Dabei sind auch Situationen mit bestimmten Formen externer Kontrolle zu berücksichtigen, die ein gewisses Maß an Einschränkung bewirken.

In festgefahrenen Situationen halten Betreuer manchmal an dem Vorsatz fest, dass alles ‚gut gehen' müsse. Klappt es dann nicht, so können sie das ein- oder zweimal tolerieren, verlieren dann aber nach einigen Fehlschlägen den Mut. Gerade in solchen Momenten werden die Forderungen des Betreuers an den Betreuten zu hoch geschraubt, machen sie sich gegenseitig Vorwürfe. Das alles kompliziert die ganze Situation zusätzlich.

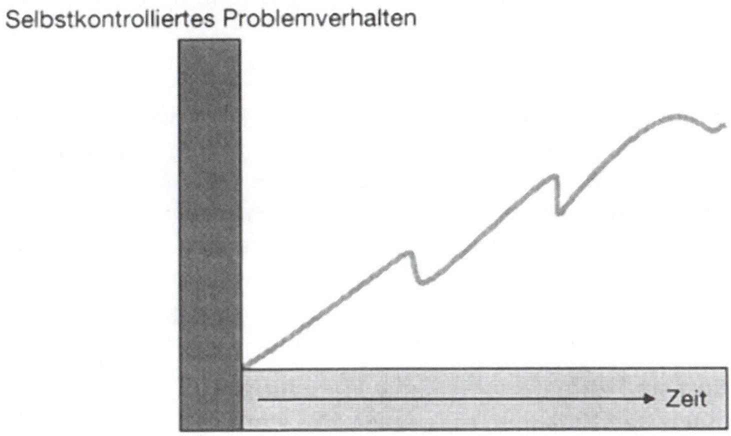

Schema 26: Die Entwicklung zu mehr Selbstkontrolle

Selektiv

Vor allem in der ersten Phase der Behandlung, wenn der Betreute noch sehr viel externe Kontrolle benötigt, wird er nur sehr selektiv die Angebote seiner Betreuer akzeptieren. Was er dem einen Betreuer zugesteht, darf ein anderer nicht einmal versuchen. Das Beste ist, wenn alle Betreuer, Eltern, Gruppenleiter, Lehrkräfte, diese Unterschiede akzeptieren. Sie lassen sich sogar dazu benutzen, einzelne Entwicklungsschritte zu erkennen, indem man sich die Entwicklung des Betroffenen bei dem Betreuer anschaut, mit dem er bereits am weitesten fortgeschritten ist.

14. Das emotionale Gleichgewicht

Zu viel oder zu wenig Spannung kann also leicht Problemverhalten auslösen. Menschen mit solchem Verhalten verlieren zudem sehr schnell ihr emotionales Gleichgewicht. Jede Person gerät auf eine ganz individuelle Weise ‚außer Rand und Band', dennoch sind Unsicherheit und Angst auffallende und allgemeine emotionale Begleiterscheinungen des Kontrollverlustes. Menschen mit herausforderndem Verhalten werden oft von einer diffusen Unsicherheit getrieben. Dazu kommt, dass sie fürchten, die Kontrolle über sich zu verlieren. Unsicherheit und Angst sind an unterschiedliche Handlungen, Gedanken, Orte, Kontakte, Erwartungen und Personen gekoppelt. Die Betroffenen haben ein nur unzulängliches ‚Selbst' entwickelt, das ihnen zu wenig hilft, sich aufrecht zu halten.

Man kann das am schnellen Wechsel zwischen positiven und negativen Emotionen erkennen. Aufgestaute Emotionen können leicht in ihr Gegenteil umschlagen: Allzu große Freude schlägt in einen Weinanfall um; tiefe Trauer entlädt sich in einem unbeherrschbaren Ausbruch von Gelächter. Oft handelt es sich auch um verschiedene Emotionen, die gleichzeitig auftreten. Dadurch erkennt man nur schwer, wie der Betreute sich tatsächlich fühlt.

- Er lacht und gleichzeitig laufen ihm Tränen aus den Augen.
- Er lacht freundlich, aber seine Arme und Hände sind verspannt.
- Sie folgt dem Betreuer aufmerksam mit den Augen, weicht dabei aber mit dem Oberkörper zurück.

Die Gefahr ist sehr groß, dass Personen mit festgefahrenen Verhaltensmustern in einer Spirale negativer Gefühle landen. Sie fühlen sich nicht nur hilflos, sondern verlassen sich auch immer weniger auf ihr eigenes Können, und das Vertrauen in andere nimmt ab. Der eine zieht sich immer mehr in seine eigenen Gedanken oder Zwangshandlungen zurück, der andere wird immer unruhiger und aggressiver gegenüber seiner Umwelt oder gegen sich selbst.

Manchmal gibt es eine deutlich erkennbare psychische oder körperliche Ursache für dieses Verhalten (beispielsweise Epilepsie oder Medikamente), aber in vielen Fällen lässt sich kein Grund erkennen. Ob die Ursache nun bekannt ist oder nicht, die wichtigsten emotionalen Bedingungen müssen vor einer Behandlung bekannt sein.

Diese Beschreibung gehört zu den Vorbereitungen eines Behandlungsplans. Der emotionale Zustand sollte nicht als Restphänomen betrachtet werden, das sich durch Medikamente korrigieren lässt. Ein Behandlungsplan sollte gerade Aktivitäten, Kontakte und Situationen anbieten, die sowohl die Färbung der Stimmung als auch deren Stabilität beeinflussen. Wir versuchen, die Stimmungen ins Positivere zu wenden und zu stabilisieren.

Aber wie lässt sich die emotionale Stabilität einer Person verbessern? Zunächst kann man die Umwelt und die Betreuung auf die emotionale Situation des Betreffenden abstimmen. Im Folgenden werden einige Aspekte dargestellt, die eine solche Verbesserung bewirken können.

Was kann der Mensch mit Problemverhalten ertragen?

Es ist wichtig zu wissen, was der Betreute aushält. Bei dem einen mag das heißen, dass er nicht zu viele Informationen und Veränderungen auf einmal verarbeiten kann. Ein anderer hingegen muss stärker stimuliert werden, damit er nicht in ‚Zeitlöcher' fällt und in sein herausforderndes Verhalten hineingezogen wird. Es hilft also nicht, einfach eine ‚reizarme' Umwelt vorzuschreiben. Auch hier geht es darum, den Betroffenen sorgfältig zu beobachten und auf alle Signale zu reagieren, die er aussendet.

> Jan, der bei seiner Arbeit lange Zeit wie auf Zehenspitzen gegangen war, blieb einige Zeit in seinem Bett liegen. Die Vorhänge waren zugezogen. Ab und zu kam jemand auf ein Schwätzchen vorbei, aber ohne Jan direkt anzusprechen. Ansonsten war nur sanfte Musik zu hören und einige Geräusche aus den anderen Zimmern des Hauses. Erst als Jan damit zufrieden war, wurden die Vorhänge ein wenig geöffnet, um etwas Licht hereinzulassen. Danach konnten Jan und sein Betreuer einen Schritt nach dem anderen machen.
>
> Für Klaas, der den ganzen Tag in der Abteilung, in der er lebte, nichts zu tun hatte, wurde ein Trainingsplan als Vorbereitung auf das Aktivitätenzentrum zusammengestellt.

Man muss eben entscheiden, ob jemand übervorsichtig ist oder ob er nur zu lange sich selbst überlassen wurde. Die Beispiele zeigten Bedingungen, die nicht an der emotionalen Situation des Betreuten ausgerichtet waren. Eine andere Entscheidung ist, ob man den Betreuten zwingen soll, einige oder gar viele Schritte in seiner Entwicklung zurück zu machen? Oder ob man nur für genügend Abwechslung sorgen sollte?

Übermäßige Stimulation kann vermieden werden, wenn man den Betreuten gut kennt und weiß, wie er selbst mit Informationen umgeht, zum Beispiel durch ‚zumachen' (vgl. Kapitel 6).

> Jan sollte man sich lieber nicht allzu schnell nähern. Er zieht es vor, andere erst zu betrachten, bevor sie mit ihm sprechen. Er mag es auch nicht, wenn man seine Hand nimmt, außer wenn er sie selbst anbietet. Zwei Schritte Abstand geben ihm eher das Gefühl, Kontakt mit dem anderen zu haben.

Rhythmus

Menschen mit festgefahrenem Verhalten leiden oft an einer Rhythmusstörung. Am besten kann man das an ihrem Schlaf- und Wachrhythmus beobachten. Normal agierende Personen halten Anstrengung und Entspannung im Gleichgewicht. Sie arbeiten eine Weile intensiv, ruhen sich dann wieder aus. Auch andere Rhythmusstörungen kommen vor: Bewegung/Sitzen; Ruhe/Aktivität; Zusammensein/Alleinsein. Abwechslung zwischen den Zuständen ermöglicht emotionales Gleichgewicht.

Bei der Erstellung eines Behandlungsplanes sollte man daher auf ein gewisses Maß an Abwechslung achten. Damit hilft man dem Betreuten, sich selbst in der Hand zu behalten und hat somit eine wichtige Voraussetzung geschaffen, damit er nicht ‚durchdreht'. Natürlich muss man einen Rhythmus finden, der für den Betreuten angemessen ist:

- Wenn jemand nur schwer in Gang kommt, wird er dabei unterstützt.
- Wenn jemand nur schlecht allein sein kann und daher schwer Ruhe findet, wird ihm beim Alleinsein geholfen.
- Wenn jemand eine Aktivität nur schlecht durchhalten kann, weil der Wechsel zwischen Aktivität und Ruhe nicht klappt, braucht er dabei Hilfe.

Man kann Betreuten anmerken, ob ihr Rhythmus stimmt. Eine Störung sieht man an gehetzten Bewegungen und flüchtigen Gedanken; Trägheit, wenn er etwas Neues anfängt; an einem trüben oder gehetzten Blick; an einer angespannten Stirn oder steifen Schultern.

Im Normalfall bestehen ‚Tagesprogramme' aus einer Ansammlung von Aktivitäten. Will man Ausgewogenheit und Rhythmus ins Programm bringen, muss man auch die Nicht-Aktivität planen, die Momente des Nichtstuns. Für Menschen mit festgefahrenen Verhaltensmustern ist jede Handlung eine Aktivität, auch die, die wir normalerweise als Entspannung betrachten. Deshalb sollte man die Momente des Nichtstuns von tatsächlicher Entspannung trennen, damit man einen Blick für das Gleichgewicht bekommt. Das gilt ebenso für Menschen, die von Natur aus dazu neigen, sich still zu verhalten und nichts zu tun. Auch bei ihnen ist es wichtig, dass aktive Momente mit Momenten der Entspannung abwechseln.

> Irene hetzt den ganzen Tag hin und her, um es den anderen so angenehm wie möglich zu machen. Für sie ist es wichtig, dass in ihrem Tagesprogramm immer wieder Momente des Nichtstuns enthalten sind. Einfach in die Luft gucken, zuhören, ohne etwas tun zu müssen. Von allein kann sie das nicht, sie braucht dafür Hilfestellungen.

In Gang kommen

Menschen mit vielen Schwierigkeiten kostet es sehr viel Kraft, überhaupt in Gang zu kommen. Jede Aktivität, so einfach sie auch scheint, zehrt an ihnen. Man sieht ihnen an, wie schwer es ihnen fällt, wenn sie blass und schwitzend versuchen, in Gang zu kommen.

Man muss darauf achten, dass durch diese Konzentration nicht zu viel Spannung aufgebaut wird. Deshalb sorgt der Betreuer dafür, dass die Aktivität immer wieder von Momenten der Entspannung unterbrochen wird. Nicht nur Aktivitäten werden rhythmisch gewechselt, es gibt auch Möglichkeiten das Lesen, die Arbeit oder das Spiel kurz zu unterbrechen oder einfach mal die Beine auszustrecken. Betreute mit leichtem Problemverhalten sollten sich zur Entspannung vielleicht an einen sicheren Ort zurückziehen können. Der Betreuer muss Momente der Ruhe ausdrücklich anbieten, er darf nicht warten, bis die Betreuten von Müdigkeit überwältigt werden.

Es ist gut, mit kurzen Konzentrationszeiten zu beginnen. Selbst die einfachste Aktivität verlangt äußerste Konzentration, allein um sie durchzuhalten und nicht einfach in der Mitte aufzuhören.

Man sollte bedenken, dass auch Aktivitäten, die wir als entspannend erleben, für Menschen mit Behinderung eine Anstrengung bedeuten. Für jemanden, der sich nur mühsam kontrollieren kann, bedeutet Kaffeetrinken keine Entspannung, sondern eine anstrengende Beschäftigung, die ihn viel Mühe kostet. Erst wenn der Betroffene wieder ausreichend stabilisiert ist, lassen sich Ruhe und Anstrengung erneut an bestimmte Aktivitäten koppeln. Erst dann wird Kaffeetrinken vielleicht zur Ruhepause, zur Abwechslung von der Arbeit.

Ein sicherer Ort

Sicher ist ein Ort, der jemandem vertraut ist, an dem er sich gern und oft aufhält und an dem er sich nicht bedroht fühlt. Es ist ein Ort, an dem er auch ohne seinen vertrauten Betreuer sein kann, von dem aus er auf seine eigene Art und Weise mit der Umwelt Kontakt aufnimmt und dabei die Übersicht behält. Ein Ort, an dem er sich von Aktivitäten, die viel von einem verlangen, erholen kann.

Dieser Ort ist manchmal sogar der Ersatz für die Anwesenheit eines Betreuers, eines Elternteils, eines Therapeuten. Er bietet die Möglichkeit, sich sicher zu fühlen, ohne sich ständig in der Gesellschaft von Menschen aufhalten zu müssen. Für Menschen mit besonders festgefahrenen Verhaltensweisen kann der sichere Ort eine notwendige Voraussetzung für das Knüpfen von Kontakten sein.

Man kann diesen Ort als eine Art Basis sehen. Eine sichere Ausgangsbasis, von der aus der Betroffene – wenn auch mit Unterstützung – kleine Ausflüge machen kann. Diese Basis ist immer der Anfang und das Ende einer Aktivität.

Anfangs sind die Mitbewohner bei diesen ‚Ausflügen' eher Dekor oder Hintergrund. Aber je besser es dem Betreuten geht, umso mehr wird der Hintergrund zum Vordergrund. Zugleich wächst allmählich seine Fähigkeit, mit anderen zusammen zu sein.

Das Angebot einer derartigen Basis fördert nicht nur die Handlungsmöglichkeiten innerhalb der Wohnung. Es kann auch als Beispiel dienen, um dem Betreuten innerhalb der Tagesbetreuung, in der Schule, auf dem Spielplatz oder am Arbeitsplatz größere Bewegungsmöglichkeiten zu bieten. Von dem sicheren Ort aus kann der Festgefahrene vorsichtig kleine Ausflüge machen, wobei es wichtig ist, dass die Dauer dieser Ausflüge nicht von den Fehlschlägen begrenzt wird, sondern dadurch, dass eine Aktivität beendet ist.

Bestimmen ‚Fehlschläge' die Länge und die Dauer der Ausflüge, dann wird der ‚sichere' Ort immer mehr zum einzigen noch sicheren Ort. Er verkleinert sich ständig, und die Umwelt wird stets größer und bedrohlicher.

Der sichere Ort ist auch die Basis, von der der Betreuer sich ab und zu etwas entfernt und seinen Klienten zurücklässt. Nicht um ihn allein zu lassen, sondern um später wieder zurückzukommen, nachdem er etwas erledigt hat. Etwa anderen geholfen, das Essen vorzubereiten. Gerade die Vorhersagbarkeit dieser Ereignisse und die Garantie, dass der Betreuer wieder zurückkommt, macht aus der Ausgangsbasis einen ruhigen Ort.

Die Verletzbarkeit im Verlauf sozialen Handelns wird in starkem Maß von der Existenz und der Garantie einer solchen Basis bestimmt. Die soziale Situation sollte tagsüber aber auch wechseln. Dafür ist ein Ort erforderlich, an dem der Betreute nicht mit anderen beschäftigt ist, und sei es nur durch Beobachten und Beobachtetwerden. Von Zeit zu Zeit sollte er sich allein mit etwas beschäftigen. Dies kann eine räumliche Veränderung erfordern, wenn er zum Beispiel in sein eigenes Zimmer geht. Das ist dann keine Strafaktion, sondern eine Möglichkeit, getrennt von den anderen, Ruhe und Entspannung zu finden.

Wenn man die oben genannte Ausgangsbasis durch das Wort ‚Laufstall' ersetzt und das eigene Zimmer mit ‚Bett', ergeben sich die sozialen Strukturen, die die Situation von Säuglingen und Kleinkindern kennzeichnen. Indem man manchmal laut über solche Vergleiche nachdenkt, kommt man auf gute Ideen, wie man mit der Verletzbarkeit des Klienten und der eigenen Rolle umgehen kann.

Der sichere Ort bietet im wahrsten Sinne des Wortes Rückendeckung und Übersicht. Betrachtet man die sicheren Orte von Menschen mit Problemverhalten genauer, wird man stets eine Wand an der Rückseite sehen. Von dort her kann nichts unvermutet kommen. Nach vorn hat man einen guten Blick auf den Bereich, wo viel passiert: auf eine Tür, durch die Menschen kommen und gehen, auf einen Tisch, an dem viel gearbeitet wird.

Maskottchen

Das Sicherheitsgefühl einer Person kann auch durch kleine Gegenstände verstärkt werden. Wenn Betreuern das auffällt und sie die Funktion solcher Gegenstände akzeptieren, bietet ein solches Maskottchen eine wichtige emotionale Hilfe. Die verschiedensten Gegenstände können so einen beschützenden Wert bekommen: Kuscheltiere, eine Puppe, aber auch ein Lappen oder ein Klotz. Betreuer können derartige Maskottchen absichtlich einsetzen, um das Sicherheitsgefühl zu verstärken.

> Vincent vertraut anderen Personen noch immer nicht. Er vertraut jedoch dem Riemen, mit dem ihm während der Nacht die Hand festgebunden wird, damit er sich nicht die Haare ausreißt. Wenn er den Riemen bei sich trägt, auch wenn seine Hand nicht damit festgebunden ist, fällt es ihm leichter, in Gesellschaft anderer Menschen zu sein.
>
> Joris möchte immer einen Lappen mit ins Spielzimmer nehmen. Das hilft ihm, ruhiger zu spielen. Die Betreuer geben ihm den Lappen auch dann mit, wenn es sich um schwierigere Situationen handelt. Das verleiht ihm ein Gefühl der Sicherheit und gibt ihm die Möglichkeit, schwierigen Situationen die Stirn zu bieten.

Manchmal wird das Maskottchen durch unvorhergesehene Umstände in einen ‚Anfall' verwickelt, in eine Situation, in der die Person die Kontrolle über sich selbst verliert. Man kann dann beobachten, dass die Puppe zurückgelassen wird, oder der Lappen wird weggeschmissen.

Solange das Maskottchen Sicherheit bietet, gibt der Betreute es nicht so leicht aus der Hand. Auch das kann Probleme verursachen. Deshalb ist es gut, zusammen mit dem Betreuten zu üben, das Bärchen vorübergehend in den Schrank zu legen, und zwar so, dass er sicher ist, das Bärchen bei seiner Rückkehr wieder vorzufinden. Das Selbstvertrauen des Betreuten wird gestärkt, wenn er den Eindruck bekommt, dass es auch ohne Maskottchen klappt und dass er sein Bärchen am Ende der Tätigkeit auch wieder findet.

Stimmungen

Von großem Einfluss auf die grundsätzliche emotionale Kondition einer Person ist die Stimmung innerhalb der Gruppe. Die Stimmung lässt sich beim Anziehen erkennen, an der Art und Weise der Begegnung, daran, wie man sich aufeinander einlässt.

Bestimmt der Betreuer die Stimmung nicht selbst, besteht die Gefahr, dass der Betreute oder irgendein Mitbewohner den Ton angibt. Wird viel kritisiert, wird laut gesprochen, dann verschlechtert sich die Stimmung sehr schnell. Sie wird deprimierend, wenn Betreuer über die Köpfe der Menschen mit geistiger Behinderung hinweg miteinander reden.

Insgesamt positive Auswirkungen auf die Gruppe hat eine sanfte positive Stimmung, die akzeptierend und freundlich ist, aber nicht übertrieben fröhlich, während man zusammen arbeitet und lebt, während man gemeinsamen Interessen nachgeht und auch an den Enttäuschungen der anderen teilnimmt.

Direkt

Bisher ging es um den indirekten Einfluss auf die Erregung und auf die emotionale Verfassung von Betreuten. Natürlich können diese Faktoren auch direkt beeinflusst werden. Färbung und Stabilität der emotionalen Kondition lassen sich beispielsweise durch Massage, Musik oder ein gemeinsam gesungenes Lied beeinflussen. Man kann mit Hilfe körperlicher Aktivitäten die Anspannung eines Menschen mit herausforderndem Verhalten verringern und seine Stimmung verändern: durch ein Bad, Massage, Haptonomie, durch beruhigende Musik oder wenn man sich gemeinsam hinlegt.

Es reicht nicht zu wissen, dass einem Betreuten Wasser, Musik oder Berührung gut tun. Es gehört die Beschreibung dazu, was jeweils wichtig ist, wie und auf welche Weise, wie lange und in welcher Umgebung und wer es machen sollte. Es kann ein Zeitplan für solche Aktivitäten aufgestellt werden mit Beschreibungen der Situation, sodass eine Art Ritual entsteht, an dem der Betreute sich orientieren kann.

Berühren

Um das Ganze zu verdeutlichen, nehmen wir als Beispiel das ‚Berühren'. Manche Menschen mögen es überhaupt nicht, wenn sie angefasst werden. Oft liegt das daran, dass die anderen nicht wissen, wie sie den Betreuten am besten berühren sollten. Geschieht das Berühren ‚indirekt' oder ‚funktional', halten die Betroffenen es manchmal ganz gut aus.

> Wenn der Arzt vorschreibt, dass eine Pustel am Rücken mit Salbe eingerieben werden soll, kann das eine guter Anlass für ein tägliches, herrlich entspannendes Einreiben sein.

Unbewusst neigt man dazu, andere an der Hand oder im Gesicht zu berühren. Für verletzbare Menschen sind das sehr sensible Körperbereiche, über die sie viele Informationen aufnehmen. Gerade dort möchten sie nicht berührt werden. Für jemanden, der mit den Händen fuchtelt, um seinen Emotionen freien Lauf zu lassen, ist es sehr unangenehm, wenn die Hände festgehalten werden. Schon bald ist er als ‚Unberührbarer' bekannt. Füße oder Beine bieten dagegen eine gute Möglichkeit für Körperkontakte.

Bei Berührungen ist es sehr wichtig zu wissen, wo es geschieht, wie lange es dauert, wann damit aufgehört wird und wer es macht. Betreuer sollten immer bedenken, dass alle Aktivitäten, auch die angenehmen und entspannenden, leicht zu viel werden können und deshalb misslingen.

Jede Aktivität kostet verletzbare Menschen viel Kraft, und wenn ihnen etwas zu viel wird, schlägt die positive Stimmung schnell in eine negative um. Deshalb sollte man Aktivitäten kurz halten und so zu einem guten Ende bringen.

Oft werden die genannten Aktivitäten – Schwimmen, Massage, Musik – als Therapieformen angeboten: Sie bekommen dann einen therapeutischen Zweck. Bei manchen dienen sie aber nur der Unterhaltung. Sie machen dadurch keine Fortschritte, haben aber dreimal am Tag ein kurzes Vergnügen. Das können Kompensationen für ihre chronischen Probleme sein.

Solche periodischen Ermunterungen können sehr unterschiedlich sein. Meist wird eine Form der Bewegungs-, Musik- oder Spieltherapie angewendet. Man kann aber auch Aktivitäten anbieten, die unserem Kulturkreis eher fremd sind.

Annemieke besucht einmal in zwei Monaten einen Paragnosten. Ihre Familie vertraut diesem Hellseher, deshalb tut Annemieke das auch.
Benny kehrt alle vier Wochen emotional zufrieden vom Besuch bei einem ‚Winti-Priester' zurück, der ihn rituell ‚gereinigt' hat.

Eine Sache ruhig angehen

Es wurde bereits gezeigt, dass es für Betreute besser ist, wenn ihre guten oder schlechten Stimmungen sich nicht zu sehr stauen. Angestaute Emotionen schlagen sehr leicht in Problemverhalten um. Große Freude und reges Interesse können leicht in eine totale Panik ausarten. Oft sucht man bei einem derartigen Anfall nach einem negativen Auslöser: „Bestimmt ist etwas Unangenehmes passiert." Das muss aber nicht sein. Jemand kann ganz gelassen mit einer angenehmen Arbeit beginnen, doch im Verlauf verliert er die Kontrolle über sich.

Deshalb ist es Angelegenheit der Betreuer, jede Aktivität allmählich zu steigern und immer zu überprüfen, ob der Betreute die Anspannung noch aushält.

Personen mit einer etwas besseren Sprachentwicklung können Spannungszustände mit ihren Betreuern üben. Sie können beispielsweise durch Rollenspiele auf freudige und frustrierende Situationen vorbereitet werden, sodass sie etappenweise lernen, sich selbst zu kontrollieren.

Eine Form geben

Für einen Betreuer kann es hilfreich sein, für den Umgang mit Emotionen bestimmte Formen des Handelns und Verhaltens zu entwickeln und anzuwenden. Solche Formen können dem Erleben einer Situation durch den Betroffenen zu einer gewissen Dauer verhelfen. Die Form hilft ihm aber auch, sich von diesem Erleben wieder zu lösen. Sowohl Klienten mit schwerer als auch leichter Behinderung bietet man unterschiedliche Formen des Verhaltens an, die ihnen den Umgang mit sich selbst erleichtern, etwa bei den folgenden Fragen:

> Wo kann ich stehen oder sitzen; was mache ich mit meinen Händen, stecke ich sie in die Tasche oder halte ich etwas fest; wie laut kann ich sprechen oder schreien?

Wenn sich jemand leicht aufregt, braucht er dringend Hilfe von anderen, um eine Form für diese Verhaltensweise zu haben oder um aus der Aufregung zurückzufinden. Ein extremes Beispiel:

> Wenn Bert in Panik gerät, hält ihn sein Betreuer mit aller Kraft fest. Je mehr Bert sich beruhigt, umso lockerer wird der Griff des Betreuers, der die ganze Zeit einschätzt, ob Bert wieder in der Lage ist, sich selbst zu kontrollieren.

Auch Gegenstände können auf verschiedene Weise hilfreich sein, um mit Emotionen umzugehen, ihnen eine Form zu geben. Ein weniger extremes Beispiel:

> Wenn Bertha aufgeregt von ihrer Arbeit nach Hause kommt, macht Cor sofort neben sich auf dem Sofa für sie Platz. Cor hält Berthas Hände fest und lässt sie erst wieder los, wenn sie sich beruhigt hat. Er reicht ihr eine Tasse Tee zum Festhalten, noch bevor Bertha erzählen kann, was sie so aus der Fassung gebracht hat.

Gegenstände können auch auf symbolische Weise helfen, den verstörenden Ereignissen einen erträglichen Platz einzuräumen.

> Harms Schwester hat eine Puppe für ihn gekauft. Er war so von ihrem neugeborenen Baby fasziniert, dass er sehr unruhig wurde, nicht nur, wenn er bei ihr zu Besuch war, sondern den ganzen Tag über. Um die Puppe kümmert er sich nun wie um ein Baby. Er spielt mit ihr, versorgt sie, setzt sie beim Fernsehen neben sich auf das Sofa, und bevor er zur Tagesbetreuung geht, legt er sie auf sein Bett. Besucht er seine Schwester, nimmt er die Puppe ebenfalls mit. Mit seinem ‚Baby' scheint ihm alles leichter von der Hand zu gehen.

Provozieren

Manchmal ist es besser, einen Anfall zu provozieren, als den Betreuten noch länger brüten zu lassen. Er kann beispielsweise schon eine Zeit lang über seine Belastungsgrenzen hinaus agiert haben, und man kann ihn nicht mehr auf sein normales Handlungsniveau zurückführen. Wenn die Umstände günstig sind, das heißt, wenn ausreichend Personal da ist, um den Betreuten und die anderen zu schützen und um alle hinterher emotional wieder aufzubauen, dann ist es besser, wenn der Anfall jetzt passiert als später, wenn die Umstände vielleicht ungünstiger sind.

Gibt man ihm in diesem Fall genau den kleinen Anstoß, den er noch braucht, kann er durch Weinen, durch Bösewerden oder durch sein Problemverhalten seine Spannung entladen.

Nichtstun

Momente des Nichtstuns können sehr bedrohlich sein. Es gibt dann nichts mehr, auf das der Betreute seine Aufmerksamkeit richten kann. Gerade für Menschen, die selbst schwer in Gang kommen, sind dies gefährliche Momente, die zwanghaft gefüllt werden müssen. Die Spannung wächst, und damit die Gefahr, dass die Betroffenen wieder in ihre ärgerlichen und schädigenden Gewohnheiten zurückfallen. Sie werden durch die Leere geradezu von den Bewegungen und Gedanken angezogen, vor denen sie sich fürchten.

Gerade in solchen Momenten ist es von existenzieller Bedeutung, etwas ‚in den Händen" zu haben. Etwas zu tun, mit kleinen Gegenständen spielen, auch wenn es sich nur um stereotype Bewegungen handelt. Ein Betreuer zeigt Verständnis für das Problem, wenn er dafür sorgt, dass diese leeren Momente mit kleinen Aktivitäten gefüllt werden können, mit Schauen, Hören, Bewegen, Ergreifen, Tun von etwas usw.

Doch nicht nur das Anbieten solcher Aktivitäten ist wichtig, man muss den Betreuten auch über die Anfangsschwierigkeiten hinweghelfen. Der Betreuer sollte nicht nur Musik andrehen, sondern er muss auch vormachen, wie schön es ist, ihr zuzuhören. Damit ist nun nicht gemeint, dass der Betreuer die Klienten ständig beschäftigen muss, sodass sich keine Stille ausbreiten kann, sondern es geht darum, dass die Bewohner lernen, mit Stille angstfrei umzugehen.

15. Einfluss gewinnen

Eins der bedeutsamsten Kennzeichen von Personen mit festgefahrenen Verhaltensmustern ist, dass sie nur sehr geringes Vertrauen in ihre eigenen Fähigkeiten setzen. Sie rechnen nicht damit, dass ihre eigenen Handlungen von großem Einfluss sind. Das erkennt man an der kraftlos gewordenen Art ihres Handelns oder ihres Nicht-Handelns: Selbst wenn sie mit etwas beginnen, sind sie leicht wieder abzulenken. Etwas anderes scheint auf den ersten Blick nicht dazu zu passen: Die Betreffenden versuchen oft keuchend vor Anstrengung und krampfhaft, etwas zu tun, etwas zu Ende zu bringen oder schneller fertig zu stellen. Doch auch das gehört dazu: Diese Art ihres Handelns zeigt, dass sie selbst nicht einzuschätzen vermögen, ob ihnen etwas gelingt oder nicht.

Nicht bei jedem Menschen mit geistiger Behinderung kann man von ‚Selbstvertrauen' sprechen, da manche erst nach einer gewissen Entwicklung so etwas wie ein ‚Selbst' zeigen. Erst wenn jemand das Gefühl hat, selbst bestimmen zu können, dass er nicht nur ein Spielball innerer oder äußerer Kräfte ist, kann man sagen, er habe ein ‚Selbstbild' und somit auch ‚Selbstvertrauen' entwickelt. Dennoch vertrauen viele Personen, die das Stadium des Selbstbildes erreicht haben, oft nur wenig auf ihre eigenen Handlungsmöglichkeiten. Sie haben nämlich ein negatives Selbstbild entwickelt.

Man kann wohl bei allen Menschen von ‚Effekterwartung' sprechen. Selbst bei Säuglingen erkennt man Unterschiede zwischen Kindern, die darauf vertrauen, dass ihre eigenen Handlungen effektiv sind, und Kindern, denen dieses Vertrauen fehlt.

Bei sprachbegabten geistig behinderten Menschen, die „ich will" oder „ich will nicht" sagen können, ist die Gefahr groß, dass die Umwelt meint, sie hätten ein ‚Selbst' entwickelt und man könne sie auf dieser Ebene allein entscheiden lassen. Doch gerade bei verletzbaren Menschen stimmt die Entwicklung des ‚Selbst' oft nicht mit ihren verbalen Fähigkeiten überein. Das vergrößert die Gefahr einer Überschätzung. Man erwartet von ihnen, dass sie Entscheidungen treffen und zwischen verschiedenen Möglichkeiten wählen können. Doch oft wird nicht gewählt: Die Alternativen können so viel Widerstand hervorrufen, dass man nicht mehr von einer Entscheidung sprechen kann, sondern nur davon, dass sie in eine bestimmte Richtung gezwungen werden. Spätere Enttäuschungen sind unvermeidlich, denn sie haben sich nie wirklich entschieden. „Du hast selbst gesagt, dass du das wolltest, und jetzt bist du wieder nicht zufrieden!" Die Enttäuschung hätte vermieden werden können, wären die Beteiligten sich bewusst gewesen, dass der Betroffene nicht ‚ich' meinte, als er ‚ich will' sagte.

Gern alles recht machen

Überschätzen

Der Betreute möchte der Bezugsperson gern alles ‚recht' machen. Diese Haltung erklärt, warum er manchmal die gewünschte Antwort gibt, ohne es wirklich zu meinen. Es erklärt aber auch, warum die Erwartung bestimmter Leistungen durch den Betreuer zu Frustrationen bei dem Betreuten führt. Er hatte einen falschen Eindruck von seinem Wissen und seinen Fähigkeiten vermittelt. Er hat beispielsweise Worte verwendet, die er selbst gar nicht versteht. Er schafft es, dass der Betreuer noch während des Gespräches solche Formulierungen übernimmt. Dies erweckt beim Betreuer den Eindruck einer verständigen Kommunikation.

Dies nährt andererseits die grundsätzliche Unsicherheit des Betreuten, weil er trotz seiner Unfähigkeit einer Forderung zu entsprechen versucht, der man entsprechen muss, um akzeptiert zu werden. Diese Forderung lautet: sich so normal wie möglich zu verhalten, vor allem so zu scheinen, als wäre man nicht behindert.

Der Betreuer muss dem Betreuten daher ausdrücklich sagen, was man von ihm erwartet und was nicht. Noch wichtiger ist es, ihn merken zu lassen, dass er vom Betreuer nicht nur auf Grund seiner Leistung oder seiner Anpassung geschätzt wird. Er soll spüren, dass er noch immer gemocht wird, auch wenn etwas schief geht.

Jemand, der „Ich will" oder „Ich will nicht" sagt, weiß inhaltlich genau, was diese Worte bedeuten. Doch für verletzbare Menschen bedeutet ‚ich' nicht dasselbe wie für mental stabilere Personen. ‚Ich' beinhaltet, dass man sich im positiven Sinn von anderen unterscheidet. Dass der Betroffene seinem Handeln und Denken eine Richtung gibt. Doch Personen mit geringem Selbstvertrauen, einem negativen Selbstbild und geringen Erwartungen hinsichtlich ihres eigenes Könnens bringen auch ihrem ‚Selbst' nur wenig Wertschätzung entgegen. Die Folge ist, dass sie manchmal gar nichts hinkriegen und in anderen Momenten sich maßlos einsetzen. Dann arbeiten sie sich kaputt, um es nur allen recht zu machen.

Unterschätzen

Von Personen, die aus unterschiedlichen Gründen von ihren Betreuern abhängig sind, wird allzu leicht angenommen, dass sie weder auf die eine noch auf die andere Weise aktiv in andere Aktivitäten einbezogen werden wollen. Als ob sie nicht darauf warteten, ‚selbst' teilzunehmen, keinen Beitrag anbieten wollen, nicht ihre Möglichkeiten ausprobieren wollen. Als Folge davon werden Personen mit geistiger Behinderung, die einer umfassenden Versorgung bedürfen, oft als Menschen gesehen, die nicht wie andere Vielfalt und sinnvolle Beschäftigung brauchen.

Zusammen

Für jemanden, der nicht mehr an sich selbst glaubt, ist eine der wichtigsten Voraussetzungen, um wieder in Gang zu kommen, eine gute Beziehung mit einem Betreuer, der die Situation richtig einschätzt und bereit ist, sich ‚zusammen' mit dem Betreuten an die Arbeit zu machen. Das bedeutet nicht, dass die beiden immer zusammen sein müssen. Die Beziehung bleibt bestehen, auch wenn der eine in der einen Ecke des Zimmers beschäftigt ist und der andere in der anderen. Der Betreuer bremst den behinderten Menschen nur, wenn dieser zu weit geht. Und er gibt ihm einen Schubs, damit er in Gang kommt.

Der Betreuer weiß, was sein Klient zu können meint. Er weiß oder bemüht sich herauszufinden, bei welchen Aktivitäten der behinderte Mensch am meisten er selbst sein kann. Welche Aktivitäten, Materialien, Umgangsformen, Haltungen sprechen ihn an? Jemand kann mental so abwesend sein, dass es kaum noch möglich ist, eine ansprechende Beschäftigung für ihn zu finden. Dann ist es die Aufgabe des Betreuers herauszufinden, was ihm früher Spaß gemacht hat. Er sucht in seiner Vergangenheit, spricht mit seinen Eltern und ehemaligen Betreuern.

Nicht nur die Aktivität selbst ist entscheidend, auch die Art und Weise, wie sie durchgeführt wird. Welche Möglichkeiten und Umstände sind die besten, um den Betreuten sowohl aktiv als auch passiv in Aktivitäten seiner Umwelt miteinzubeziehen? Welche Beschäftigungen und Momente sind angemessen für ein zielorientiertes Handeln? Was macht jemand, wenn er ‚nichts' tut? Freizeit bedeutet nicht für jeden wirklich ‚freie' Zeit. Manchen fällt es schwer, sich selbst eine Richtung zu geben. Sie verlieren sich sehr leicht in Handlungen, Bewegungen und Gedanken, von denen sie sich schwer wieder lösen können.

Ziel ist es, eine soziale und materielle Umgebung zu schaffen, die dem Betreuten das Gefühl vermittelt, Einfluss ausüben zu können, seine Umwelt in den Griff zu bekommen. Nur auf diese Weise kann das ‚Selbst-Vertrauen', das Vertrauen in das eigene Können, weiterentwickelt werden.

Bei der Verbreiterung seines Einflusses geht es nicht unbedingt darum, dem Betreuten neue Fertigkeiten beizubringen. Oft fehlt es daran nicht, doch bisher tat er bestimmte Dinge nur, weil andere ihn dazu aufforderten oder weil er besser als seine Mitbewohner sein wollte, nicht aus eigenem Antrieb. Es geht nicht darum, neue vorzeigbare Kunststücke einzuüben, sondern darum, die eigenen Möglichkeiten benutzen zu lernen.

Manchmal fehlen aber auch bestimmte Fertigkeiten. Jemand hat nicht gelernt, etwas zu greifen, hin und her zu bewegen, Gebärden zu machen, zu lesen, etwas zu fragen oder mit anderen zu spielen. Werden gewisse Fertigkeiten nur angelernt, ohne dass zugleich an der Entwicklung des ‚Selbst' gearbeitet wird, dann wird das Erlernte wieder verloren gehen, sobald die ‚Antreiber', die ‚Auftraggeber' wieder verschwunden sind. Unser Ziel ist, dass diejenigen, die wir betreuen, selbst von ihren Fertigkeiten Gebrauch machen, ohne dass sie dazu aufgefordert werden. Das können wir nur erreichen, wenn man ihm oder ihr bei der schrittweisen Entwicklung von mehr Selbstvertrauen hilft.

Abstimmen

Als Erstes sollten wir versuchen, den Abstand zwischen dem Klient und seiner Umwelt so gering wie möglich zu halten. Auch die Kluft zwischen Können und Wollen sollte so gut wie möglich geschlossen werden.

Das eigene Handeln auf einen anderen abzustimmen ist eine dynamische Angelegenheit und kann daher nur von Menschen geleistet werden. Eigenes Handeln abzustimmen bedeutet, den Zugang zur Interessen- und Erlebniswelt eines anderen zu suchen. Man muss heraus finden, was ihn an Dingen, Menschen und Ereignissen seiner Umgebung interessiert. Das kann, je nach Person, sehr verschieden sein. Der eine erlebt eine bestimmte Situation so, ein anderer genau dieselbe Situation wieder völlig anders. Unter anderem hängt das davon ab, wie weit jemand den Ereignissen um ihn herum folgen kann. Bei einem unterhaltsamen Gespräch wird der eine dem Inhalt der Unterredung folgen, während der andere die Atmosphäre wahrnimmt und auf diese Weise auf das Gespräch reagiert.

Indem man darauf achtet, wonach der andere schaut, kann man sich ein Bild von dem machen, was für ihn wichtig ist. Indem man gen au beobachtet, wie er geht oder stolpert, bekommt man einen Eindruck davon, wie er sich in seiner Welt bewegt.

Aber Vorsicht ist geboten. Man kann nicht einfach sagen: Gut, er mag Musik. Er spielt gerne mit Zweigen. So, hier gibt's die Musik, hier sind die Zweige, jetzt vergnüge dich damit. Er wird das noch nicht allein schaffen. Man muss ihm zeigen, wie man Angenehmes erleben kann, indem man es mit ihm zusammen macht. Indem man sich zur Musik bewegt, mitsingt, indem man selbst die Zweige anfasst und genauso wie er damit herumfuchtelt. Dadurch zeigt man ihm, dass er es gut macht, dass das was er tut, interessant ist. Wenn der Betreuer Interesse und Freude an diesen Dingen findet, dann kann der Betreute das beruhigt nachmachen.

Indem man genau auf körperliche Reaktionen achtet, erkennt man, ob jemand wirklich Interesse und Freude hat. Das ist dann ein Zeichen dafür, dass man den Zugang zu seiner Erlebniswelt gefunden hat. Wenn man erkennt, wann sich jemand freut oder irritiert ist, Interesse zeigt oder Widerwillen, dann kann man bei diesen Gefühlen ansetzen und seine Situation ein Stück weit mit ihm teilen. Doch man muss darauf achten, dass das eigene Handeln und Erleben nicht gänzlich mit dem seinen zusammenfällt.

Erwartung

Der Betreuer weiß, dass sein Klient über sehr wenig Selbstvertrauen verfügt. Um dieses Vertrauen zu stärken, kann der Betreuer ein ermutigendes Vorbild sein. Indem er sagt: „Das gelingt uns schon!", hilft er dem anderen, sich etwas zuzutrauen, wird selbst zum Auslöser von Aktionen. Zuerst muss der Betreuer an den behinderten Menschen glauben. Nach einiger Zeit beginnt dieser dann, auch an sich selbst zu glauben. Zweifelt der Betreuer, wird die Basis, auf welcher der Klient sein Selbstvertrauen aufbauen kann, sehr schmal.

Betreuer können auf verschiedene Arten ihre unsicheren und verängstigten Klienten wieder stärker in ihre Umwelt einbeziehen. Passiv, wenn sie sich nicht direkt mit ihnen beschäftigen, oder aktiv, indem sie etwas mit ihnen gemeinsam unternehmen.

Aktiv[1]

Um das Vertrauen in die eigenen Fähigkeiten zu stärken, gibt es zwei grobe Ansatzpunkte.

Erstens, indem der Betreuer versucht, bei den oft sehr minimalen Initiativen der verletzbaren Person anzusetzen. Oder zweitens, er unternimmt aktiv etwas mit seinem Klienten. Dazu braucht es anfangs einen erheblichen Aufwand von Seiten des Betreuers, doch allmählich wird er sich wieder zurückziehen, sodass der Klient das Steuer immer öfter selbst in die Hand nimmt.

Bei den Initiativen ansetzen

Will man bei den eigenen Initiativen des Klienten ansetzen, sollte man ihn zuvor sehr genau und detailliert beobachten. Man sollte sich bemühen, jeden Ansatz zum Handeln wahrzunehmen, wie klein er auch sei. Voraussetzung ist, dass der Betreuer davon ausgeht, dass es solche Initiativen gibt, auch wenn man sie auf den ersten Blick nicht sieht.

Der Betreuer macht sich also eine Haltung zu Eigen, die es ihm ermöglicht, auch geringfügige Verhaltensweisen des Betroffen wahrzunehmen: Er erwartet sie. Daher versucht er eine Situation zu schaffen, in der die Wahr-

1 Steht in Zusammenhang mit dem Abschnitt „Passiv" ab S. 187.

scheinlichkeit für das Auftreten von Initiativen des Betroffenen am größten ist. Am besten geht es in einer spielerischen, auffordernden Atmosphäre, zwanglos und ohne Eile.

Nimmt der Betreuer eine Initiative wahr, ist er sehr vorsichtig, betont sie nicht, verstärkt sie eher beiläufig. Er stürzt sich nicht darauf, indem er seine Aufmerksamkeit betont auf darauf lenkt und den Klienten lobt. Dieser würde sonst erschrecken und sich sofort wieder zurückziehen. Beim nächsten Mal fällt es ihm noch schwerer, etwas von sich aus zu tun.

Ruhig und gelassen ergänzt der Betreuer die ersten Ansätze seines Handelns. Er sollte unbedingt für einen Erfolg sorgen, wie klein der Ansatz auch war.

Spüren lassen, dass es geht

Ein anderer Ansatzpunkt ist, gemeinsam etwas zu unternehmen und dafür sorgen, dass es gut abläuft. So bekommt der Betreute das Gefühl, dass es ‚zusammen' immer gelingt. Und nicht nur, dass etwas gelingt, sondern dass eine Aktivität, wenn auch anfangs vielleicht noch mit Schmerzen und Mühen verbunden, dennoch auf eine ruhige Weise beendet werden kann. Die Erfahrung, dass sein eigenes Handeln effektiv war, motiviert ihn beim nächsten Mal, selbst mehr einzubringen. Die ersten Male wird es viel Widerstand geben, doch der Widerstand wird abnehmen, wenn die Aktivität zu einem guten Ende kommt.

Der Betreuer trägt die Sorge dafür, dass er und der Klient ‚gemeinsam' am Gelingen beteiligt sind. Er macht das, indem er schrittweise immer neue Situationen kreiert:

1. Berühren und Steuern. Zusammen etwas festhalten, vier Hände und vier Augen konzentrieren sich auf ein Objekt. Manchmal umschließt der Betreuer mit seinen Händen die Hände des Klienten, der ein Objekt festhält. Er sorgt dafür, dass die Handlungen mit dem Objekt gemeinsam zu Ende geführt werden.
2. Sie beginnen damit, ihre vier Hände auf ein Objekt zu legen. Danach folgt jeder mit seinem Teil der Handlung, dann wird alles gemeinsam beendet.
3. Sie schaffen eine Arbeitsteilung: Ich mache diesen Teil, dann machst du den anderen. Die Teile bilden zusammen das Ganze der Handlung.
4. Der Betreuer ersucht den Klienten, einen Teil der Arbeit selbstständig zu übernehmen, während er inzwischen etwas anderes macht. Er bleibt aber in der Nähe und schenkt dem behinderten Menschen seine Aufmerksamkeit. So bleiben sie verbunden.

Diese Abfolge zeigt eine Entwicklung auf. Manchmal ist es jedoch nicht wünschenswert, einem geradlinigen Schema zu folgen. Unter Umständen kann an dem einem Tag gearbeitet werden wie in Punkt 2, am folgenden Tag verschlechtert sich aber der Zustand des Klienten, und man kehrt zurück zu Punkt 1. Manchmal kann auch ein bestimmter Betreuer sehr gut auf die dritte Art mit dem Klienten zusammenarbeiten. Bei einem anderen Betreuer agiert der Klient aber besser nach Punkt 2. Man sollte immer die momentane Situation beachten: Welcher Betreuer hat heute Dienst, wie fühlt sich der Klient, welche Bedingungen sollten jetzt angeboten werden.

Das Ausmaß der Unterstützung

Oben ging es vor allem um die Rolle, die der Betreuer einnimmt, wenn er zusammen mit den Klienten einer Beschäftigung nachgeht. Ein anderes Element innerhalb der Betreuung ist das Ausmaß der angebotenen Unterstützung. Im folgenden Beispiel geht es um eine Person, die nicht mehr wagte, die Hände beim Essen zu gebrauchen. Die Veränderung dieses Verhaltens dauerte viele Wochen.

> Jos, der Betreuer, hält mit zwei Händen Miekes Hände fest. Zusammen führen sie den Löffel zum Mund.
> Jos hält Miekes Hände fest und folgt ihren Bewegungen.
> Jos folgt mit einer Hand der Bewegung von Miekes Hand. Die andere Hand liegt neben ihrer zweiten Hand.
> Er legt eine Hand auf den Arm, mit dessen Hand sie den Löffel festhält, und bewegt seine Hand mit ihrem Arm, während sie den Löffel zum Mund führt. Jos berührt nur am Beginn der Handlung kurz ihren Arm, immer dann, wenn sie den Löffel zum Mund führt.
> Er berührt sie mit der Hand an irgendeiner anderen Stelle, beispielsweise am Rücken.
> Er sitzt neben ihr und schaut ab und zu ermunternd auf das, was sie gerade tut.
> Er sitzt neben ihr. Sie isst, und er macht etwas anderes.
> Jos ist in der Nähe, wenn sie isst, aber er macht etwas anderes.
> Er lässt sie merken, dass er weiß, dass sie beim Essen ist, aber geht dazwischen manchmal weg.
> Mieke isst allein.

Auch in dieser Entwicklungsreihe scheint es eine chronologische Reihenfolge zu geben, dennoch verläuft eine Betreuung nicht immer so geradlinig. Das Schema ist nützlich, um zu kontrollieren, ob man nicht allzu große Schritte macht. Es ist hilfreich, um sich zu erinnern, welche Schritte vorausgegangen sind, und um in der Zusammenarbeit mit Eltern oder Kollegen eine größere Einheitlichkeit bei der Betreuung zu erreichen.

Übergänge

Es wurde bereits an einer früheren Stelle erwähnt, wie schwierig es für Menschen mit festgefahrenem Verhalten ist, Übergänge zu bewältigen. Übergänge finden sich in verschiedenen Bereichen des täglichen Lebens. Es kann sich um Veränderungen von Haltungen, Aktivitäten, Räumen oder Kontakten handeln. Alle Übergänge scheinen belastend zu sein, nicht nur die unbekannten oder unangenehmen Ereignisse, sondern auch die Übergänge zu sehr erfreulichen und bekannten Dingen.

Die Probleme lassen sich nicht dadurch lösen, dass man offenbar schwierige Übergänge erleichtert. Heute fällt es jemandem schwer, sich zum Essen hinzusetzen. Wenn man diese Aktion so einfach wie möglich macht, hat er morgen vielleicht Probleme beim Aufstehen. Für einen Betreuten bestehen Handlungen nicht nur aus einem einzigen Teil, sondern zerfallen in einzelne Abschnitte. Und vor jedem Abschnitt ist eine hohe Schwelle zu überwinden.

Sind sich die Betreuer nicht bewusst, dass Übergänge ungeheuer viel zusätzlichen Aufwand erfordern, tragen sie dazu bei, dass der Lebensraum des Bewohners sich unnötig verkleinert.

Es ist wichtig, diese Übergänge als eigenes Problem zu sehen. Damit wird vermieden, dass der Klient als jemand betrachtet wird, der nicht zu motivieren ist. Dass man seine Ausreden akzeptiert, wenn man ihm die Möglichkeit gibt zu sagen, dass er bestimmte Dinge nicht will oder nicht kann. Das Ende ist dann, dass man die entsprechende Aktivität aus dem Tagesplan entfernt.

Der behinderte Mensch hatte aber nur versucht, der entsprechenden Aktivität auszuweichen. Nicht weil er sie nicht mag, sondern weil er nicht mehr im Stande war, die Schwelle zu übersteigen. Indem man die Aktivität aus seinem Programm entfernt, verkümmert man unnötigerweise sein Leben. Schema 27 illustriert dieses Phänomen noch einmal.

Liegt die Aktivität in weiter Zukunft, scheint die Schwelle noch nicht so hoch zu sein. Doch selbst wenn der Betroffene sich von der Aktivität angezogen fühlt, nimmt der Stress zu,je näher der Übergang rückt. Ist es dann fast so weit, nimmt die Schwelle dem Betroffenen die Sicht auf die nachfolgende Aktivität.

Es ist hilfreich, drei verschiedene Teilschritte einer Veränderung oder eines Übergangs zu betrachten. Zuerst muss man das, worauf man sich gerade konzentriert oder womit man beschäftigt ist, loslassen. Danach muss man sich auf das Folgende einstellen. Und schließlich muss man das Neue auch zielstrebig beginnen. Von drei Seiten aus kann man versuchen, die Übergänge zu erleichtern:

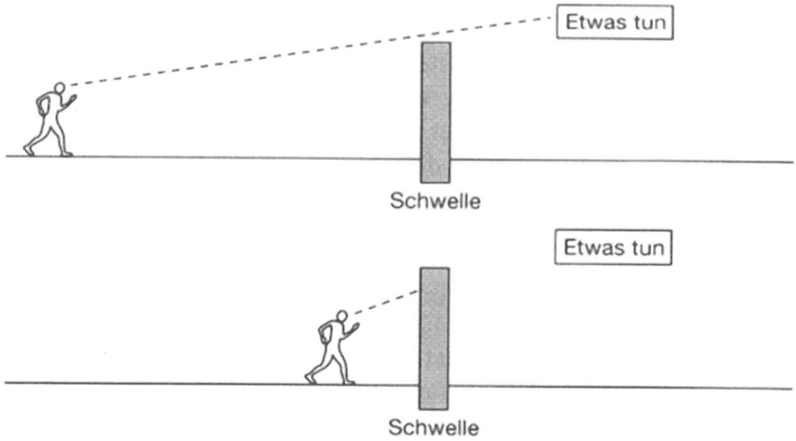

Schema 27: Schwellenangst, Veränderung der Motivation

1. Man muss sich bewusst machen, dass der Betreute gerade mit etwas beschäftigt ist. Der Betreuer sieht das und versucht, an diese Aktivität anzuschließen. Er gibt dem Menschen mit der Behinderung die Möglichkeit, seine Sachen auf seine eigene Weise zu beenden.
2. Es kann sein, dass der Mensch mit dem herausforderndem Verhalten mit der Handlung bereits aufgehört hat, jedoch emotional oder gedanklich noch mit dem Vorherigen beschäftigt ist. Man kann ihm dann noch kurz die Chance und Gelegenheit geben, sich auch in Gedanken und im emotionalen Erleben aus der Situation zu lösen. Wie kann er sich auf das Folgende einstellen? Ist ihm einsichtig genug, was nun kommt?
3. Bevor er mit etwas anderem beginnen kann, stellen sich dem Betreuten die folgenden Fragen: Wie komme ich an den Ort? Gibt es dort jemanden, der mich mag? Wer wird das sein? Bin ich willkommen? Bekomme ich einen Platz oder muss ich mich selbst darum kümmern? Was wird eigentlich von mir erwartet? Womit beginnt die Aktivität, und was folgt danach?

Selbstbild

Menschen mit einem höheren Entwicklungsniveau sagen: „Hilfe, ich kann das nicht!“ Menschen mit einem niedrigeren Entwicklungsniveau können das nicht formulieren, aber man sieht ihnen an, dass sie dasselbe meinen. Die Art, wie sie sich bemerkbar machen oder nicht, die Art, wie sie woanders hingehen, drückt ihre Hilflosigkeit aus.

Wir versuchen, ihr Selbstbild zu verändern. Sie denken, dass sie nichts können. Wir helfen ihnen, aber nicht wegen ihrer Hilflosigkeit, sondern weil sie versuchen, irgendetwas zu tun. Die Erfahrung, etwas tun zu können, reicht aber nicht aus. Menschen können Aufträge ausführen, ohne das Gefühl zu haben, dass ihr Handeln mit ihnen zu tun hat. Erst wenn sie Freude empfinden, weil sie wagen, ihre eigenen Hände zu gebrauchen, wenn sie begeistert ausrufen: „Ich kann es", erfahren sie, dass ihre Handlungen etwas mit ihnen selbst zu tun haben. Man kann ihnen helfen, dieses Gefühl zu entwickeln, indem man ihnen deutlich macht, dass sie Hilfe bekommen, wenn sie etwas ausprobieren, und nicht wegen ihrer Fehlschläge.

Vorbild

Das folgende Beispiel verdeutlicht, dass man vor allem darauf achten muss, wie man jemandem hilft, der seinem eigenen Können vertraut.

Henk besucht seine Schwester. Leni kümmert sich in ihrem eigenen Haus um ihn, weil es bei den Eltern nicht mehr ging. Sie hat sich vorgenommen, die Zeit mit Henk einmal anders zu verbringen als sonst. Für gewöhnlich lassen sie den Tag mit Kaffeetrinken und Kuchenessen verstreichen. Leni ist für Henk eine wichtige Person. Er vertraut ihr. Sie hat die gute Idee, ihn bei einer Kleinigkeit, die sie dieses Wochenende noch abschließen will, um Hilfe zu bitten. Leni erzählt Henk von der Hochzeit der Nachbarn, die er auch gut kennt. Die ganze Nachbarschaft hilft bei den Vorbereitungen für die Hochzeit. Leni macht viele Papierblumen, und Henk kann ihr dabei helfen. Henk ist sofort von der Idee begeistert. Er findet es schön, dass seine Blumen bei der Hochzeit ebenfalls aufgehängt werden. Leni holt erst einige Blumen aus einem Karton und legt sie gut sichtbar vor ihn hin. So sollen sie aussehen.
Diese Aktivität passt gut in Henks Erlebniswelt. Mit kleinen Schritten wird er in die Handlung einbezogen. Leni bittet ihn, ihr zu helfen: Ob es gelingt oder nicht, hängt nicht von ihm ab. Seine Leistung steht nicht im Mittelpunkt.
Behutsam erzählt Leni, wie die Blumen gefaltet werden sollen, und macht es ihm vor. Bei der zweiten Blume bittet sie Henk, ihr den Klebstoff zu reichen.
Henk folgt all dem sehr aufmerksam. Bei der dritten Blume fragt Leni, ob er das Papier schneiden möchte. Sehr vorsichtig kommt er in Gang. Anfangs ist es notwendig, ihn zu stimulieren, doch dann beschäftigt er sich immer länger allein. Nach einiger Zeit faltet er von allein eine Blume, während Leni in einem Tempo, dem er folgen kann, ebenfalls eine macht.

Schritte

Noch einmal die einzelnen Schritte:

Zuerst beschäftigen sie sich gemeinsam mit dem Objekt. Henk ergänzt Lenis Arbeit. Das ist der erste Schritt. Daraufhin arbeiten sie beide an einer eigenen Blume, aber zusammen. Zweiter Schritt. Nun ist die Zeit für den dritten Schritt gekommen. Leni zieht sich etwas zurück. Sie lässt Henk deutlich merken, dass sie zwar bei ihm bleibt, aber etwas anderes tut.

Leni erledigt zwischendurch ein paar Dinge: Sie räumt die Küche auf und macht den Vogelkäfig sauber. Sie bleibt dabei immer in Henks Nähe. Als sie zum Schuppen geht, um frischen Sand zu holen, sagt sie Henk, was sie vorhat.

Vierter Schritt: Henk macht seine Arbeit und Leni die ihre.

Die Stimmung in der Küche ist gelassen und freundlich. Es läuft eine angenehme Musik. Henk arbeitet ganz entspannt weiter. Leni macht ab und zu freundliche und ermunternde Bemerkungen. Nicht nur Henks Gesicht zeigt eine Abnahme der Spannung. Seine anfangs hochgezogenen Schultern lösen sich, seine verkrampften Hände entspannen sich, und er kann so immer kreativer mit ihnen arbeiten.

Für Henk ist deutlich, wer sich ihm zuwendet und an wen er sich wenden kann. Es ist ihm auch, anders als sonst, eindeutig klar, wer die Leitung hat. Das ist nicht immer so. In seiner Wohngemeinschaft beschäftigen sich zwei Gruppenleiter mit ihm. Auch zu Hause hat sich jeder um ihn gekümmert. Henk möchte aber wissen, wer bei ihm die Leitung übernimmt. Das gibt ihm Halt.

Die Überwindung des Widerstandes

Es kostet Henk immer sehr viel Mühe, seine Hände zu gebrauchen. Er muss dabei enorme Widerstände überwinden. Er hat schon zu oft erfahren, dass seine Handlungen misslingen.

Betrachten wir Henk noch einmal, so als hätten wir ihn auf Video aufgenommen. Lassen wir das Band noch einmal laufen:

Was beim ersten Mal nicht so auffiel, ist der anfängliche Widerstand. Wenn Henk sich hinsetzt, hält er die Hände verkrampft unter dem Tisch. Sie kommen erst zum Vorschein, als er die bereits von Leni gemachten Blumen zählt. Das tut er mit der linken Hand. Seine rechte Hand bewegt sich auch, doch sie bleibt unter dem Tisch. Es scheint, als ob ihm das Zählen hilft, die anfängliche Schwelle zu überwinden. Als Leni ihn bittet, das Klebeband festzuhalten, damit sie ein Stück davon abschneiden kann, kommt auch seine rechte Hand zum Vorschein.

Nicht im Zentrum der Aufmerksamkeit

Leni lädt Henk eher zum Mittun ein, als dass sie ihm einen Auftrag gibt. Es scheint, als verringere sich dadurch der Widerstand, seine Hände zu gebrauchen.

Am Anfang zittern seine Hände noch. Allmählich nimmt das Zittern ab, und auch seine Schultern entspannen sich. Von Zeit zu Zeit atmet er tief durch. Als Leni dann anfängt, etwas anderes zu tun, und seine Aufmerksamkeit darauf richtet, indem sie davon spricht und es ihm zeigt, verliert sein Handeln weiter an Spannung.

Den Abstand verkleinern

Indem man den Abstand zwischen Nicht-Handeln und Handeln sehr klein hält, vergrößert sich die Chance, dass es Henk gelingt, mit der Sache anzufangen.

> Nun, da Henk seine Hände über der Tischplatte hat, genügt es, dass Leni ihm die Schere in die eine Hand legt und das Papier in die andere. Er kann mit der Arbeit anfangen.

Bestätigung suchen

Es scheint, dass Henks geringes Selbstwertgefühl gänzlich von seinen Leistungen abhängt. So gesehen wird seine Anspannung verständlich. Er macht nicht einfach etwas, das vielleicht ganz nett wird oder auch nicht. Nein, indem er an den Blumen arbeitet, arbeitet er an seinem Selbstwertgefühl. Sein Selbstwertgefühl ist sehr gering. Deshalb ist es nicht erstaunlich, dass er nur mühsam mit der Arbeit an den Blumen beginnen kann.

> Auffallend oft fragt Henk: „Gut gemacht, was?“ oder „Ist das gut so?“. Er möchte, dass ihn Leni fortwährend bestätigt. Anfangs unterbricht er seine Arbeit, um die Fragen zu stellen, und setzt sie erst wieder fort, wenn er eine Antwort bekommen hat.

Selbstwertgefühl

Die Würdigung anderer hält Henk an der Arbeit, doch zugleich hält sie ihn auch gefangen. Was er tut, ist doch nur gut, wenn andere sagen, dass es gut ist, oder? Die Bestätigungen nähren sein Gefühl der Hilflosigkeit.

> Als Henk sich etwas beruhigt hat, tritt eine Veränderung ein. Er stellt jetzt eher beiläufig seine Fragen nach Bestätigung. Er unterbricht dabei auch nicht mehr seine Handlungen. Anfangs spendete Leni lauthals Lob: „Gut so, ja, das ist wirklich schön.“ Doch als er ruhiger arbeitet, nimmt sie sich zurück und fragt ihn, wie er es selber findet. Jetzt kann er selbst beurteilen, ob etwas gut geworden ist oder weniger gut.

Eigentlich möchte Henk nicht nur Komplimente. Er stellt seine Schwester, die sehr wichtig für ihn ist, in eine bestimmte Position. Es ist die Position des Auftraggebers und Richters seiner Handlungen. Anfangs hilft ihm das. Doch wenn sich dieses Muster wiederholt, bleibt er in der Abhängigkeit von Leni gefangen und kann kein Selbstvertrauen entwickeln. Deshalb fragt sie ihn immer öfter: Wie findest du es selbst? Was meinst du selbst, wie du jetzt weitermachen musst?

Der bekannte Weg

Ein anderes Phänomen, das mit der Bitte um Bestätigung zu tun hat, ist die Frage nach dem bekannten Weg.

> Um bunte Blumen herzustellen, benötigt man verschiedenfarbige Bögen Papier. Anfangs braucht Henk einen Anstoß, um die eine Farbe loszulassen und eine andere zu nehmen. Allmählich tut er das von selbst. Doch er erkundigt sich immer erst nach dem bekannten Weg. „Kommt jetzt eine andere Farbe?" Er wartet, bis er eine Antwort bekommt, erst dann setzt er seine Arbeit fort.
> Irgendwann, als er bereits eine andere Farbe genommen hat und kurz nachdenkt, legt er den Bogen zurück, nimmt das vorherige Stück Papier in die Hand,fragt: „Jetzt kommt eine andere Farbe, nicht wahr?"

Die abhängige Beziehungsstruktur kann man in einer freundlichen Weise unterbrechen, indem man den zugeworfenen Ball zurückspielt. Es geht aber auch, indem man bei seinem Handeln ansetzt, solange er noch damit beschäftigt ist. Nicht erst abwarten, bis er um Hilfe bittet, weil er meint, dass er es selbst nicht mehr kann. Es ist besser, wenn man ihm, solange er noch beschäftigt ist, einen ergänzenden Anreiz gibt. Das vergrößert die Chance, dass er auf längere Sicht im Stande ist, ein anderes Verhaltensmuster zu akzeptieren. Er bekommt nämlich Hilfe bei dem, was er tut, nicht erst dann, wenn er etwas nicht kann.

Soziale Strukturen

Betrachten wir auf diese Art und Weise Beziehungs- und Verhaltensmuster, wird man besonders vorsichtig mit Bemerkungen wie: „Er macht es bewusst. Er macht es absichtlich." Die Verhaltensweisen der Betreuten sind tief verwurzelte Reaktionsschemata. Selbst Betreuer, die sich dieser Muster bewusst sind, die wissen, wie sie verlaufen, können sie nicht so einfach verändern. Auch Betreuer, die die Abhängigkeit eines Bewohners kennen und auch die Gründe für dieses Verhalten verstehen, bleiben oft bei diesen vorwurfsvollen Äußerungen. Natürlich sagt der Betreuer, dass der Betreute es gut macht, wenn er gefragt wird. Voraussetzung für eine Veränderung der Beziehungsstruktur ist es aber, dass der Betreuer sich bewusst eine andere Reaktionsweise zu Eigen macht. Nach und nach wird der Betreute davon überzeugt werden, dass ihm nicht geholfen wird, weil er es nicht kann, sondern weil er selbst Dinge unternimmt. Ein derartiges Hineinwachsen in ein stärkeres ‚Selbst' kann zu neuen Schwierigkeiten führen. Oft haben andere Betreuer, beispielsweise in der Tagesbetreuung, eine andere Vorstellung vom ‚Selbst' des Menschen mit geistiger Behinderung als seine Familie zu Hause. Vielleicht beginnt der Betroffene, ‚nein' zu sagen, und zwar nicht nur zu sagen, sondern es auch tatsächlich zu meinen. Er tut nicht mehr alles, was von ihm verlangt wird. Wird solch ein Verhalten an dem einen

Ort als Zeichen von Entwicklung gesehen und mit Respekt aufgenommen, am anderen Ort jedoch zum Anlass genommen, undifferenziert und strafend einzugreifen, kommt es zu neuen Spannungen. Absprachen sind erforderlich. Ist das nicht möglich, ist Trennung von einem Betreuer, der anderer Meinung ist, unvermeidlich.

Passiv[2]

Man kann jemanden auf eine aktive Weise in seine Umwelt miteinbeziehen. Es geht aber auch auf eine passive Art und Weise. Man muss sich nicht kontinuierlich mit dem behinderten Menschen beschäftigen, um ihn einzubeziehen.

Bei Menschen, die nicht sprechen, kann man es beispielsweise dadurch tun, dass man benennt, was man gerade macht. Indem man Schritt für Schritt erzählt, was man tut, verlangsamt man sein eigenes Tempo. So kann der Mensch mit geistiger Behinderung besser folgen. Benutzt man dafür auch noch den richtigen Tonfall, klingt es wie eine Einladung zum Mitmachen.

> Janine liegt im Bett. Es ist noch früh. Die Gruppenleiterin räumt ihr Zimmer auf. Sie hebt Kleider auf und sagt, dass sie jetzt den Rock und den Pullover in den Schrank hängt. „Die Unterhose und das Hemd können auch mal wieder gewaschen werden. Ich werfe sie lieber in den Wäschekorb. So, jetzt die Schuhe ordentlich unter den Schrank. So sieht es schon viel aufgeräumter aus. Wenn ich jetzt das kleine Lämpchen anschalte und die Vorhänge zuziehe, wird es richtig gemütlich."
> Janine bleibt unter der Decke liegen, beobachtet die Gruppenleiterin vorsichtig und hört ihr zu.

Personen, die über Sprache verfügen, kann man auf kommende Dinge vorbereiten. Man kann sie bitten, von bestimmten Ereignissen oder von Dingen, auf die sie sich freuen, zu erzählen. Diese passive Form des Miteinbeziehens ist ein idealer Vorlauf für aktive Formen (vgl. Kapitel 9).

Wohn- und Lebensraum

Das alles kann nur von und durch Menschen verwirklicht werden. Doch auch in materieller Hinsicht kann die Umwelt der jeweiligen Situation angepasst werden: Spielzeug, Mobiliar und Zimmereinrichtung können so gewählt werden, dass sich der Bewohner sicher und wohl fühlt.

Hat er ein Zimmer oder einen Ort, an den er sich zurückziehen kann? Hat er einen sicheren eigenen Platz im Wohnzimmer? Hat er dort Rückendeckung und Übersicht? Hat er einen Schrank für seine eigenen Sachen, sodass nie-

2 Steht in Beziehung zu Abschnitt „Aktiv", vgl. S. 178.

mand sie wegnehmen kann? Gibt es genug Vielfalt in seinem Zimmer? Hat er Möglichkeiten, etwas zu sehen und zu erleben? Wohnt er mit Menschen zusammen, die ungefähr die gleichen Interessen haben? Kann er mit ihnen kommunizieren?

In großen Zügen sind das ähnliche Überlegungen, die auch normale Bürger bei der Einrichtung ihrer Wohnung anstellen.

16. Voraussetzungen

Es wird wohl deutlich geworden sein, dass kein Betreuer allein im Stande ist, eine Person mit geistiger Behinderung ‚aus dem Morast zu ziehen'. Das ist unmöglich, wie gut der Betreuer es auch meint und wie zutreffend seine Einsichten auch sein mögen. Dasselbe lässt sich über die Eltern sagen. Der folgende Abschnitt gilt also für Familien wie auch für Einrichtungen und Wohngemeinschaften.

Es ist wichtig, dass eine Reihe von Voraussetzungen für die Behandlung von Menschen mit festgefahrenen Verhaltensmustern erfüllt sind, Voraussetzungen, die eigentlich in jeder Einrichtung selbstverständlich sein sollten, es leider aber nicht immer sind.

Ausreichend Personal

An erster Stelle ist für eine ausgeglichene und ruhige Behandlung ausreichendes Personal erforderlich. Jedoch ist der chronische Personalmangel und der Arbeitsdruck in vielen Einrichtungen bekannt. Unter derartigen Umständen kann man kaum mehr tun, als zu hoffen, dass keiner der Bewohner in größere Schwierigkeiten gerät. Es ist Aufgabe der Politik zu entscheiden, ob zur Betreuung von Personen mit herausforderndem Verhalten genügend Geld für zusätzliches Personal bereitgestellt wird. Zusätzliche Betreuung geht bisher meist auf Kosten anderer Gruppen von Bedürftigen, von Alten oder von Menschen mit mehrfacher Behinderung, die sich kaum bewegen können und nicht so nachdrücklich die Aufmerksamkeit der Öffentlichkeit auf sich lenken können.

Außerdem benötigt man genügend Räume, damit sich die Bewohner in eine ruhige Ecke oder ins eigene Zimmer zurückziehen können – ausreichend Wohnraum, wo jeder einen eigenen Platz hat und es noch die Möglichkeit gibt, die Gesellschaft anderer zu suchen, ohne dass man deshalb gleich in einer Gruppe wohnen muss. Das alles gehört in den Verantwortungsbereich der Politik.

Nun zu den Menschen, die in den Einrichtungen arbeiten. Die Verantwortlichen scheinen sich immer stärker an den Bedürfnissen der Personen mit geistiger Behinderung zu orientieren. Dafür gibt es sehr gute Beispiele.

Dennoch: Es gibt auch ungünstige Faktoren, die sich nicht wesentlich verändert haben, zum Beispiel die Neigung, die Lebensbedingungen der einzelnen Personen zu normieren. So galt es vor 25 Jahren als Ideal, dass jede

Person mit geistiger Behinderung in einer Lebensgemeinschaft leben sollte, deren Mitglieder alle die gleiche Behinderung hatten. Heute jedoch scheint die Norm ein selbstständiges Leben zu sein, in dem der behinderte Mensch sich so weit wie möglich selbst versorgt. Beide Normvorstellungen bergen den Keim für das Festfahren von Personen.

Zusammenarbeit

Eine andere wichtige Voraussetzung ist die Zusammenarbeit innerhalb des Teams oder der Familie. Der Betreuer oder der Familienangehörige, der für eine Person mit festgefahrenem Verhalten sorgt, bedürfen manchmal des Schutzes der Kollegen oder der Familie, wenn sie beispielsweise bedroht werden oder mit den Ereignissen nicht mehr umgehen können. In solchen Fällen muss man dem Betreuer ab und zu sagen, dass er seine Sache gut gemacht hat. Wenn die Betreuung verändert werden muss, hat auch der Betreuer ein Recht auf Anerkennung. Fühlt er sich unsicher, hat er das Recht auf eine persönliche Unterstützung. Bei der Erstellung eines neuen Betreuungsplans sollten seine Ideen und Möglichkeiten unbedingt berücksichtigt werden. Kurz gesagt: So wie ihm die betreuten Personen blind vertrauen können müssen, sollte er seinen Kollegen oder anderen Familienangehörigen vertrauen können. Jeder sollte sich bewusst sein, dass der Betreuer vor einer sehr schwierigen Aufgabe steht und immer darauf achten muss, ob er der Situation noch gewachsen ist. Wenn es ihm zu viel wird, sollten andere bereit sein, kurzfristig für ihn einzuspringen.

Es ist notwendig, dass jeder Kollege diese Qualitäten besitzt. Auch das Team oder die Familie als Ganzes sollten so zusammenarbeiten. Schafft ein Team das nicht, kann der Betreuungsplan ebenso gut in der Schublade bleiben. Dieser steht und fällt mit den unterstützenden Kräften des jeweiligen sozialen Systems.

Es ist wichtig, dass die Zusammenarbeit ständig weiterentwickelt wird und dass man an der Atmosphäre und Kollegialität innerhalb des Teams arbeitet. Auch die Beziehung zwischen dem Team und der Familie des betreuten Menschen sollte so gestaltet werden.

Grenzen

Die einzelnen Gruppenleiter oder Eltern, die den Betreuungsplan ausführen und die Betreuung der verhaltensauffälligen Person auf sich nehmen, stehen vor einer schwierigen Aufgabe: Sie müssen unter großem Druck arbeiten.

Haben sie aber Erfolg, werden sie unbezahlbare Qualitäten entwickelt haben, die ihnen bei der Arbeit und in ihrem persönlichen Leben zugute kommen werden.

Gruppenleiter oder Elternteile, die mit einem schwierigen Bewohner oder Kind arbeiten, befinden sich oft an den Grenzen ihrer eigenen Möglichkeiten. Diese Grenzen werden fortwährend verschoben. Nicht nur die Grenzen dessen, was man akzeptieren kann, was man für normal hält, sondern auch die Grenze des gerade noch Aushaltbaren. Diese Grenzen zeigen sich schnell, aber sie lassen sich durch Nachdenken und Diskutieren auch hinausschieben. Schwieriger ist es mit den persönlichen Grenzen: Wie weit ist man noch Herr seiner selbst? Im Umgang mit einem schwierigen Bewohner wird man sicherlich mit seinen eigenen Grenzen konfrontiert. Und man weiß erst dann, wie viel man selbst aushält, wenn man seine Grenzen überschritten hat. Schaden und Fehler machen klüger, das lässt sich nicht aus einem Buch lernen. Erst wenn der Betreuer seine eigenen Grenzen kennt, wird ihm die betreute Person vertrauen.

Abkehr und Hass

Wie gesagt: Betreuer und Eltern, die sich dieser Aufgabe stellen, haben es nicht leicht. Das Team muss sie davor schützen, dass sie zu stark persönlich reagieren, weil dann ihre Zuwendung in Abneigung und Hass umschlagen kann. Auch Eltern und andere Familienmitglieder müssen mit diesem Risiko leben, obwohl gerade diese Personen die größten Schwierigkeiten haben, solche Gefühle zu akzeptieren.

Der Umschlag der Gefühle ist ein schleichender Prozess. Wenn die ersten Zeichen sichtbar werden, ist es oft zu spät. Ist es so weit gekommen, kann man das Kind oder den Klienten nicht mehr auf eine positive Weise wahrnehmen. Wenn er Ärger macht, wird er negiert, und wenn es ihm ‚gut' geht, wird das nicht mehr wahrgenommen. Das herausfordernde Verhalten dieses Menschen wird weiterhin als Ursache für alle Schwierigkeiten gesehen. Er ist das schwarze Schaf. Es ist sehr schwer, diesen Prozess umzukehren, sodass die Betreuer den Betreuten wieder positiv wahrnehmen.

Ein wichtiger Faktor innerhalb dieses schleichenden Prozesses ist, dass Eltern oder Betreuer ihr eigenes Verhalten zu lange ignoriert haben. Sie haben sich aufgeopfert, um zu erreichen, dass die Situation sich stabilisiert, und sind dabei ausgebrannt und ausgelaugt worden.

Um das zu vermeiden, muss unbedingt von Zeit zu Zeit besprochen werden, wie es jedem einzelnen Betreuer geht. Es ist dabei wichtig, drei unterschiedliche Faktoren zu unterscheiden: Hoffnung, Erwartung und Ziel.

- Hoffnung: Wünschen, dass alles gut geht.
- Erwartung: Auf Grund von Informationen erwarten, dass sich etwas entwickeln oder ereignen wird.
- Ziel: Das, was man in der Zukunft erreichen möchte, indem man auf eine bestimmte Art handelt.

Wenn ein Betreuer Els heute badet, hofft er, dass sie es genießt.
Er erwartet, dass es nicht einfach sein wird, weil es ihr während der letzten Tage nicht so gut ging und sie nur schwer zu beeinflussen ist.
Er versucht, sie bei guter Stimmung zu halten. Er setzt sie geduldig in die Wanne, achtet genau auf Zeichen von Eigeninitiative und bringt sie danach ins Spielzimmer.

Mit dieser differenzierten Sicht auf das Ereignis ist es nicht schlimm, wenn das Baden schief geht. Man muss sich nicht persönlich enttäuscht fühlen, auch wenn es wirklich schade ist, dass es so lief. Das Ziel ist erreicht, Els ist sauber im Spielzimmer angekommen. Der Betreuer hat sein Bestes gegeben. Er hat seine Aufgabe gut ausgeführt.

Jemand liegt einem nicht

Manchmal misslingt der Kontakt mit einem Bewohner aus Gründen, die nichts mit der Person des Betreuers zu tun haben. Doch manchmal hat der Betreuer Züge, die den Betreuten an Menschen erinnern, die er früher gekannt hat. Auch das Geschlecht kann mit entscheiden, ob er ihn als Partner akzeptiert. Daneben noch die Art des Bewegens oder äußerliche Merkmale. Kennt man die Biografie des Betreuten, lassen sich solche Schwierigkeiten leichter akzeptieren. Der Betreuer braucht es nicht persönlich zu nehmen, wenn der behinderte Mensch unangenehm auf ihn reagiert. Er kann es als Tatsache betrachten, nicht als Problem. Das vergrößert die Chance, in Zukunft dennoch miteinander auszukommen.

Urlaubskrisen

Der Druck auf die zwischenmenschlichen Beziehungen rund um das problematische Kind oder um den schwierigen Bewohner ist oft sehr hoch. Dieser Tatsache wird nur wenig Beachtung geschenkt, weil die Sorge für den Betreuten alle Aufmerksamkeit erfordert. Wenn der Druck nachlässt, während eines Urlaubes oder eines Besuchs, oder wenn es dem Betreuten eine Zeit lang besser geht, wird plötzlich deutlich, wer alles mit dem Problem zu tun hat: Geschwister, Mitbewohner, Partner, Kollegen und auch Betreuer.

So entsteht die bekannte Urlaubskrise. Plötzlich kommt alles Mögliche auf den Tisch. Plötzlich gibt es Raum zum Nachdenken und Diskutieren, wie alles weitergehen soll. Dem Klienten geht es gut, genau jetzt kommen die Betreuer in eine Krise. Wird die Möglichkeit genutzt, auch deren persönliche Aspekte in Teambesprechungen oder in Besprechungen mit der Familie zu behandeln, betrachtet man das leicht als ‚Luxus', und bei diesem Wort denkt man leicht an ‚überflüssig'.

Ratgeber und um Rat Fragende

Die Familie oder das Team brauchen Unterstützung. Das bedeutet jedoch nicht, dass ein Pädagoge, Sozialarbeiter oder Pfarrer sich das Problem anhören soll und dann Lösungen vorschlägt. Außenstehende können eine sinnvolle Rolle spielen, indem sie zuhören und zu verstehen versuchen, was sich abspielt. Dann können sie einen Beitrag zur gemeinsamen Analyse und Diskussion der Möglichkeiten bieten, bevor Entscheidungen getroffen werden.

Es sollte vor allem eine Trennung zwischen denen, die ein Problem vortragen, und den fachkundigen Ratgebern vermieden werden, sodass Letztere sich Pläne ausdenken, die von Ersteren ausgeführt werden müssen. Abgesehen von der Tatsache, dass durch eine solche Rollenzuschreibung viel wertvolle Information und Engagement verloren geht, wird auch der persönliche Freiraum der Erzieher zu wenig berücksichtigt. Pläne können nur dann gut umgesetzt werden, wenn alle Beteiligten von Anfang an in Planung und Diskussion einbezogen waren.

Geschieht das nicht, kommt es zu einer Entfremdung zwischen den Betreuern und den externen Ratgebern. Auf der einen Seite hört man dann Klagen wie: Sie verstehen uns nicht, sie nützen uns nicht viel. Und auf der anderen Seite: Die jammern auch immer, denen kann man es nie recht machen.

Methodisches Vorgehen

Der Behandlungsplan für eine Person mit schwierigem Verhalten verlangt einen langen Atem. Bei solchen komplexen Fällen ist es entscheidend, ein gewisses Maß an methodischen Vorgehensweisen zu entwickeln, damit Erfahrungen und Entwicklungen nicht von zufälligen Personen oder Umständen abhängen.

Für ein methodisches Vorgehen müssen u.a. die folgenden Aspekte berücksichtigt werden.

Abstimmen und Durchhalten

Das angestrebte Ziel lässt sich meist erst längerfristig erreichen. Schon deshalb ist es gut, die einzelnen Schritte auf dem Weg dorthin zu beschreiben und aufzuzeigen, wo man sich gerade befindet. Das ist nicht nur wichtig, um den Einsatz aller Beteiligten aufeinander abzustimmen, es hilft auch, jeden Einzelnen bei der Stange zu halten.

Die Übertragung des Behandlungsplanes und die Analyse der aktuellen Phase des Prozesses werden von unterschiedlichen Personen übernommen und im Tagesplan festgelegt. Der Tagesplan bietet somit nicht nur dem

Menschen mit geistiger Behinderung einen Überblick, sondern hilft auch den Betreuern und den eventuell einbezogenen Therapeuten.

Die Schritte oder Phasen der Behandlung kann man gut dazu verwenden, um zu formulieren, welcher Aspekt in der jeweiligen Phase betont wird.

> Wird die Beruhigung hervorgehoben, die Entspannung allein oder der Kontakt zu anderen? Oder wird geübt, wie sich der Betroffene bei angestauten Spannungen in der Hand behalten kann? Oder ist das noch zu früh, weil er noch kaum Erfahrungen gesammelt hat, was er tatsächlich kann? Oder muss er erst noch die Gelegenheit bekommen, in Ruhe zuzuhören und zuzuschauen, um annehmen, geben und teilen zu können?

Man sollte schon im Voraus so konkret wie möglich formulieren, wann die einzelnen Phasen abgeschlossen sein werden. Dazu muss man ein vorläufiges Ziel formulieren. Damit verbessert sich die Chance, dass unterwegs Raum für eine eventuell notwendige Korrektur bleibt.

Einarbeiten von neuen Gruppenleitern

Neben mündlichen und schriftlichen Informationen kann auch das Videogerät gute Dienste leisten. Man kann den schwierigen Bewohner auf Video aufnehmen, das Band kann dem neuen Gruppenleiter einen Einblick vermitteln, wie der Tag des Bewohners eingeteilt ist, auf welche Weise er betreut wird, welche Kommunikationsformen am besten geeignet sind, welche Eigenarten wichtig sind, wie man ihn miteinbeziehen kann und so weiter.

Der neue Gruppenleiter sollte einen festen Leitfaden bekommen: einzelne Punkte, die abgehakt werden, nachdem sie besprochen wurden, und die nach einiger Zeit noch einmal diskutiert werden können. Das vermeidet Willkür und verhindert, dass wichtige Punkte vergessen werden.

Es muss deutlich sein, wer den neuen Gruppenleiter einarbeitet, wer für ihn verantwortlich ist. Eine regelmäßige Supervision, nicht nur wegen der Gefahr möglicher Fehlschläge, sollte in jedem Fall gewährleistet sein. Das zwingt die Teammitglieder, die wichtigsten Punkte des Betreuungsplans immer wieder neu zu formulieren.

Supervision

Es ist wichtig, mit allen Beteiligten – Gruppenleitern, Lehrern, Aktivitätenbetreuern, Eltern – regelmäßig zu besprechen, wie alles läuft, wie sie sich selbst fühlen und so weiter. Bei dieser Art der Supervision ist es günstig, wenn ein relativ Außenstehender zusammenfasst, was in der vorangegangenen Periode geschehen ist. Es sollte nicht nur das Problemverhalten zur

Sprache gebracht werden, sondern auch über Öffnungen, Veränderungen, Möglichkeiten und Fortschritte gesprochen werden.

Verantwortlichkeit

Betreuer, die mit einem Bewohner arbeiten, fühlen sich oft so verantwortlich für ihre Aufgabe, dass sie sich überfordern. Doch so wie der Betreuer für seine Aufgabe verantwortlich ist, ist der Leiter des Teams dafür verantwortlich, dass der Gruppenleiter sich nicht überarbeitet und selbst hinreichend Betreuung und Schutz bekommt.

Die Verantwortlichkeit eines jeden Einzelnen sollte eindeutig formuliert werden. Geschieht das nicht, so ist die Gefahr größer, dass sich jemand über seine Leistungsfähigkeit hinaus strapaziert oder – im anderen Falle – zu lange gleichgültig arbeitet.

Isolation

Gerät ein Bewohner aus der Bahn, erlebt man oft, dass das die Wohnumgebung negativ beeinflusst. Der Bewohner verbringt seine Tage sitzend oder liegend zu Hause und zieht sich aus allem anderen – Schule, Tagesstätte, Arbeitsplatz oder Aktivitätenbetreuung – zurück. Oft wird sein Platz an einen anderen weitergegeben. Niemand fühlt sich mehr verantwortlich für den Betreuten. Die Wahrscheinlichkeit ist gering, dass dies alles von der Wohngemeinschaft ersetzt werden könnte. Das Gefühl, dass alle Dienste zusammen für den einen Bewohner verantwortlich sind, ist verloren gegangen. Die Wohngemeinschaft wird mit dem Problem allein gelassen.

Das fällt anfangs, wenn der Zustand des Klienten noch sehr problembelastet ist, nicht so auf. Wenn die Mitbewohner in der Schule oder in der Tagesstätte sind, bleibt Zeit für besondere Zuwendung für diese Person. Und die besondere Zuwendung wirkt sich meist sehr positiv aus.

Doch wenn Verbesserungen eintreten und der Lebensraum des Betroffenen sich wieder vergrößern könnte, merkt man, dass die besondere Zuwendung zum Nachteil der anderen Mitbewohner wirkt. Nun wäre die Übernahme in die Tagesbetreuung von großem Nutzen, doch dort haben sie den schwierigen Bewohner inzwischen aus den Augen verloren. Der Gruppenleiter der Wohngemeinschaft muss auch diese zusätzliche Spannung auffangen.

Das Problem lässt sich lösen, wenn alle betroffenen Abteilungen weiterhin zusammenarbeiten, auch dann noch, wenn ein Bewohner in eine Krise gerät, wenn sie sich gemeinsam für sein Wohlbefinden verantwortlich fühlen.

Video

Ein wichtiges Hilfsmittel bei der Behandlung ist die Video-Aufnahme. Man kann damit sehr genau beobachten, was mit jemandem los ist, wie er selbst und die anderen Menschen um ihn herum kommunizieren. So lässt sich nicht nur eine genaue Analyse des Problemverhaltens erstellen, sondern auch des selbstbeschützenden Verhaltens des Betreuten und die Auswirkung des Verhaltens auf andere Beteiligte wird sichtbar.

Die Video-Aufnahme bietet auch Ansatzpunkte für den Behandlungsplan. Gruppenleiter können in einer Ruhepause anschauen, was während ihrer Arbeit geschehen ist, und damit Einsicht in ihr eigenes Handeln gewinnen. Kollegen können anhand der positiven wie negativen Erfahrungen voneinander lernen. Während des Alltagsstresses finden sie dazu oft keine Gelegenheit.

Die Video-Aufnahme eignet sich auch als Material für gemeinsame Besprechungen. Eltern, Betreuer und Betreute können voneinander lernen, sie können anhand der Bilder konkreter miteinander sprechen. Obwohl ein Videogerät in vielen Einrichtungen und Wohnzimmern selbstverständlich ist, findet es kaum methodischen Einsatz bei Analysen, Betreuung, Training und Supervision.

Was man durch Video-Aufnahmen erkennen kann, ist nicht nur das, was man direkt sieht: ein Mann, eine Frau oder ein Kind, die irgendetwas tun oder lassen und auf eine bestimmte Weise mit den anderen Menschen umgehen. Man kann auch herausfinden, welche Ausgangspunkte, Normen, Arbeitsformen, Untersuchungsmethoden und Handlungsweisen der Betreuer und ihrer Ratgeber hinter den Bildern stecken. Die Art und Weise, wie man die Videotechnik einsetzt, gibt nicht nur die Möglichkeit, die Bewohner differenzierter zu beobachten, sondern ermöglicht auch den Blick auf die eigene fachliche ‚Perspektive'. Das kann schmerzhaft sein, aber auch notwendig, um innerhalb eines sozialen Systems miteinander weitermachen zu können.

Anders hinschauen

Die Erfahrungen und Ausgangspunkte, die diesem Buch zu Grunde liegen, sind eine Mischung aus Vision, Theorie, praktischen Erfahrungen und einer bestimmten Arbeitsweise. Nachdem diese Arbeitsweise von anderen bereits als „Methode Heijkoop" bezeichnet wurde, fand ich es an der Zeit, sie selbst nachvollziehbar darzustellen. Seit 1990 unterrichte ich Menschen in dieser Arbeitsweise, die ich bisher ‚Anders hinschauen' nannte. Der andersartige Blick richtet sich hier auf Menschen mit einer geistigen Behinderung und schwerwiegendem Problemverhalten. Als Arbeitsweise kann man diese Veränderung der Perspektive auch bei anderen Zielgruppen und Fragestellungen anwenden.

Die Bezeichnung verwende ich nicht, weil ich die Arbeitsweise selbst für etwas Besonderes halte, sondern weil sie der allgemein gültigste und zutreffendste Ausdruck ist, den andere Leute verwenden, wenn sie die Methode kennen lernen. Ich selbst beschreibe sie folgendermaßen:

1. Man wird dazu angeleitet, mehr wahrzunehmen, als man sich im Alltag bewusst ist. Mehr von anderen, mehr von sich selbst und mehr von dem, was sich zwischen Betreuer und Betreutem ereignet.
2. Es hilft, sich auf die eigenen Ausgangspunkte zu besinnen, auf Vorstellungen und Erwartungen und auf den Einfluss, den das auf andere hat.
3. Erklärungen, Ausgangspunkte, Sprachgebrauch und Handeln sind wieder erkennbar in der Entwicklung, Erziehung und Betreuung von Personen, die an keiner spezifischen Behinderung leiden.
4. Behandlung wird als ein Veränderungsprozess innerhalb eines sozialen Systems von Personen gesehen, die miteinander leben. Die Chance auf einen bleibenden Erfolg wächst, wenn die Schritte eines solchen Prozesses eindeutig und wieder erkennbar sind.
5. Die Schritte werden, soweit das möglich ist, von allen Beteiligten gemeinsam gemacht.
6. Dazu können Videoaufnahmen einen bedeutsamen Beitrag liefern. Sie wirken als Vergrößerungsglas und befähigen uns, mehr wahrzunehmen. Sie fungieren als Spiegel, mit dessen Hilfe man Abstand bekommen kann, und zeigen, was unbewusst richtig oder falsch gemacht wurde.

Die Phase, die oft als Explorieren und ‚Sich selbst ein Bild machen von' bezeichnet wird, wird bei der Methode ‚Anders hinschauen' als ‚neu kennenlernen' bezeichnet.

Die Diagnose ist keine Aufzählung der Abweichungen oder Syndrome, sondern eine hypothetische Erklärung der Problematik. Im Mittelpunkt der Erklärung steht nicht nur das Handeln des Menschen mit geistiger Behinderung, sondern auch, wie er auf seine Umwelt wirkt und diese auf ihn. Es wird ausdrücklich eine bestimmte Zeitspanne für die Einführung neuer Ideen, Handlungen, Aktionen und Einstellungen vorgesehen. Wir unterscheiden Theorie und Praxis. Die bloße Einsicht in die Vorgänge und die Vorstellung, was anders sein könnte, ist noch keine andere Einstellung und führt noch nicht zu neuen Handlungsweisen. Es muss ausreichend Möglichkeit zum Experimentieren, Üben oder Ausprobieren neuer Umgangsformen geben. Erst danach wird überprüft, ob die neuen Ansätze Wirkung zeigen. Es sollte klar sein, dass die Überprüfung nicht nur dem Problemverhalten gilt, sondern dem gesamten Handeln des Betroffen und seiner Wirkungen auf die Menschen seiner Umgebung: auf Eltern, Betreuer, Mitbewohner oder Kollegen.

Das Videogerät wird systematisch als wichtiges Hilfsmittel eingesetzt. Die Art und Weise, wie Materialien gesammelt und besprochen werden, variiert von Phase zu Phase. Es ist ein Unterschied, ob man sich mit ‚erneut kennenlernen' beschäftigt, dem Einführen anderer Einstellungen durch Üben und Ausprobieren oder mit der Überprüfung von Resultaten. Ein Aspekt ist aber immer gleich: Videomaterial wird nicht eingesetzt, um andere zu überzeugen, zu disqualifizieren oder zu belehren. Es soll vielmehr die Wahrscheinlichkeit erhöhen, dass alle Beteiligten sich selbst und die anderen aktiver betrachten und ihnen zuhören. Falls es möglich ist, wird die betreute Person beim Erstellen und Ansehen der Bilder miteinbezogen. Selbstverständlich gibt es auch genügend Momente, bei denen Videobilder nicht als Informationsquelle zur Besinnung und zur Veränderung genutzt werden.

Anhang

Test/Übertragung

Die anschließenden Fragen können als Hilfsmittel verwendet werden, um den Inhalt des Buches in die eigene Praxis zu übertragen.

Das Problemverhalten

Umschreibung

- Erstellen Sie eine ausführliche Beschreibung des Falles.
- Lassen sich Vorlauf – Höhepunkt – Ausklang unterscheiden?
- Wie lange dauert das Problemverhalten?
- Seit wann gibt es das Problemverhalten in der Biografie des Betroffenen?
- Ist es plötzlich oder allmählich entstanden?
- Hat es sich in der Form verändert?
- Traten früher möglicherweise andere schwerwiegendere Problemverhaltensweisen auf?

Situationen

- Wenn das Problemverhalten auftritt, gibt es dann einen deutlich erkennbaren Anlass?
- Handelt es sich dabei um Faktoren, die am Betroffenen selbst liegen, an seiner Umgebung oder an einer Kombination aus beidem?
- Zu den umgebungsrelevanten Faktoren gehören: soziale und räumliche Faktoren, aktivitätenbezogene, kontakt- und beziehungsbedingte Faktoren, persönliche Aspekte.
- Gibt es bestimmte Zeitpunkte – Tag/Woche/Monat/Jahr –, an denen das Problemverhalten stärker hervortritt?

Häufigkeit

- Mit welcher Häufigkeit tritt das Problemverhalten auf? Jeden Tag, jede Woche, jeden Monat oder seltener?
- Gibt es Aufzeichnungen darüber?
- Intensität
- Kann man Unterschiede in der Intensität erkennen?
- Lassen sich mehrere Grade der Intensität unterscheiden?

Interventionen

Kurzfristig:

- Bezogen auf die Quellen der Spannung und Erregung.
- Durch Beruhigung oder Entladung der Spannung und Erregung.
- In der Weise, wie mit dem Problemverhalten umgegangen wird.

Längerfristig:

- Wird dem Klienten beigebracht, sich selbst zu schützen oder um Hilfe zu bitten? Und/Oder werden die Betreuer darin geschult, angestaute Spannungen besser zu erkennen?
- Werden Klient und/oder Betreuer darin geschult, mit angestauten Emotionen umzugehen?
- Werden alternative Handlungen, Äußerungen oder Fertigkeiten entwickelt, um die Funktion, die das Problemverhalten hat, zu ersetzen?
- Werden Möglichkeiten entwickelt, leere oder ‚freie' Zeit auszufüllen?

Der Umgang mit schwerwiegendem Problemverhalten

- Gibt es Formen des Selbstschutzes?
- Setzt die Betreuung bei den Formen des Selbstschutzes an?
- Wird das Problemverhalten nur beendet, oder macht man den Versuch, die emotionale Situation bis zu einem gewissen Grad wiederherzustellen? Bemüht man sich, zur gleichen Zeit oder danach den Faden innerhalb des Kontaktes und der Handlungen wieder aufzunehmen?

Art der Beziehung zwischen Betreuer und Klient während und nach einer Krise:

- Ist es deutlich, wer die Leitung übernimmt? Bleibt genug Raum für eigene Ausdrucksformen und für den Ausdruck heftiger Erregung? Versucht man, die hierarchische Beziehungsstruktur von ‚oben' nach ‚unten' während einer Krise in eine Beziehung auf gleicher Ebene, ein ‚Nebeneinander', bei der nachfolgenden Wiederherstellung der Ausgangslage zu verändern? Wenn Betreuer das aus der Hand geglittene Verhalten kontrollieren, lassen sie dann genügend Freiraum für eine Selbstkontrolle des Betroffenen?
- Übt der Betroffene Selbstkontrolle in zunehmendem Maße aus?
- Welche Bedeutung hat das Problemverhalten für den Betreuer?
- Kann er selbst ruhig bleiben, oder beherrscht es ihn völlig?
- Wenn der Betreuer das Verhalten des Klienten kontrolliert, macht er das nur dann, wenn Problemverhalten auftritt? Oder schätzt er selbst ein, wann eine besondere Kontrolle nötig ist, je nach der emotionalen Befindlichkeit des Klienten und somit bereits bevor das Problemverhalten auftritt?
- Muss man davon ausgehen, dass der Klient auch in anderen Situationen als den bekannten die Kontrolle über sich verlieren könnte?

Eigener Einfluss und Ort

- Auf welcher sozialen Entwicklungsstufe handelt der Betreute?
- Nimmt man hinsichtlich der sozialen Muster, die ihm angeboten werden, Rücksicht auf seine Fähigkeiten?
- Wie unterscheidet sich sein Verhalten unter Berücksichtigung von Kontakt, Aufenthaltsort, sozialer Position, Besitzgütern, Namen, Beziehungen, Arbeit und dergleichen?
- Wie benutzt er seine Sinnesorgane, wie setzt er Bewegungen und Handlungen ein? Wie erlebt, bewegt und behandelt er Dinge?
- Kann von der Entwicklung eines ‚Selbst' oder ‚Ich' gesprochen werden?
- Falls nicht, lässt sich dann ein solcher ‚Effekt' erwarten?
- Auf welche Weise ist das zu erkennen?
- Wenn ja, wie realistisch ist sein Selbstbild? Handelt es sich dabei um Über- oder Unterschätzung? Orientiert sich sein Selbstbild an Fehlschlägen oder Hilfsbedürftigkeit?
- Wie baut sich das Selbstvertrauen auf?
- Gehen Betreuer so mit ihm um, dass er das Gefühl hat, sowohl passiv als auch aktiv einbezogen zu werden?
- Wird zwischen dem Widerstand gegen Änderungen und dem Treffen einer ‚eigenen' Entscheidung unterschieden?
- Verfügt er über genügend Fertigkeiten für das, was von ihm erwartet wird?

Soziale Sicherheit

Wichtige Bezugspersonen

- Wie unterscheidet er die Menschen?
- Nach äußeren Kennzeichen, Umgangsformen, Funktionen? Kann von persönlichen Unterscheidungsmerkmalen gesprochen werden? – Wer sind seine wichtigen Bezugspersonen?
- Unterstützen sie einander in ihren Aufgaben?
- Welche Qualität hat seine Abhängigkeit von anderen Menschen oder sein Vertrauen in sie?
- Muss er sich an andere klammern, oder erfährt er Unterstützung von ihnen bei seiner Weiterentwicklung?
- Welche Arten von Beziehungen kennzeichnen seine Lebensgeschichte? Welches Sicherheitsbedürfnis hat sich daraus entwickelt?
- Welche Qualität haben seine Beziehungen jetzt?
- Wie löst er sich aus Beziehungen? Wie beginnt er sie? Wie baut er sie auf und hält sie?
- Wie und was stellt er bei Bezugspersonen auf die Probe?
- Was gibt ihm Halt in Bezug auf: die allgemeinen Situation; die Umgangsformen; seine Kenntnisse?

Mitbewohner und Gruppenteilnehmer

- Welche Position nimmt er im sozialen System von Mitbewohnern und Gruppenteilnehmern ein?
- Steht er am Rand, ist er ein Außenseiter, oder steht er eher im Mittelpunkt?
- Wird er auf seine Weise akzeptiert?
- Wird er von den anderen bedroht, oder bedroht er sie?
- Passt seine Kommunikationsweise zu der der anderen? (Man achte dabei nicht nur auf die Form, sondern auch auf den Inhalt und das Niveau der Kommunikation.)
- Passen sein Erleben und sein Interesse zu dem seiner Mitbewohner?
- Bedeutet er etwas für sie?

Zur emotionalen Situation

Wir gehen davon aus, dass eine gründliche körperliche Untersuchung stattgefunden hat, sodass es keinen Anlass zu unbekannten medizinischen Ursachen für das Problemverhalten gibt.

- Erlebt er ausreichend Aktivität, Entspannung, Ruhe?
- Gibt es eine rhythmische Abwechslung, die zu ihm passt?
- Wie wird das garantiert?
- Stimmen seine täglichen Aktivitäten mit seinen Interessen und seinem Erleben überein ?
- Kann er ‚selbst' mit freier Zeit umgehen?
- Was tut er, wenn er ‚nichts' tut?
- Welche Atmosphäre und welcher Ton herrschen in seiner Umgebung?
- Sind sie hinreichend positiv?
- Auf welche Weise entspannt er sich?
- Gibt es eine Vielfalt in der Weise, wie er sich entspannt?
- Wie entlädt er Spannungen?
- Kann und darf er auch mal alleine sein?
- Wird bei der Wahl des Kommunikationsniveaus auch sein gegenwärtiges Gefühl von Sicherheit oder Unsicherheit berücksichtigt?
- Auf welche Weise schleust er Informationen durch seine Sinnesorgane?
- Ist sein sicherer Ort sicher genug?

Zugänge

- Werden Zugänge zu den Interaktionsmöglichkeiten und den Interessen des Klienten gesucht?
- Gibt es genügend Möglichkeiten für Meinungsaustausch und Gespräche?
- Bekommt er Gelegenheit, auf seinem eigenen Niveau zu kommunizieren?
- Gibt es Raum für seine Interessen?
- Laufen die Aktivitäten, die er gern mag, entspannt ab?

- Wird darüber nachgedacht, wie man die Aktivitäten gut beendet? Gibt es innerhalb der Aktivitäten genügend Variationen, oder werden sie ihm wie ein Ball nur zugeworfen?

GIBT ES JEMANDEN,
DER SICH WIRKLICH FÜR IHN/SIE INTERESSIERT?

Ansatzmöglichkeiten für den Behandlungsplan

a: Direkt über Person selbst (gekennzeichnet durch: Person)
b: Indirekt, über andere (gekennzeichnet durch: soziales Umfeld)

Stadium 1: Ansätze mit *langfristiger* Wirkung
Person: Sicherheit; Geborgenheit; wiedererkennbare Tag-/Nacht-Rhythmen und andere Rhythmen; ausreichende Ernährung/Nährstoffe; Ruhe/Aktivität.
Soziales Umfeld: unterstützende und ergänzende Zusammenarbeit; gegenseitige Anerkennung; Verständnis füreinander; offene Kommunikation; persönlicher Freiraum.

Stadium 2: Ansätze mit *kurzfristiger* Wirkung
Person: Wiederherstellung nach psychischen und körperlichen Verletzungen; angepasste Interaktion; klare Kommunikation; Abwechslung und Erkennbarkeit.
Soziales Umfeld: sich sicher fühlen; positives Feedback bekommen; Übersicht über eigenes Handeln und eigene Haltung.

Stadium 3: *Direkte Beeinflussung* des ‚Spannungsballons'
Person: entspannte Kontakte; Bewegung; interessante Umgebung; Schmerzmittel; rhythmische Abwechslung von Aktivität und Ruhe.
Soziales Umfeld: Übersichtlichkeit; Klarheit bezüglich Positionen und Stellung; Sicherheit; empfänglich für Signale; flexible Abstimmung.

Stadium 4: *Direkte Folgen* des Problemverhaltens beeinflussen
Person: ergänzende Hilfe in dem Moment, wo er die Kontrolle über seine Handlungen verliert, sowohl beruhigen als auch seinem Verhalten eine Richtung geben; die Funktion des Problemverhaltens an ein akzeptables Verhalten koppeln; emotionale Wiederherstellung innerhalb der Ausgangssituation; Möglichkeiten zum Nichtstun anbieten: schauen, hinhören, festhalten.
Soziales Umfeld: mit dem Problemverhalten umgehen können, mit sich selbst umgehen können, Grenzen kennen; wichtige Funktionen für den Betroffenen beachten; an seinem Erleben anschließen.

Stadium 5: *Indirekte Folgen* des Problemverhaltens beeinflussen
Person: die Erwartungen erhöhen, die er hinsichtlich der Effektivität seiner eigenen Handlungen hat; das positive Selbstbild verbessern; zielgerichtete Kommunikation; zielgerichtete Vermeidung bestimmter Verhaltensweisen; Möglichkeiten anbieten, um die ‚freie' Zeit zu füllen.
Soziales Umfeld: Einblick gewinnen in die Entwicklung von Fertigkeiten; Selbstkontrolle, sichere Abhängigkeit; gemeinschaftliche Ausgangspunkte, die von allen Beteiligten akzeptiert werden; vor dem Hintergrund der Lebensgeschichte und aus der Perspektive der festgefahrenen Person handeln.

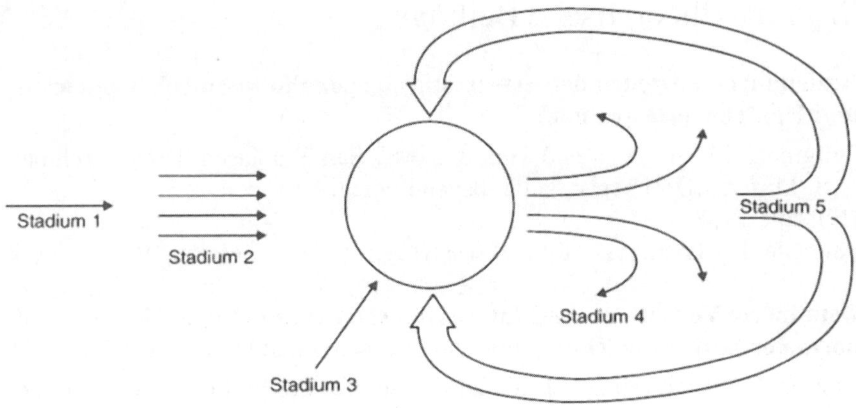

Schema 28: Ansatzmöglichkeiten für den Behandlungsplan

Wichtige theoretische Beiträge

Beziehungen zwischen der Erwartung eigener Einflussmöglichkeiten und Kontrollverlusten u.a.:

Seligman, M.E.P.: Learned Helplessness. San Francisco 1975. Rachman, S./Maser, J.D. (Hrsg.): Panic. Psychological Perspectives.
Hillsdale 1988.
Salzman, L.: Treatment of the obsessive personality. London 1980.

Detaillierte Verhaltens- und Interaktionsanalysen vor dem Hintergrund normaler Sozialentwicklung und der menschlichen Ethologie, wie:

Blurton Jones, N. (Hrsg.): Ethnological studies of child behaviour. London 1972.
Schaffer, H.R. (Hrsg.): Studies in mother-infant interaction. London 1977. Hutt, S./Hutt, C. (Hrsg.): Behaviour studies in Psychiatry. Oxford 1970.

Besonders inspirierend war:

Tinbergen, E.A./Tinbergen, N.: Early childhood autism, an ethological approach. Berlin 1972.

Aus der Entwicklungspsychologie:

Einzelne Studien über Anhänglichkeit, wie:
Bowlby,J.: The making and breaking of affectional bonds. London 1979.

Die Entwicklung des ‚Selbst" oder des ‚Ich":

Stern, D.N.: The interpersonal world of the infant". New York 1985.

Beziehung zwischen Persönlichkeitsentwicklung und Transaktionen:

Harris, T.A.: Ich bin O.K., du bist O.K. Reinbek 1975.

Lerntheoretische Publikationen, die nicht nur intentionales Lernen berücksichtigen, z.B.:

Frankl, F./Simmons, IQ.: Behavioral treatment approaches to pathological unsocialised physical aggression in young children. In: Journal of Child Psychology and Psychiatrie, Vol. 26, 1985.
Tortora, D.F.: Safety training: The elimination of avoidance motivated aggression in dogs. In: Journal of experimental psychology: General, 1983, Vol. 112. No 2, 176-214.

Informationsverarbeitung u.a.:

Hartmann, H./Rohmann, U.H.: Die Zwei-System-Theorie: Ein Modell normaler psychotischer Informationsprozesse. Praxis der Kinderpsychologie und Kinderpsychiatrie 33, 1984 b, 272-282.

Publikationen von Jacques Heijkoop

Dissertation: „Sociale gerichtheid bij zwakzinnigen", April 1973. Wurde als Zusammenfassung publiziert unter dem Titel: „Social relatedness of the mentally retarded", in:

- Bulletin van de coördinatie comissie, onderzoek van de sectie psychiatrische instituten van de nationale ziekenhuisraad, September 1973,6, Nr. 3.
- Journaal voor onderwijs aan verstandelijk gehandikapten in Nieuw Zeeland, 1974.

A non-aversive treatment of self-injurious behavior in the natural environment, Paper at the International Congress of behavior Therapy, Uppsala, Schweden, August 1977.

„Gedragsgestoorde zwakzinnigen", een herorientatie op het begrip „gedragsgestoord", J. Blok, J.C.M. Heijkoop. M. Muizers, Bericht ROZ, Nord/Ost Brabant, Oktober 1977.

Over braakstudies: een interpretatie, J.C.M. Heijkoop, EJ.M. Velthausz. Tijdschrift voor zwakzinnigheid, autism e.a. stoornissen, Oktober 1977, 4, 215-218.

Video als hulpmiddel bij de aanpak van problemgedrag bij zwakzinnigen, TIjdschrift voor Orthopedagogiek, 2, 1978, 258-262.

Zelfverwonding: een wanhoopsdaad?, TIjdschrift voor zwakzinnigheid, autisme e.a. stoornissen, 1978, 2, 59-71.

Interaktieonderzoek: invalshoek voor omgang met diepzwakzinnigen, J.C.M. Heijkoop, E.J.M. Velthausz. Ortho '78, Amsterdam, 18.05. 1987.

Gedragsgestoord is een woord voor dossiers, niet voor mensen, KLIK, November 1979, 36-37.

Dood en sterven in het leven van geestelijk gehandikapten, Publikatie No. 27, NGBZ, Juli 1980.

Sociaal interaktiegedrag bij diepzwakzinnigen, Teil 1, J.C.M. Heijkoop, EJ.M. Velthausz. Tijdschrift voor zwakzinnigheid, autisme e.a. stoornissen, 16, 3, Dezember 1979, 67-105.

Sociaal interaktiegedrag bij diepzwakzinnigen, Teil 2, J.C.M. Heijkoop, EJ.M. Velthausz. Tijdschrift voor zwakzinnigheid, autisme e.a. stoornissen, 17, 1, Januar 1980,3-32.

Beide Artikel sind eine Zusammenfassung der Voruntersuchungen, die zur Dissertation von F. 1. M. Velthausz im Juni 1987 führten.

Over de omgang met diepzwakzinnigen, in: Omgang met diepzwakzinnigen, Publikation No. 30, NGBZ, September 1981.

Videobandanalyse, unike informatie bij meditatietherapie, Gedragstherapie, 15, März 1982, No. 1,58-64.

Ein Artikel über: „De strijd tegen zelfverwonding“, eine Videobandanalyse von Ronny Vink über Teil 1, „In strijd met jezelf“.
Over omgang met zwakzinnige mensen, in: Totale Communicatie, Publikatie Nr. 34,1984. NGBZ, 11-22.
Gedrags – en psychiatrische stoornissen in de zwakzinnigenzorg, in: Congresboek, PAOG, Juni 1985.
Orthopedagogische bijdragen in het intra-/extramuraal management, 69-74.
Contact krijgen door beter kijken, in: Blijf in beweging, hrsg. v. FIAD Utrecht, April 1987.
Begrijpen en begrepen worden, in: Bouwen aan een leefwereld voor diep mentaal gehandikapten,hrsg. v. Stichting Gehandikaptenzorg Provincie Antwerpen, Tel. 014 – 615051, April 1987.
Achtergronden bij videoband-analyse und „Beeldvorming met video“, in: „Een veertje als houvast“, publikatie Nr. 46, NGBZ, Utrecht, April 1988.

Eine Artikelreihe in der Monatszeitschrift KLIK, begonnen im September 1987.

Wichtigste Themen: Menschen mit geistiger Behinderung betrachten, Meinungsbildung, Möglichkeiten des Videos, Betreuung in Problemsituationen.
Zelfverwonding, Zusammenfassung eines Seminars (Arbeitsgemeinschaft) am 9. Oktober 1987, Stiftung Marguarite-Marie Delacroix, Tienen, Belgien.
Zwei Beiträge: „In strijd met jezelf“, siehe auch den Text zu den Videobändern und „Belangrijke elementen bij zelfverwonding“: Over observatie, analyse en behandeling van ernstige zelfverwonding. VIBEG, Mai 1988.
De video als blikopener, Zusammenfassung eines Workshops geleitet von J.C.M. Heijkoop über „Videogebruik bji hometraining“, in: congresboek van de studiedag – „Alternatieven in de jeugdhulpverlening“, Nieuwegein, Mai 1988.
Leren opvoeden met video, in: „Thuisbehandeling en hometraining“, red. v. L. Muller, SWP, Utrecht 1992.
Kijk hen eens, Problemverhalten geistig behinderter Menschen. Eine Sammlung der bei KLIK erschienenen Artikel in der Zeit von September 1987November 1989, hrsg. v. Stichting maandblad KLIK,April1990. Übersetzt ins Dänische/Norwegische unter dem TItel: „Prov Lige at Se“, Eiba Press, Gibraltar, April 1991.
Bij de hand – Eine Sammlung der bei KLIK erschienenen themenbezogenen Artikel in der Zeit zwischen Dezember 1989 und Oktober 1993, hrsg. v. Stichting maandblad KLIK, November 1993.